RALPH KRUEGER

TEAMLIFE

Über Niederlagen zum Erfolg

UEBERREUTER

Deutsche Bibliothek – CIP Einheitsaufnahme

Krueger, Ralph
Teamlife: über Niederlagen zum Erfolg / Ralph Krueger.–
bei Wirtschaftsverlag Carl Ueberreuter, 2002
ISBN 3-8323-0880-6

Foto Umschlag vorne und Rücken: Heidrun Engl, Mäder (Vorarlberg)
Umschlag hinten: André Springer, Horgen
Fotos Seiten 136, 168f., 205: Georges Winter, Moudon
Illustration Seite 85: Michel Howald, Chapelle-sur-Moudon

Mehr zur Magie der Bäume in Teil III: Michael Vescoli,
Der Keltische Baumkalender,
2. Aufl. München 1996

Konstruktion Holzhaus, Seite 168f.: Paul Ardüser, Davos

Die Niederschrift von Ralph Kruegers Theorien entstand in enger Zusammenarbeit mit Georges Winter

2. Auflage 2001

Lektorat: Brigitta Klaas Meilier und Christina Sieg
Korrektorat: Heike Burkard, Rorbas
Umschlag/Gestaltung: Buch & Grafik,
Barbara Willi-Halter, Zürich
Satz und Umbruch: Kurt Rauber, Berikon
Herstellung: Katrin Zbinden

http://www.ueberreuter.de

Inhalt

WARM-UP – VORBEREITUNG

Wer sich seine Schwächen eingesteht und weiss, dass er verwundbar ist, wird bei Niederlagen angemessen reagieren können: Es ist ihm bewusst, dass er an sich selbst wachsen muss, um auf diese Weise alle künftigen Fehlschläge zu vermeiden.

Alte chinesische Weisheit

Wenn ich ein Buch herausbringe, erwarte ich, dass es nach dem Kauf auch gelesen wird, die Leserinnen und Leser sich kritisch mit dem Buch auseinander setzen und sich, im besten Fall, durch den Inhalt weiterentwickeln. So weit meine Erwartungen als Publizist. In meiner Eigenschaft als Coach würde ich noch einen Schritt weitergehen und eine Empfehlung abgeben. Jede potenzielle Leserin, jeder potenzielle Leser sollte sich den Grund seiner Lektüre bewusst machen und zur Eigenreflexion ein paar Zeilen darüber niederschreiben.

Für alles, was man tun will, muss man einen Grund haben. Ein solcher Grund ist die Basis aller Motivationen seit Menschengedenken. Kein Grund, keine Motivation. Will man wirklich etwas verändern in seinem Leben, muss man zuerst den Grund dafür finden, weshalb man es tun will.

Die Erwartungen des potenziellen Leserkreises an das Buch muss ich behaupten. Meinen Behauptungen liegen jedoch viele persönlich gemachte Erfahrungen, viele Reaktionen auf gehaltene Vorträge und Medienauftritte zu Grunde. Immer mehr Leute haben das Bedürfnis, sich weiterzuentwickeln. Sie wollen an ihre Grenzen stossen, um mehr Freude am Leben zu haben, und wollen mehr Risiken nehmen, um leidenschaftlicher zu leben.

So wie Leserinnen und Leser sich fragen, weshalb sie dieses Buch lesen wollen, musste ich mich fragen, weshalb ich überhaupt ein Buch schreiben will? Ich sehe darin eine Gelegenheit, wesentlich mehr Leute anzusprechen als mit den limitierten Möglichkeiten meiner öffentlichen Auftritte. Ich spüre das Vertrauen vieler Leute in mich und ihre Bereitschaft, mit mir, mit einem Buch über meine einfachen Philosophien, den ersten Schritt zur persönlichen

Veränderung zu tun. Darin liegt für mich der eigentliche Sinn der Publikation.

Ich musste nichts erfinden, um dieses Buch zu verfassen. Es ist ein Buch über das Beste, was jeder sein kann. Die Prinzipien und Werte, die zum Erfolg führen, müssen wir nicht neu erfinden. Dieses Wissen ist schon seit Tausenden von Jahren vorhanden. Mein Buch ist die Zusammenfassung einer Theorie, die ich TEAMLIFE nenne. Auf diesem «philosophischen Spaziergang» mit mir ist meine Interpretation davon zu hören, wie Erfolgsmechanismen funktionieren. Meine Erfahrungen, meine Geschichten. Doch die Grundprinzipien und Werte, das Fundament, auf dem Erfolg aufgebaut werden kann, ist überall vorhanden und für alle greifbar. Auch hier geht es weniger um Erfinden als um das Finden selbst. Alles ist letztlich eine Frage der «Guten-Grund-Findung», warum man etwas will. Ist der wahre Grund einmal gefunden, fällt es einem viel leichter, das zu tun, was zu tun ist, um das zu erreichen, was man erreichen will.

GRUND = MOTIVATION

Kabinenspruch

Mein ganzes Leben habe ich gelesen, beobachtet, erfahren, gehört und erlebt. Daraus ist das Gesamte meiner Theorien, Philosophien und meiner Erfahrung in praktischer Umsetzung entstanden. Ich glaube mit ganzem Herzen an dieses Gesamte und versuche, danach zu leben. Mit all meinen menschlichen Schwächen, immer wieder Fehler machend, immer wieder aus diesen lernend. Ich gerate ins Straucheln und stelle die Balance wieder her. Jeder gemachte Fehler macht mich weiser. Jede Niederlage stärker. Das bedeutet zu leben, das ist das Leben. Ein Geschenk. Mit Wissen und Erfahrung, mit Offenheit und Ehrlichkeit, mit Disziplin und viel Arbeit gelingt es uns vielleicht, aus dem persönlichen Geschenk Leben etwas entstehen zu lassen, von dem auch andere profitieren können.

Ich betrachte es als eine Ehre, meine Erfahrungen und mein Wissen mit Ihnen zu teilen. Georges Winter und ich haben viel Zeit damit verbracht, dieses Buch niederzuschreiben. Die Belohnung für uns liegt in der Zeit, die Sie bereit sind, in das Lesen und Verstehen zu investieren. Möge Sie die Lektüre stärken und Ihnen dabei helfen, sich besser zu verstehen, Ihr volles Potenzial kennen zu lernen, die

Richtung Ihrer Reise und deren Ziel zu bestimmen, Kontrolle über Ihre Bestimmung auszuüben. Das sind meine Erwartungen, das ist meine Vision, die ich mit diesem Projekt verfolge.

Ich glaube fest daran, dass es möglich sein wird, eine Art Synergie zwischen Leser- und Autorenkreis entstehen zu lassen.

Zu viele Theoretiker versuchen, anhand von mathematischen Formeln und Definitionen zu erklären, was Synergien sind. Dabei sind Synergien etwas ganz Natürliches: Eine Frau und ein Mann, zwei Menschen, bilden zusammen ein Team. Pflanzen sie sich fort und bekommen zwei Kinder, werden aus zwei Menschen vier. Das ist echte, natürliche Synergie und gleichzeitig das schönste Geschenk, welches ein Mensch erhalten kann.

Auch die Verbindung zwischen mir, dem Verleger Gian Laube und dem Schriftsteller Georges Winter, aus welcher ein Buch über meine Theorien entsteht, schafft ein Team. Wir alle drei bringen ganz verschiedene Fähigkeiten und Stärken für dieses Team mit. Sie bekommen Verantwortungsbereiche, wo sie diese Stärken umsetzen können. Erfüllt jeder bestmöglich diese Verantwortung, entwickeln sich Synergien, und das Endprodukt wird erfolgreich. Diesen Erfolg könnte ich alleine nicht produzieren, so wie ich alleine keinen Eishockeymatch gewinnen kann. Gute Synergien bedeuten auch eine gesunde Abhängigkeit, und diese Abhängigkeit muss auf Vertrauen basieren.

Per Handschlag beschlossen wir im Büro des Verlegers, zusammen ein Buch zu machen. Damit schufen wir eine klare Grundlage. Natürlich brauchte es irgendwann Verträge, die den Handschlag genauer definierten und organisierten. Grundsätzlich ist aber ein Vertrag nur ein Stück Papier, auf dem etwas geschrieben steht. Wenn der Wille fehlt, das Aufgeschriebene einzuhalten, bleibt ein Vertrag nur ein Stück Papier. Die Hopi-Indianer sind dafür ein gutes Beispiel. Ein Stück Papier ist in ihren Augen wertlos. Es könnte verloren gehen, verbrennen oder gestohlen werden. Deshalb unterschrieben sie nie einen Vertrag mit den USA. Per Ritual und Handschlag deklarierten sie vor einhundertfünfzig Jahren ihre Unabhängigkeit von den USA und geniessen diese, als eine der ganz wenigen Indianernationen, noch heute.

Die eigentliche Substanz, auf der auch das Entstehen von Synergien basiert, liegt im Entschluss, in der effektiven Abmachung. Damit wird der Wille, gegenseitig Leistung zu liefern und Fairness einzuhalten, bekundet. So entsteht ein Team, in welchem jeder das macht, was er am besten kann und was wichtig ist zu tun. Eine Vision verbindet Arbeit und Erfolg.

Ich glaube nicht an Zufall. Alles hat irgendwo einen Grund. Auch unser Werdegang ist nicht zufällig. Wir müssen Verantwortung übernehmen. Gerade in meinem Metier, dem Sport, wird zu oft von Glück oder Pech gesprochen. Zufall, Glück, Pech sind jeweils situationsverbunden und stehen nie losgelöst vom Ganzen da. Werden Athletinnen oder Athleten, die gewohnt sind zu gewinnen, bei Olympischen Spielen oder bei Weltmeisterschaften nur Vierte, hat das wenig mit Pech zu tun. Irgendetwas stimmte einfach nicht hundertprozentig. Im taktischen, im physischen oder im mentalen Bereich. Wenn dann von Pech gesprochen wird, sage ich: Moment, hier will jemand gleich die Verantwortung loswerden.

Jeder Mensch steigt mehrmals am Tag, mehrmals in der Woche, mehrmals im Monat, mehrmals im Jahr in verschiedene Teams oder Gruppen hinein. Die Bezeichnung Team ist eine Modesache geworden. Kaum nennt einer eine Einheit ein Team, meint er damit etwas Besonderes. Wir haben das Gefühl, wir hätten die Teamform für den Menschen erfunden. Doch Teams oder andere intensive Gruppenbildungen existieren schon so lange, wie es den Menschen gibt.

Erfolgreiche Team-Prinzipien brauchen wir nicht neu zu erfinden.
Kabinenspruch

Ich liebe es, mit meinem Eishockeyteam zu arbeiten. Es ist ein wichtiges Team in meinem Leben. Doch mein wichtigstes Team ist mein Team zu Hause. Mein Familienteam. Meine Frau und meine Kinder. Das ist mein Nummer-eins-Team. Es bildet das Fundament, meine Basis. Meine Familie gibt mir Kraft, hinauszugehen und in allen andern Teams, die in meinem Leben ebenfalls wichtig sind, mein Bestes zu geben. Wir Menschen sind viel mehr Teamspieler, als wir denken. Jede Situation, in die wir hineinsteigen und dabei nicht alleine sind, ist eine Teamsituation. Jede Familie, jeder Freundeskreis, jedes Büro, jede Schulklasse, jeder Hobbyclub ist ein Team.

Alle möchten gerne ein Mitglied eines erfolgreichen Teams sein. Niemand will nach Hause zu einer Verliererfamilie kommen oder im Büro mit Verlierern zusammenarbeiten oder sich im Sportclub einer Verlierermannschaft anschliessen. Alle wollen Siegerteams sein. Doch was ist das Geheimnis eines Gewinnerteams? Für mich ist das Geheimnis des Erfolges, dass es überhaupt kein Geheimnis gibt. Wir müssen nur die Grundwerte und Grundprinzipien des Menschen einsetzen. Es gibt unzählige durchschnittliche Teams, Mannschaften, Familien, Firmen und nur wenige ausgezeichnete, überdurchschnittliche, in die wir, am liebsten sofort, einsteigen möchten. Der Unterschied zwischen diesen mittelmässigen und den hervorragenden Gruppen ist gleich dem Unterschied zwischen Wissen und Tun, zwischen Wahrnehmung und Umsetzung. Das Wissen können wir uns mit blossem Zuhören oder Lesen aneignen. Das Tun jedoch müssen wir selbst bewerkstelligen.

Teil I

TEAMLIFE

Kick-off – Start

Die Reise der Entwicklung meiner Theorien und Philosophien hat mit dem Antritt meines ersten Trainerjobs angefangen. Ich glaubte wie die meisten Leute im Sport an Glück und Zufall. Heute bin ich der Meinung, dass Glück und Zufall über längere Zeit gesehen eher eine gefährliche Sache sind. Verlässt man sich nämlich auf Glück oder Zufall, übernimmt man automatisch weniger Verantwortung. Doch wir müssen Verantwortung übernehmen. Über unser Schicksal, über das, was passiert, in unseren Teams, bei uns selbst. Das wurde mir in meiner neuen Tätigkeit als Trainer schnell klar.

Doch bevor ich überhaupt Trainer wurde, blieb mir nichts anderes übrig, als die Dinge selbst in die Hand zu nehmen. Am Ende einer Karriere als Spieler bietet einem niemand einen Traumjob an. Die nackten Fakten sprachen gegen mich. Ich hatte einiges gelernt, stand aber ohne praktischen Leistungsausweis da, hatte Frau und Kinder, somit grosse Verantwortung, und war genau genommen arbeitslos. Kein sicherer Job, keine gesicherte Zukunft. Es wollte mir auch niemand etwas schenken. Trotzdem entwickelten sich mehrere Möglichkeiten für mich, doch keine davon sprach mich wirklich an. Bis ich eines Tages einen Kollegen in seiner Eigenschaft als Basketballtrainer sah. Ich wartete auf ihn im von Zuschauern leeren Stadion und schaute ihm bei seiner motivierenden Art zu. Da ging mir ein Licht auf. That's it. Ich wollte so schnell wie möglich Coach werden. Mein Herz hatte gesprochen, und ich folgte ihm. Ohne Angst, mit viel Risiko, ohne irgendeine Garantie.

Mit meinen erst einunddreissig Jahren wollte mich natürlich niemand als Trainer haben. Auch Vermittler liessen die Finger von mir, weil ich zu wenig Erfahrung vorweisen konnte. 1991 flog ich, auf eigene Kosten, von den USA nach Frankfurt und kaufte mir ein Bündel europäischer Zeitungen. Auf den Sportseiten suchte ich nach Meldungen über aktuelle Trainerentlassungen bei Eishockeyclubs. Nicht gerade der schönste Einstieg in einen neuen Beruf. Trotzdem, in Vorarlberg wurde ich fündig. Bei der Vorarlberger Eishockey Union (VEU) in Feldkirch. Sie war Tabellenletzte in der österreichischen Meisterschaft, nahm den vierzehnten Platz in der Alpenliga ein und lag über dem einhundertsten in Europa. Der Club war finanziell sehr limitiert, ich passte gut hinein, weil ich damals ein extrem billiger Coach war. Ein idealer Ausgangspunkt also. Es konnte ja nur aufwärts gehen. Ich flog zurück in die USA. Wir brachen unsere Zelte dort ab und sprangen Kopf voran ins Abenteuer. Wir folgten unseren Herzen. In Feldkirch traten wir dann eine siebenjährige, gemeinsame Reise als Team an. Und wie jede Reise hatte auch diese mit Feldkirch einen Anfang und ein Ende. Dazwischen führte uns die gemeinsame Zeit durch Höhen und Tiefen. Entscheidend ist, was wir zwischen den gesetzten Punkten tun. Geburt und Tod. Sonnenaufgang und Sonnenuntergang. Arbeitsantritt und Pensionierung. In die Ferien fliegen und wieder zurück. Ausnahmslos alle Reisen haben einen Anfang und ein Ende.

Jede Herausforderung hat einen Anfang und ein Ende, zählen tut aber nur das, was wir dazwischen unternehmen.

Kabinenspruch

Meine erste Saison in Feldkirch war eigentlich nur eine halbe, weil ich mittendrin einstieg. Das Team lag am Tabellenende. Dennoch schlossen wir diese Saison auf Platz fünf ab. Das kam gut an. Ich begann, zusammen mit dieser Mannschaft, als ein Niemand. Wir genossen keinen Respekt. Niemand schenkte uns etwas. Wir starteten bei null. Doch die Bereitschaft, etwas tun zu wollen, war vorhanden. Im nächsten Sommer wechselten wir eine grössere Anzahl Spieler aus.

Die erste Hälfte der zweiten Saison verschafften wir uns einigen Respekt und wurden sogar als Titelaspiranten gehandelt. Dann begann eine der lehrreichsten Phasen in meiner Karriere als Coach. Schaue ich heute zurück, weiss ich, dass ich in dieser Zeit am meisten gelernt habe und in die Zukunft mitnehmen konnte, entscheidend für die folgenden Erfolge. In dieser Phase habe ich auch gelernt, dass Gewinner und Sieger in schweren Zeiten geboren werden. Dass man in Zeiten von Niederlagen am meisten profitieren kann. Von fünfzehn Spielen hintereinander haben wir nicht eines gewonnen. Gott sei Dank kam dann die Sommerpause. Das erste Wunder: in meinem Metier so eine Serie zu überleben. Nur selten darf ein Trainer aus einer solchen Niederlagenserie lernen und weiterarbeiten.

Vor kurzem fand ich einen Brief, den ich in dieser Zeit an einen guten Freund schrieb. In dieser meiner schwersten Zeit als Trainer habe ich ihm geschrieben, jetzt ganz sicher zu sein, meinen Traumjob gefunden zu haben. Ich spürte eine innere, unheimlich aufregende Berufung. Die Herausforderung, mich aus dieser schwierigen Situation herauszukämpfen, entfachte ein Feuer in mir, das seither immer wieder, gerade in Zeiten von Niederlagen, wild auflodert. Ich folgte meinem Herzen und fand dadurch die Liebe zum Beruf.

Wenn man eine Mauer vor sich hat und man das Gefühl hegt, nichts richtig tun zu können, wenn alle Lösungen, die man in Erwägung zieht, falsch sind, liegen die grössten Chancen genau in diesen Zeiten. Die Entscheidungen, die man hier trifft, beeinflussen die Richtung, in die sich der Werdegang jedes Einzelnen entwickelt. Hier erkennt man deutlich die Unterschiede zwischen Verlierern und Gewinnern nämlich daran, wie beide in schwierigsten Situationen reagieren. Gewinner lernen, rüsten sich neu und kämpfen weiter. Verlierer lernen nichts, sehen nur das Problem und gehen in eine andere Richtung.

Wir änderten einiges, holten drei neue Spitzenspieler und wurden, zwölf Monate nach dem Minuslauf von fünfzehn Spielen hintereinander ohne Sieg, überraschenderweise zum ersten Mal österreichischer Meister.

Das war der erste Teil der Reise. Sie führte uns innerhalb von zwölf Monaten vom letzten auf den ersten Tabellenplatz. Wir sind über Niederlagen und Misserfolge in der letzten Saison zum Meistertitel und Erfolg in der nächsten Saison gekommen.

Nun können Sie sagen, he Ralph, ich habe auch schon einmal einen meisterlichen Tag erlebt oder eine meisterliche Woche. Einige können von sich behaupten, sie hätten schon einmal einen meisterlichen Monat oder sogar ein meisterliches Jahr gehabt. Doch nur ganz wenige können von sich behaupten, dass sie das Meisterliche als Gewohnheit dauernd durchführen. Bei einem meisterlichen Lebensstil, sich mit Ausdauer durchzusetzen, ist die Konkurrenz sehr klein. Über diese Gewohnheit sprechen wir hier im Buch. Wir haben es in Feldkirch geschafft. Wir wurden eine Meistermannschaft. Nur wenige im Sport schaffen es, einen Titel zu verteidigen. Als Gejagte eine Krone zu behalten, ist viel schwieriger, als diese das erste Mal zu gewinnen. Es gibt Beispiele im Sport, wo ein Team Meister wurde und mit der gleichen Besetzung im nächsten Jahr abstieg. Entscheidend für den Erfolg ist, dass man sein Tun nicht ändert. Dass man gerade bei Erfolg versucht, womöglich überall dazuzulernen und sich zu verbessern.

Vier Mal verteidigten wir den Meistertitel und bauten damit eine Dynastie auf. Zusätzlich konnten wir drei Mal hintereinander die Alpenliga gewinnen. Parallel dazu schafften wir auf der europäischen Bühne Ähnliches. 1995 Zwölfter, 1996 Vierter, 1997 Vierter, und im Februar 1998 wurden wir über die Schweizer, deutschen, finnischen, tschechischen und russischen Vertreter Europameister. Wie der legendäre Basketballcoach, Pat Riley, am besten die Entwicklung einer Dynastie erklärte: Wir waren in Europa niemand, wurden Mitläufer, Titelaspiranten und dann, als krönender Abschluss, Meister. Es war eine Traumreise. Ich erzähle diese Geschichte nicht, weil ich meine, dass wir eine besondere Mannschaft waren. Ich erzähle sie nicht, weil ich meine, ich war oder bin ein besonderer Trainer. Für mich gibt es keine besonderen Mannschaften, keine besonderen Trainer, keine besonderen Firmen oder Familien oder Schauspieler oder Politiker. Es gibt für mich nur Politiker oder Schauspieler oder Familien oder Firmen oder Trainer oder Eishockeymannschaften, die ganz Besonderes tun, ganz besondere Sachen ausführen. Es sind Einzelpersonen und Einheiten, die Ausdauer und Disziplin mitbringen, um bei allem, was sie tun, immer wieder Gewinnergewohnheiten zu praktizieren.

> Es gibt keine besonderen Teams, nur Teams, die besondere Dinge tun.
>
> Kabinenspruch

Das Besondere an der Reise mit Feldkirch war, dass wir nie stehen geblieben sind, dass jeder Einzelne auf dem Weg, innerhalb seiner Tätigkeit immer besser werden und sich auch persönlich immer weiterentwickeln wollte. Ob der Präsident, die Betreuer, die Spieler oder der Trainerstab, alle haben dauernd ihren Teil dazu beigetragen, dass diese Weiterentwicklung möglich war.

Der Unterschied zwischen Gewinnern und Verlierern, um es ganz grob zu reduzieren, besteht darin, dass die Gewinner in schwierigen, harten Zeiten nach Lösungen suchen, wie es besser werden könnte. Sie lernen ständig aus ihren gemachten Fehlern und setzen die neuen Erkenntnisse um. Die Verlierer werfen oft alles hin, lernen nichts und machen immer wieder die gleichen Fehler. Gewinner lernen aus ihren Niederlagen und entwickeln sich. Verlierer nicht. Das gilt in Beziehungen, im Beruf und im Sport.

Wir alle haben einen Anfang und starten als ein Niemand mit besseren Voraussetzungen oder als ein Niemand mit schlechteren Voraussetzungen. Aus dem Niemand wird jemand, und das Leben nimmt seinen Lauf. Die Person mit den besseren Voraussetzungen ist jedoch nicht automatisch Gewinner. Sonnt sie sich zu oft und zu lange in den guten Voraussetzungen, in die sie hineingeboren wurde, kann sie leicht zum Verlierer werden. Meistert aber die Person mit den schlechteren Voraussetzungen Situationen, die durch ihre schlechteren Voraussetzungen entstanden sind, gut oder sehr gut, wächst sie an ihnen und wird stark durch sie, gehört sie eindeutig zu den Gewinnern. Charakterbildung ist unabhängig von Intelligenz- oder Vermögensbildung.

Wir sehen viele wertvolle Dinge im Leben, an denen wir auch teilnehmen möchten, die wir auch haben wollen. Je wertvoller diese Dinge sind, desto schwieriger sind sie zu erreichen und zu behalten. Nehmen wir eine gute Beziehung. Diese wurde gut, weil man viel in sie investiert hat. Nicht materiell. Liebe, Aufmerksamkeit, Zärtlichkeit und was es sonst noch braucht, damit sich Menschen verstehen. Die emotionellen Komponenten. Damit Beziehungen gut bleiben, muss man weiter investieren. Dass man sich besser kennt, heisst nicht, dass man das, was man von der Partnerin oder dem Partner bekommen hat, auf einmal nicht mehr braucht. Oder dass, was man gegeben hat, nicht mehr nötig ist.

Das Gleiche gilt am Arbeitsplatz oder im Sport. Habe ich dort eine gute Position, einen hohen Wert als Spieler, muss ich das, was ich getan habe, um dorthin zu gelangen, weiterhin tun, um dort zu bleiben. Will ich noch weiterkommen, muss ich noch mehr dafür tun.

Gewinner tun sehr viel an einem Tag, um Dinge zu bewegen. Verlierer tun sehr viel an einem Tag, um Dinge zu vermeiden. Anders gesagt, viele Leute leben ohne wirklichen Sinn, ohne Gründe, weshalb sie etwas bewegen sollten. Der Sinn einer Sache motiviert das Handeln. Der Sinn in einem Spiel, bei dem jede Mannschaft ein Tor hat, ist es, Tore zu schiessen. Wem nutzt die ganze Herumrennerei während eines Fussballspiels, wenn auf dem Feld keine Tore stehen?

Final Champions League, Bayern München gegen Manchester United. Ausverkauftes Stadion. Hunderttausend im Stadion. Einige Hundert Millionen Menschen am Fernseher. Spieler und Schiedsrichter sind bereits auf dem Feld. Kurz vor dem Anpfiff kommen zwei Helikopter angeflogen und sinken über den Toren ab. Mit Haken an Seilen heben sie beide Tore vom Boden und fliegen mit ihnen aus dem Stadion. Der Schiedsrichter pfeift trotzdem an. Es beginnt ein Fussballspiel ohne Tore. Wie reagieren wohl die Zuschauer im Stadion und an den Bildschirmen?

Die Spieler können die schönsten Pässe, Flanken oder Eckbälle schiessen. Sie sind von keinem Nutzen, weil der Sinn des Spiels fehlt. Bis zur Halbzeit ist das Stadion schon beinahe leer. Und zu Hause vor den Fernsehern haben alle schon auf einen andern Kanal umgeschaltet. Niemand interessiert sich für ein Spiel ohne Sinn. So ist es auch sonst im Leben. Man muss einen Sinn sehen in dem, was man tun soll. Zu viele Leute spielen ihr Lebensspiel ohne Tore. Zu viele Mannschaften sind wie ein Fussballspiel ohne Tore. Ein Mensch braucht klare Gründe, warum er etwas unternehmen soll. Mit der Beantwortung der Sinnfrage verpflichten wir uns dazu, etwas zu tun. Wenn wir Träume haben – und wer hat schon keine – müssen wir etwas in Bewegung setzen, damit diese wahr werden. Um etwas in Bewegung zu setzen, müssen wir leben, lieben, lernen, lachen und ständig an uns arbeiten.

Alle LeserInnen haben das, von dem ich spreche, in sich. Sie müssen nur danach greifen. Sie müssen einen einfachen Griff nach der eigenen und nicht nach der imaginierten Wahrheit der Nachbarn oder der Arbeitskollegen tun. Die Frage, die sich jeder stellen muss oder kann, ist nicht: Was tun oder denken die andern? Die Frage lautet ganz einfach: Was mache ich? Was mache ich mit meinem Leben? Was mache ich – oder mache ich nicht – mit meinen Fähigkeiten? Wie gehe ich mit meinen Eigenschaften um? Was für eine Vision, was für einen Traum habe ich? Was fordert seine Umsetzung von mir? Was bin ich bereit, dafür zu geben? Fehlt noch der Glaube an die erfolgreiche Umsetzung, kann man sich auch fragen: Was wäre ich bereit, dafür zu geben, wenn die Umsetzung klappen würde? Von dort wiederum zurück zu: Okay, ich gebe alles, was ich geben kann, damit die Umsetzung Wahrheit wird.

Alle Menschen wollen erfolgreich, niemand will Verlierer sein. Doch was ist eigentlich Erfolg? Viele denken, für mich bestehe Erfolg darin, dass ich mit Feldkirch neun Meistertitel in fünf Jahren gewonnen habe, dass ich an den Weltmeisterschaften mit der Schweiz mehrere Topplätze erreicht habe. Darum geht es aber nicht. Nach dem dritten Titel in Feldkirch haben mich Journalisten gefragt, was ich denn noch da wolle, weshalb ich noch bliebe. Sie haben mich nicht verstanden. Sie haben nicht begriffen, dass ich mich auf einer Reise befand und nicht wusste, wo diese enden würde. Ich wusste auch nicht, ob wir Europameister werden würden oder nicht. Ich wusste nur, die Reise war noch nicht zu Ende. Wir waren noch nicht an ihrem Ziel angelangt.

Einige Leute mögen denken, persönlicher Erfolg bedeute für mich, berühmt zu sein, Popularität zu geniessen oder viel Geld zu verdienen. Sie liegen falsch. Erfolg ist für mich nur eines: Regelmässig an meine eigenen Grenzen zu stossen, mein eigenes Potenzial voll auszuschöpfen. That's it! Stosse ich regelmässig an meine Grenzen, schöpfe ich regelmässig mein Potenzial aus, dann bin ich erfolgreich. Egal, welchen Beruf jemand ausübt, welche Ziele sie oder er verfolgt. Erfolg haben sie nur dann, wenn sie regelmässig an ihre Grenzen gehen. Oberflächliche oder materielle Erfolge sind angenehme Nebeneffekte des wirklichen Erfolgs. Das Gleiche gilt für Teams.

Erfolg: Regelmässig unser Potenzial ausschöpfen, um andauernd unsere Grenzen zu erweitern.

Kabinenspruch

Dabei darf nie vergessen werden, dass keine zwei Einheiten das gleiche Potenzial aufweisen. Es gibt keine zwei Menschen, keine zwei Familien, keine zwei Eishockeymannschaften, auch keine zwei Restaurants mit dem gleichen Potenzial. An einem sonnigen Tag steigt das Potenzial eines Restaurants, zum Beispiel an einer Langlaufloipe oder einem Spazierweg gelegen, beträchtlich. Die Angestellten haben dann viel mehr zu tun, weil die Terrasse geöffnet wird. Das ganze Team kann also viel mehr herausholen als an einem Tag mit schlechtem Wetter. Es gibt keine Person, die dieses Buch in die Hände nimmt und mit ihren Fähigkeiten nicht Besonderes erzeugen könnte. Wir haben es alle in uns, etwas Besonderes zu tun. Wichtig ist, uns auf unsere Stärken zu konzentrieren, diese zum Hauptwerkzeug unserer Arbeit werden zu lassen. Wenn ich irgendwo, vielleicht im hintersten China, ein Bauer bin und habe nur Tiere und keine Maschinerie, liegt es an mir, mit dem vorhandenen Werkzeug das Beste zu machen. Ich darf keine Zeit an Gedanken wie «wie viel ich mit Maschinen herausholen könnte», verschwenden. Focus on what you have and do something special with it. That is success! Konzentriere dich auf das, was du hast, und mach daraus etwas Besonderes.

Entscheidend ist vor allem, dass man die Umsetzung seiner eigenen Träume anstrebt. Seine eigenen Grenzen findet, um an sie zu stossen. Zu viele Menschen halten sich an Träume oder Grenzen, die für sie von andern geträumt oder festgelegt wurden. Von Eltern, Freunden, Chefs, Medien oder direktem Umfeld. Jeder Mensch muss seine eigenen Träume und Grenzen erleben und anstreben. Wollen wir weiterkommen und Besonderes erleben, müssen wir zuerst herausfinden und definieren, was unser eigenes Ich will.

In meiner Feldkircher Zeit habe ich einen ganz besonderen Menschen kennen gelernt. Er hatte den Traum, Inhaber eines erstklassigen Fitnessclubs zu werden. Viele wollten ihm gut zureden, weshalb es nicht funktionieren werde. Mehrere wollten ihn konkret davon abhalten, seinen Traum umzusetzen. Doch er ging weiterhin konsequent seinen Weg. Mit fünfundvierzig hatte er es endlich geschafft. Gegen alle Erwartungen hatte er es fertig gebracht, einen der tollsten Fitnessclubs in Vorarlberg aufzubauen. Er hat Erfolg. Er ist ein Gewinner. Und er sitzt im Rollstuhl. Weil er seit seinem zwanzigsten Lebensjahr querschnittsgelähmt ist. Er hat sich nicht darum gekümmert, dass seine Beine gelähmt sind. Er hat sich keine Sorgen darüber gemacht, ob einer im Rollstuhl einen Fitnessclub aufbauen kann. Er hat sich einfach auf seine Stärken konzentriert. Das gesehen, was er tun konnte, und nicht, was für ihn unmöglich war. Während meiner ganzen Zeit in Feldkirch war er – im Bereich Fitness, Kraft und Ausdauer – mein engster Berater. Und auf dem Weg zu unserem Europameistertitel spielte er eine wichtige Rolle. Reinhold ist ein Gewinner. Er stösst mit seinem vorhandenen Potenzial immer wieder an seine Grenzen.

Es bestehen auch Potenziale, die genau messbar sind. Bei einem Sportler kann problemlos seine Geschwindigkeit gemessen werden. Arbeite ich mit zehn jungen Athleten, hat immer einer von den zehn schnellere Beine als die andern. Diese Unterschiede existieren nicht nur bei der Geschwindigkeit eines Menschen. Es gibt auch Leute, die mit einer höheren Intelligenz als andere ausgestattet sind. Der IQ ist messbar. Inzwischen wird auch immer öfter der EQ, also die emotionale Intelligenz, gemessen. Mit solchen Messungen kann grundsätzlich abgeklärt werden, ob jemand zum Führen geeignet ist. Ob er das emotionelle Zeug dafür hat, andere zu leiten und anzuführen. Nicht alle Menschen sind dazu geeignet. Jeder Mensch muss für sich selbst seine Mitte finden. Seine Balance in sich und die Position, die für ihn stimmt. Diese kann auch integriert in einer kleinen Gruppe sein. Zur Aufgabe für mich als Coach gehört es auch, jeden Spieler auf die richtige, für ihn und das Team ideale Position zu setzen.

Wenn wir im Moment alles tun, um das zu werden, was wir werden können, dann halten wir uns in der Erfolgszone auf. Die Erfolgszone setzt sich aus der mentalen und der Ausführungszone zusammen, der Fähigkeit, sich hundertprozentig in den Moment zu begeben, ihn zu leben. Leider beherrschen das immer weniger Leute. Man spricht zum Beispiel mit jemandem, und der steigt mitten im Gespräch aus. Eine Beleidigung. Eine Form von Missachtung dem Gesprächspartner gegenüber. Damit verliert das Gespräch seine Ernsthaftigkeit und erreicht nie die potenziell vorhandene Tiefe. Das Gleiche im Sport: Denken einige Spieler während eines Spiels an ihre Urlaubspläne, verliert sofort die ganze Mannschaft an Wert. Sie kann unmöglich ausgezeichnet ausführen. Alle müssen sich im Moment befinden.

Was aber noch wesentlicher ist als die Beleidigung von Gesprächspartnern, die Unterhaltung, die eigentlich keine ist, wird zur Zeitverschwendung. Und Zeitverschwendung ist etwas schrecklich Leichtsinniges. Wir werden mit einer Zeitreserve, bei jedem Menschen in anderer Grössenordnung, geboren, und unsere Lebensuhr fängt spätestens bei der Geburt, vielleicht schon bei der Bildung des Embryos, unserer irdischen Materie, rückwärts zu ticken an. Sekunde um Sekunde wird von unserem Zeitkapital abgezogen. Dagegen sind wir absolut machtlos. Wir können die Zeit weder beschleunigen, verlangsamen, anhalten noch ersetzen.

Zeit: Nehmen wir den Moment nie als selbstverständlich. Er ist Teil unseres wertvollsten Schatzes.

Kabinenspruch

Während Sie diese Zeilen lesen, läuft sowohl Ihr wie mein Zeitmeter erbarmungslos, pausenlos, immer im selben Rhythmus. Jede Sekunde ist gleich lang, auch wenn wir sie als länger oder kürzer als vorherige Sekunden empfinden.

Es ist eine Tatsache. Der kostbarste persönliche Schatz jedes Menschen ist seine Zeit, und niemand weiss, wie gross dieser Schatz ist und wann er aufgebraucht sein wird. Man kann von seiner Zeit weder weitere ankaufen noch vorhandene verkaufen. Weder anmieten noch vermieten. Zeit ist ein sich permanent verändernder Zustand, und verlorene Zeit ist unersetzbar. Weil Zeit so etwas Wertvolles ist, müssen wir lernen, den Umgang mit ihr so effizient wie möglich zu managen und zu gestalten. Täglich werfen zu viele Menschen zu viel Zeit ungenutzt weg, weil sie sich mit unwichtigen, irrelevanten Dingen abgeben und beschäftigen. Jeder Mensch sollte für sich herausfinden, was für ihn wichtig ist, was für ihn im Leben zählt, und sich dann darauf konzentrieren. Damit bereichert er sein Leben. Will jemand ein «reiches» Leben haben, fängt er besser gerade jetzt damit an, seine Zeit richtig zu nutzen.

Denkt man über diese Dinge wirklich nach, gewinnt der Moment an Bedeutung. Der wirkliche Sinn des Lebens ist, die Fähigkeit zu erlangen, jeden geschenkten Moment zu etwas Besonderem zu machen. Bringt man es fertig, im Urlaub, am Arbeitsplatz, bei Unterhaltungen oder wo immer man ein Teil davon ist, sich voll und ganz im Moment zu befinden, ist man auf dem Weg zum persönlichen Erfolg. «Carpe diem», nutze den Tag, seize the day!

Die zwei Rollen im Teamlife

Im Teamlife gibt es zwei verschiedene Hauptrollen, denen wir auch im Leben gerecht werden müssen.

Die erste Rolle nehmen wir ein, wenn wir nicht alleine sind. Wenn wir in eine Einheit hineinsteigen. Sei es Familie, Freundeskreis oder Firma. Sei es nur ein kurzer Besuch beim Zahnarzt oder beim Einkauf im Eckladen oder Supermarkt. Überall gilt es, Spielregeln einzuhalten, die zu einer stärkeren Einheit führen. In diesen verschiedenen Rollen muss man sich anpassen können. Soll eine Einheit funktionieren, teilt man sich die Verantwortung mit andern.

Die Leute werden immer unabhängiger voneinander. Bilden es sich wenigstens ein. Je weiter man in die Geschichte zurückschaut, desto enger waren Familienangehörige miteinander verbunden. Einer starken Familie anzugehören, galt als überlebenswichtig. Heute entwickeln sich die Menschen immer mehr voneinander weg. Wir müssen wieder lernen, in Teams, in Gruppen zu leben. Ein Team bildet sich oder entsteht überall dort, wo verschiedene Menschen zusammentreffen, um etwas Gemeinsames zu tun. Ein Team ist aber noch lange nicht einfach super, nur weil wir es Team nennen. Um ein besonderes Team zu werden, müssen wir die entsprechenden Gewohnheiten und den richtigen Lebensstil annehmen. Diese Teamrolle nenne ich «Teamlife nach aussen» oder auch «das äussere Team».

Diese Rolle ist in sich auch wieder aufzuteilen. In jedem Team, in das wir einsteigen, gibt es die verschiedensten Aufgaben zu erfüllen. Als Trainer zum Beispiel muss man, oft innerhalb eines Tages, seine Position der Gruppe gegenüber neu anpassen. Steht der Trainer vor seiner Mannschaft, ist er der Boss. Geht er nach Hause zu seiner Familie, hat er weniger Entscheidungen alleine zu treffen. Da sollte er die Verantwortung mit seiner Frau gemeinsam teilen. Später geht er zu Freunden und nimmt dort eine Position innerhalb dieser Gruppe ein. In einem guten Freundeskreis teilt man sich ebenfalls in die Verantwortung. Und schliesslich trifft er sich noch mit dem Präsidium, um einen neuen Vertrag auszuhandeln. Jetzt muss er sich unterordnen, den Anordnungen seiner Vorgesetzten Folge leisten. Das «Teamlife nach aussen» verlangt nach Flexibilität und Gespür für die Aufgabe, die jemand gerade im Moment angeht. Entsprechend der jeweiligen Position gibt man einfach immer das Beste für die Mannschaft, in der man sich befindet.

Die zweite Rolle nehmen wir ein, wenn wir alleine sind. Da bestimmen wir ganz allein die Spielregeln. Wir tragen allein die Verantwortung für das, was mit uns passiert. Das meint die physische, mentale und die soziale Verpflichtung gegenüber uns selbst. Diese Rolle nenne ich «Teamlife nach innen» oder auch «das innere Team».

Be The Best You Can Be

If you can't be a pine on the top of a hill,
Be a shrub in the valley, but be,
The best little shrub on the side of the rill,
Be a bush if you can't be a tree.

If you can't be a bush, be a bit of the grass,
And some highway happier make.
If you can't be a muskie, then just be a bass,
But be the livliest bass in the lake.

We can't all be captains, we've got to be crew,
There's something for all of us here.
There's big work to do and there's lesser to do,
But the task we must do is the near.

If you can't be a highway, then just be a trail,
If you can't be the sun be a star.
It isn't by size that you win or you fail,
Be the best at whatever you are.

Anonymous

Die Natur ist die lebendige Metapher für das, was in beiden Rollen vom einzelnen Menschen gefragt ist. Wir Menschen sind ja auch nur ein Teil der Natur, cut right out of nature. Und wie die andern Wesen sollte auch der Mensch versuchen, das bestmögliche aus seinen Rollen herauszuholen und diese so gut wie immer nur möglich in beide Richtungen zu gestalten, nach innen und nach aussen.

Von Natur besteht jeder Mensch als komplexes Wesen bereits aus vielen verschiedenen Elementen. Oft fehlt den Leuten ein Grundselbstvertrauen zu der Art Wesen, das sie selbst sind. Die Gattung Mensch, ein biologisches Wunderwerk. Staunen wir nicht alle, wenn wir an die Entwicklung eines Embryos denken oder uns einen Film darüber im Fernsehen anschauen? Wir sollten deshalb einen Grundstolz auf uns als Wesen, als Geschöpf entwickeln. Vielleicht ist das die einzige wirkliche Gemeinsamkeit aller Menschen.

Sind diese Abmachungen mit sich selbst einmal getroffen, braucht es eine gute Portion Selbstdisziplin, um sich durch Höhen und Tiefen daran zu halten. Doch genau davon hängt alles ab. Um das durchzuführen, was man sich vorgenommen hat, muss das Ganze immer wieder ausbalanciert werden, damit das gesamte Ich im Gleichgewicht bleibt. Ohne Balance geht nichts. Das ist wie bei Seiltänzern. Auch die allerbesten unter ihnen, die absoluten Profis auf dem Hochseil, die in ihrem ganzen Leben nie etwas anderes gemacht haben, als auf einem Seil zu gehen, müssen in jedem Moment darauf bedacht sein, ihre Balance zu halten.

Die Mitte-Balance

Kabinenspruch

Jeder Mensch sollte seine innere Mitte finden und diese dann nach Möglichkeit in Balance halten, damit sein Leben nicht aus dem Gleichgewicht gerät. Ohne Kontrolle über sein inneres Team bestehen wenig Chancen, im Leben etwas zu bewegen. Auch das äussere Teamleben wird nicht so gut funktionieren, wie es funktionieren könnte.

Leute, die auf Dauer neunzig oder noch mehr Prozent ihrer Wachzeit mit ihrer Arbeit verbringen und dabei ihr soziales Gefüge und sich selbst übergehen, werden früher oder später dafür an die Kasse gebeten. Persönliche Beziehungen gehen auseinander oder funktionieren nicht mehr. Körperliche und geistige Erschöpfungszustände machen sich bemerkbar. Es darf nicht so sein, dass man ein materielles Vermögen besitzt und als Preis dafür den Bezug zu seinen Liebsten und zu sich selbst verliert. Diese Form von Erfolg hat einen Beigeschmack und bringt keine Freude. Im Gegenteil. Sie kann viel emotionelles Leid anrichten.

Das Leben bewegt sich in zwei verschiedene Richtungen, nach innen und nach aussen. Beide Richtungen wollen gelebt sein. Mit einem möglichst hohen Bewusstsein ihrer Existenz. Verantwortung trägt man nicht nur gegenüber anderen im äusseren Team, sondern auch gegenüber sich selbst im inneren Team. Frage ich nach aussen, ob das Team an Wert zulegt, wenn ich dazustosse, muss ich nach innen die gleiche Frage stellen. Die Antwort darauf ist eindeutig. Natürlich legt mein inneres Teamlife an Wert zu, wenn ich mich ihm widme und wenn ich mit ihm eine gute Beziehung pflege, mir Liebe geben und mir Liebe nehmen kann. Wenn ich mich meinem Körper und meiner Psyche gegenüber nicht so verhalte, dass beide zu hohen gesundheitlichen Risiken ausgesetzt sind.

DAS ÄUSSERE TEAM

Die Mannschaft allein entscheidet, ob sie es schafft oder nicht schafft.

*In der Rüstung unserer Gedanken kreieren wir die Waffen,
mit denen wir uns selbst vernichten.*

*Wir modellieren auch das Werkzeug, durch das wir uns
ein Andenken schaffen, geprägt von harter Arbeit, Disziplin,
Respekt und Erfolg.*

*Mit der richtigen Wahl und ehrlichen Nutzung der Gedanken
strebt die Mannschaft ihrem Potenzial entgegen.*

*Durch Missbrauch und falsche Umsetzung der Gedanken fallen
wir weit unter den Grad unserer Erwartungen.*

*Dazwischen gibt es alle möglichen Abstufungen der Charaktere,
und die Mannschaft ist deren Macherin und Meisterin.*

*Von all den schönen Wahrheiten der Seele ist keine so beglückend
und schöpferisch an göttlichem Vertrauen als diese: Dass die
Mannschaft die Meisterin ihrer Gedanken, die Formerin ihres
Charakters, Erzeugerin und Entwicklerin ihres Zustandes, ihrer
Umwelt und ihres Schicksals ist.*

Die Mannschaft: anonym verfasster Text, bearbeitet von R.K.

Ich möchte zunächst sagen, was für mich ein Teamlife-Team ist, um danach zu erklären, was diese Definition im Einzelnen aussagt:

> Ein Teamlife-Team besteht aus einer Gruppe egoloser Menschen,
> die durch einen gemeinsamen Sinn verbunden sind,
> die in mannschaftsdienlicher Ausführung
> schrittweise Resultate von hoher Qualität erzielen
> und damit ihre Grenzen sprengen.

Die Kosten, die in einem erfolgreichen Team jedes einzelne Mitglied tragen muss, sind sehr hoch. Am Ende einer Teamreise werden sie aber durch eine viel höhere Auszahlung gerechtfertigt.

Wir leben in einer egobasierten, eigensinnigen Welt. Die wichtigste Fähigkeit, die ein Individuum in ein Team mitbringen muss, ist die Bereitschaft, das eigene Ego abbauen zu wollen und sich dem Gesamtgefüge unterordnen zu können.

Der Eintrittspreis ins Team: Ego parkieren und an Wert zulegen.
Kabinenspruch

Viele Leute, die zu neuen Teams stossen, sind verunsichert, weil die anderen so anders als sie selbst sind. Dieses Anderssein sollte aber keine Bedrohung, sondern eine Herausforderung darstellen und zur Bereicherung des eigenen Ichs beitragen. Jeder legt seine einzigartigen Stärken auf den Tisch, wodurch die Schwächen der anderen neutralisiert werden. Wenn wir an die Weltmeisterschaft fahren, hilft es niemandem, wenn wir dies mit dreiundzwanzig Stürmern und neun Ärzten tun. Wir brauchen eine Gruppe von Leuten mit verschiedenen Eigenschaften, um etwas Besonderes zu erreichen. Jeder ist abhängig von den Fähigkeiten des anderen.

Jede Gruppe muss einen Grund dafür finden, weshalb sie überhaupt existiert. Findet sie diesen Grund, ein Ziel oder eine Vision, findet sie einen gemeinsamen Sinn, geschieht die Motivation automatisch. Leider werden wir in der Regel erst dann gemeinsam sinnfündig, wenn eine Bedrohung ansteht. Während eines Erdbebens bleiben vier sich fremde Leute in einem Aufzug stecken. Sie werden blitzartig ein Team bilden müssen, um aus ihrer misslichen Lage herauszukommen. Der Wunsch zu überleben gibt ihnen einen gemeinsamen Sinn.

Mit egolosem Denken setzt jeder seine einzigartigen Stärken ein, um diesem Sinn nachzuleben. Das Tun, die Umsetzung kann beginnen. Entscheidend dabei ist es, die Eigenbedürfnisse zurückzustellen. Jede Entscheidung wird im Sinne der Mannschaft getroffen. Mit dieser mannschaftsopfernden Ausführung eilt man nicht nur irgendwelchen Resultaten entgegen. Das Streben gilt gezielt den Resultaten von hoher Qualität.

Fährt eine Nation an eine Fussball-Weltmeisterschaft und will sie an ihre Grenzen stossen, muss sich jeder einzelne Teamspieler bei der Umsetzung nur eine Frage stellen: Wie diene ich der Mannschaft am besten. Was muss ich tun, damit die Mannschaft optimal funktioniert und ihre Stärken voll einsetzen kann. Wenn einige Beteiligte ihre Position im Gefüge nicht einnehmen, entstehen Löcher, die zum Absinken des ganzen Unternehmens führen. An dieser gleichen WM gibt es eine ganze Reihe von Resultaten. 2:1, 3:2, 0:0, 1:4, für die Führung dürfen diese Resultate nicht im Vordergrund stehen. Nackte Zahlen können täuschen. Was wirklich zählt, ist die Qualität der Resultate. Wenn ein Fussballzwerg gegen einen Fussballriesen 2:3 verliert, besteht die Möglichkeit, dass die Zwerge auch als Sieger vom Feld gehen, weil sie ihr Potenzial voll ausgeschöpft haben.

Wenn alles zusammenkommt und passt, erzeugt eine Einheit eine nicht messbare Energie, die zur Vervielfachung ihrer Möglichkeiten führt. Die Grenzen werden gesprengt. Die Gesamtzahl der Einzelstücke vervielfacht sich. Zehn Menschen, die optimal zusammenarbeiten, können die Energie von zwanzig und mehr Menschen, die alleine arbeiten, erzeugen. Anders gesagt, können zehn weniger talentierte Menschen über zehn super talentierte hinauswachsen, vorausgesetzt, sie bilden eine Einheit. Das ist Synergie.

Ich persönlich durfte als Trainer schon mehrmals erleben, was dieses Grenzensprengen wirklich bedeutet, welche Gefühle dabei freigelegt werden. Zum Beispiel beim Finalspiel zur Europameisterschaft 1998 standen wir, das kleine österreichische Feldkirch, dem grossen Bären aus Moskau gegenüber. Ein Eishockey-Zwergstaat gegen eine Eishockey-Grossmacht. Alles sprach gegen uns. Beispielsweise hatten wir lediglich fünfzehn Feldspieler im Einsatz und die Russen zwanzig. Doch an diesem Tag kam einfach alles zusammen. Unsere gemeinsamen Erfahrungen und Erlebnisse der letzten sieben Jahre verschmolzen sich für ein paar Stunden zu einer unschlagbaren Einheit. Wir kletterten auf eine Bergspitze hinauf, in eine Höhe, die selten ohne Sauerstoffmasken erreicht wurde. Wir schafften es durch unser Teamlife nach aussen, unseren grossen Traum zu verwirklichen und Europameister zu werden.

Auch in meiner Tätigkeit als Coach der Nationalmannschaft konnte ich erleben, was Synergien bedeuten. Wir hatten ein Muss-Spiel, diesmal gegen den ganz grossen russischen Bären, die Nationalmannschaft. In St. Petersburg, in einem ausverkauften Stadion, und vor Millionen an den Fernsehgeräten, anlässlich der Weltmeisterschaft 2000. Trotz all der Umstände, die gegen uns sprachen, wuchsen wir zu einer Grösse, die uns zum Erfolg führte. Auch hier waren wir um das Vielfache mehr als nur die Papierzahl von zweiunddreissig Spielern und Staffleuten. Aus zweiunddreissig wurde eine Gesamtzahl von sechzig, siebzig oder gar achtzig. Gegen alle Wahrscheinlichkeiten haben wir schliesslich 3:2 gewonnen. Passieren konnte das nur, weil alle im Team ihre Egos parkierten, ihre Stärken voll einsetzten, einem gemeinsamen Sinn folgten und sich konsequent für die Mannschaft opferten, um die höchstmögliche Qualität im Resultat zu erzielen. Wir haben Grenzen gesprengt.

Die Auszahlung dieser Erfahrung war genauso unmessbar wie die Energie, die wir im Spiel erzeugten. Die grösste Belohnung für das Ausführen von Teamlife sind die Emotionen, die jede einzelne Person dabei erlebt. Die Schwierigkeiten bei vielen Teams ist das Fehlen der notwendigen Ausdauer, um an diesen Punkt zu gelangen. Erst wenn man solche Erlebnisse gehabt hat, nimmt man diese Teamlife-Gewohnheiten als Lebensstil, als Angewohnheit auf.

Man kann allein einen Berg hinaufklettern, sich oben auf dem Gipfel allein freuen, sich selbst umarmen und gratulieren. Ist auch eine gute Sache. Doch das Gruppenerlebnis ist stärker. Geteilter Erfolg, geteilte Freude am Erfolg ist mindestens doppelte Freude. Geteiltes Leid bei Schicksalsschlägen oder Misserfolgen wird zum halben Leid. Genau das strebt man in Teams an. Freude und Leid, Gewinnen und Verlieren zu teilen. Das Teamnetz so engmaschig zu weben, dass auch nicht ein einziges Individuum durchfallen kann. Erst wenn das gelebt wird, betrachte ich ein Team als erfolgreich.

Wir haben im Kick-off gesehen, dass wir alle viel mehr Teamspieler sind, als wir es vielleicht gewusst haben. Jetzt konnten wir zusätzlich erleben, was für ein unbegrenztes Potenzial in solchen Einheiten steckt. Die Zukunft gehört denjenigen Teams, die es verstehen, mit dieser Rolle umzugehen. Die ihre emotionelle Seite anpacken. Egal, in welcher Branche man arbeitet oder in welcher Gesellschaftsschicht man sich bewegt. Gute Teams werden sich durchsetzen.

Alle grossen Pläne brauchen ihre Zeit. Nur mit Geduld und Ausdauer gelangen wir ans Ziel.

Kabinenspruch

Jede Mannschaft, jedes Unternehmen, jedes Team kann noch besser werden. Auch wenn sie schon gut sind. Sie können noch besser werden. Wir alle können an noch höhere Grenzen stossen. Voraussetzung dazu ist, grösseres Verständnis und Bewusstsein für die emotionale Seite der Menschen zu entwickeln, mit denen zusammen wir ein Team bilden.

Viel Zeit unseres Lebens spielt sich in Teams ab. Wir schenken dieser Tatsache zu wenig Beachtung. Überall, wo wir zu Menschen stossen, mit denen zusammen wir etwas tun, steigen wir für eine gewisse Zeit in ein Team ein. Menschen, mit denen wir Dinge bewegen, irgendein gemeinsames Ziel verfolgen und etwas zusammen unternehmen, was immer das ist: die schönsten Kaninchen züchten, das beste Formel-1-Auto bauen, ausgezeichnete Arbeit abliefern – und vergessen wir die wichtigsten Momente nicht, die tollsten Freundschaften und Beziehungen leben, in der Liebe zu seinem Partner und seinen Kindern voll aufgehen.

Wie schon erwähnt, ist der Unterschied zwischen Durchschnittlichkeit und Ausgezeichnetheit gleich dem Unterschied zwischen Wissen und Tun oder zwischen Wahrnehmung und Umsetzung.

Wenn wir Wahrnehmung und Umsetzung praktizieren, nehmen wir automatisch das an, was ich mit Siegerlebensstil umschreibe. Dieser Lebensstil für Gewinner hat nichts zu tun mit reich, berühmt oder populär werden zu wollen. Die Sieger sind diejenigen, die allein, als Gruppe oder Team an ihre Grenzen stossen. Die aus Leidenschaft zu sich selbst, zu den anderen und zur Sache, aus Leidenschaft zum Leben immer das Beste anstreben. Die ihre kurzfristigen persönlichen Interessen dem langfristigen Gesamtgefüge unterordnen. Die sich immer wieder fragen: Was ist gut für das Team? Legt das Team an Wert zu, wenn ich dazukomme? Was kann ich tun, damit das Team noch wertvoller wird?

Ein Team ist nicht existent, solange keine Menschen in ihm spielen, arbeiten oder ihre Freizeit verbringen. Einzelne Menschen mit ihren Wünschen, Fähigkeiten, Hoffnungen, Bedürfnissen und Träumen entwickeln ein gemeinsames Ziel, haben eine Vision, die sie zur Wirklichkeit werden lassen. Und dafür sind sie bereit, ihren Möglichkeiten entsprechend, alles zu tun. In jedem Moment ihr persönlich Bestes zu geben. Für das Team. Für das Zusammensein. Für die gemeinsame Entwicklung. Das ist Teamlife nach aussen.

Gutes Teamleben erkennen wir nicht nur nach Siegen, sondern auch – oder vielleicht erst recht – nach Niederlagen. Mit Siegen umzugehen, ist oft nicht einfach, weil man sich immer wieder bestätigen muss, doch wirkliche Sieger wachsen an Niederlagen. Sie lernen dazu und werden besser. Nach einem Sieg besteht die Gefahr der Stagnation. Einen Sieg über andere zu erringen, ist oft einfacher, als sich selbst zu besiegen. Zum Beispiel wenn man bereits schon ein oder mehrere Male SiegerIn wurde, also Erfolg hatte.

Sieger sind nicht die, die nie stürzen, Sieger sind die, die schnell aufstehen nach einem Sturz. Sieger werden gerade dann geboren.

Kabinenspruch

Im Sport werden Siege und Niederlagen in Tabellen aufgelistet. In der Geschäftswelt spiegeln sie sich in Bilanzen wider. Im privaten Bereich täuscht das Bild oft. Materieller Erfolg allein genügt nicht. Ein teures Haus ist nichts wert, wenn sich die Menschen, denen es gehört und die darin wohnen, gegenseitig quälen, ja sogar hassen und am liebsten gar nicht zusammenleben wollen, es aber, meist aus materiellen Gründen, doch tun. Da bildet materieller Erfolg nur eine Hülle über den eigentlichen Lebensmisserfolg.

Wir müssen Teams nicht neu erfinden. Schon die Jäger und Sammler bildeten Teams. Die Philosophie, nach der ich mit der Nationalmannschaft jeden Tag lebe, stammt vielmehr aus der Vergangenheit, aus der Geschichte der Menschheit, als aus der Gegenwart. Ich schau gern, was die Leute früher getan haben, um erfolgreich zu überleben. Wir brauchen nicht bis zu den Jägern und Sammlern zurückzugehen. In der Gegenwart finden wir ebenfalls Beispiele dafür, wie Menschen, in Teams zusammengeschlossen, viel erfolgreicher sind als allein.

Diese norditalienischen Fischer, die ich in einem Urlaub beobachtete, beeindruckten mich sehr. Zwanzig bis fünfundzwanzig Boote fuhren hintereinander hinaus auf den See. Dann bildeten sie mit ihren Booten einen Kreis und warfen die Netze aus. Ich sah ihnen vom Hafen aus zu. Nach etwa zwei Stunden kamen sie wieder zurück und erklärten auf meine Frage, was genau sie gemacht hätten, sie seien einem uralten Brauch gefolgt. Ihre Beute betrage bei dieser Art kollektiver Fischerei das Drei- bis Vierfache eines Alleinfischers. Die Gesamtbeute wird jeweils gleichmässig auf alle Beteiligten verteilt. Ein erfolgreiches Team, einst im Kampf um das Überleben ihrer Familien, heute im wirtschaftlichen Überlebenskampf des Fischereiberufes, ihrer bedrohten Existenz.

Auch die Geschichte der nordamerikanischen Indianer gibt darüber Aufschluss. Was waren für sie die Voraussetzungen dafür, dass sich Synergien bildeten?

Erstens

Jedem im Stamm musste eine klare Rolle zugewiesen werden. Den Männern, den Frauen, den Kindern und den Alten. Damit das möglich war, hatten die spirituellen und traditionellen Leader die richtigen Leute an die richtigen Stellen zu platzieren. Alle mussten einen Platz im sozialen Gefüge finden, der ihren Stärken und Fähigkeiten entsprach. Die Frauen waren für das Feuer, für die Nahrungszubereitung und Konservierung, die Hausarbeiten, die Kleidung und bei den Nomaden für den Transport der Zelte zuständig. Auch das Suchen und der Umgang mit Heil- und anderen Kräutern gehörte in den Bereich der Frauen, die diese Aufgabe meist zusammen mit den Kindern erledigten.

Die Männer waren Jäger, Krieger oder spirituelle Leader und kümmerten sich um die Tiere.

Statt Medizinmänner konnten es auch Frauen sein, bei einigen Völkern waren es sogar ausschliesslich Medizinfrauen.

Bei den Jägern und Kriegern wurden die Aufgaben wiederum nach individuellen Fähigkeiten aufgeteilt. Fährtenleser verfügten über scharfe Augen, Treiber hatten schnelle Beine, Kämpfer waren körperlich stark und kräftig, und spirituelle Leader verstanden es, die geistige Verbindung zum Universum herzustellen.

Und nur wenn alle die zugeordneten Aufgaben mit voller Konzentration und ganzem Einsatz erledigten, konnte der ganze Stamm überleben.

Zweitens

Jeder musste das, was wichtig war, zum richtigen Zeitpunkt tun. Das heisst, im Moment konzentriert seine Aufgaben erfüllen, zum richtigen Zeitpunkt eine spirituelle Pause einschalten, sich richtig ernähren und richtig ausruhen. Selbst das Zeitmanagement war bereits ein Thema. Auch die Indianer mussten zwischen wichtigen und unwichtigeren Terminen unterscheiden. Wenn sie den Büffeln nachreisten, um einige von ihnen zu erlegen, hatten sie zu einer bestimmten Zeit an einem bestimmten Ort zu sein, wo sich die Tiere tatsächlich aufhielten, die ebenfalls umherzogen. Verpassten sie diesen Zeitrahmen, wurde die Nahrung für den nächsten Winter knapp und das Überleben für das ganze Gefüge schwieriger.

Die Indianerteams wussten, wann was zu tun war, damit sich der langfristige Erfolg, das ganze Jahr über alle gut ernähren zu können, einstellte.

Drittens

Kooperation durch unkomplizierte Kommunikation, wie es Indianer immer schon getan haben. Dem Gegenüber in die Augen schauen, wenn man ihm eine ernsthafte Mitteilung machen musste. Besonders dann, wenn schwierige Entscheidungen anstanden, in Krisensituationen, erhielt der persönliche Kontakt, zum Beispiel mit Vertretern anderer Indianervölker, einen umso höheren Stellenwert. Nur so konnten die Erwartungen in alle Richtungen geklärt werden.

Heutzutage verstecken sich zu viele Führungspersonen hinter moderner Maschinerie wie E-Mail, Fax, Combox und vermeiden nach Möglichkeit den direkten Kontakt zur Person. Wenn ich einem Spieler mitteilen muss, dass er das Team nicht geschafft hat, versuche ich ihm, möglichst in einem «face-to-face-talk», etwas für die Zukunft mitzugeben. Etwas, was ihn stärkt.

Selbstverständlich bin ich nicht generell gegen die neuen Kommunikationsmöglichkeiten wie Mobiltelefone, E-Mail und so weiter. Ich benutze sie sogar rege. Sie erleichtern vieles. Doch die persönlichen Beziehungen zu Menschen, mit denen ich eng zu tun habe, können sie nicht ersetzen. Es ist wichtig, diese modernen Werkzeuge zu beherrschen, zu managen, damit sie uns stärken. Allerdings sollten sie die Kommunikation nur unterstützen und nicht ihre wichtigsten Formen verkörpern. Wie bei allen Maschinen müssen wir sie beherrschen und kontrollieren und nicht sie uns.

Viertens

Gemeinsame Träume stellen eine Verbindung zwischen Einsatz und Erfolg her. Ohne eine Antwort auf das Warum gibt es diese Verbindung nicht, und die notwendige Motivation fehlt, um diese Träume zu realisieren. Zum Beispiel einen Büffel zu erlegen. Am Lagerfeuer, beim Verspeisen des gejagten Tieres, liessen die Jäger bestimmt die Jagd Revue passieren. Prahlten von sich und lobten vielleicht die anderen. Doch kaum jemand wird sich über den Aufwand und notwendigen Einsatz, der zuvor nötig war, beschweren.

Jeder muss einen Zusammenhang zwischen seinem Einsatz und dem ausstehenden Erfolg sehen. Wenn ich einen Zusammenhang zwischen jetzigem Einsatz und späterem Erfolg sehen kann, bin ich motiviert. Aber was ist eigentlich Motivation? Motivation bedeutet: den Zusammenhang zwischen Einsatz und Erfolg herzustellen und zu vermitteln. Diese einfachen Werte bringen uns Erfolg. Wie bereits gesagt, müssen wir Teams nicht neu erfinden. Wir müssen sie nur motivieren. Für die Indianer bestand die Motivation darin, ihre Grundbedürfnisse wie Essen, Trinken und Wärme zu befriedigen. Für uns heute geht es mehr darum, ein erfüllteres Leben anzustreben. So viele Momente der Harmonie und Balance wie möglich zu erleben.

Alles ist Teil desselben Ganzen – der Natur, die weder traurig ist noch glücklich; sie ist einfach da.
Lame Deer, Sioux Indianer

Fünftens

Resultate sind wichtiger als der Rang oder die Rolle, die man spielt. Ist es wirklich von Bedeutung, wer das Tor erzielt? Wer den Schuss abblockt? Wer die Schlittschuhe schleift, die Ausrüstung in Schuss hält? Oder bei den Indianern, wer den tödlichen Pfeil auf den Büffel abgeschossen hat?

Erfolg für die Mannschaft, für das Jagdteam ist wichtiger als der Status der einzelnen Leute. Wenn man gewinnt, wenn die Jagd erfolgreich war, profitieren alle davon.

Das Beispiel der Nationalmannschaft

Als ich 1997 als Trainer diese Eishockey-Nationalmannschaft übernahm, stand ich vor der Notwendigkeit, ein gut motiviertes Team zusammenzustellen. Bereits im Juni bot ich fünfundvierzig Spieler zu einem ersten Treffen auf. Einige haben mich angerufen und gefragt, ob sie da wirklich dabei sein müssten. Noch nie zuvor wurden die Spieler in den Sommermonaten zu einem Treffen der Nationalmannschaft aufgeboten. Natürlich wollte und konnte ich keinen zwingen, daran teilzunehmen. Wenn einer lieber in den Urlaub fahren oder diesen heissen Tag, die Temperatur betrug dreiunddreissig Grad, am See oder Meer verbringen wollte, als ein Mitglied der Nationalmannschaft zu werden, fine with me. Ich habe diesen Spielern dann gesagt, falls sie nicht kommen, werde ich vermutlich ihre Telefonnummer verlieren. Genau da fängt für mich der Teamgeist an. Will einer in der Nationalmannschaft seines Landes spielen, muss dieses Bedürfnis grösser sein, als in der Sonne zu relaxen.

Die Spieler, die sich in der Schweiz aufhielten, sind alle zu diesem freiwilligen Treffen gekommen. Einige hatten Sporttaschen dabei, weil sie vermuteten, ich würde sie einem Fitnesstest unterziehen. Ich forderte sie auf, mit ihren Taschen zu den Autos zu gehen und diese im Kofferraum zu deponieren. Sie schauten mich ungläubig an. Ich war der siebte Trainer der Nationalmannschaft in acht Jahren. Und allem Anschein nach einer, der nicht einmal trainieren wollte. Sie versorgten ihre Taschen und kamen zurück. Gespannt warteten sie darauf, wie es weitergehen würde. Ich eröffnete ihnen, dass Nummer eins für diese Mannschaft nicht das Training und nicht das Eishockeyspielen sein werde. Sie staunten. Dann fuhr ich fort: Was wir alle in dieser Nationalmannschaft als Erstes lernen werden, wird sein, gemeinsam zu denken. Dann fragte ich in den Raum, wer noch sein Ego dabei habe. Einige meldeten sich. Ich wies alle, die ihr Ego noch mit hatten, an, nach draussen zu gehen und dieses neben der Sporttasche im Kofferraum ihres Autos zu parkieren. Sie gingen symbolisch zu ihren Autos, öffneten den Kofferraum und parkierten ihr Ego darin. Danach konnten wir beginnen.

Ich erklärte den Spielern: Ab jetzt wird es immer so sein. Sobald wir zusammen einen Bus, einen Zug, ein Flugzeug besteigen oder die Kabinentür im Eisstadion hinter uns schliessen, bleiben unsere Egos draussen. Wenn einer in diese Nationalmannschaft einsteigt, hört er während dieser Zeit auf, als Einzelperson zu existieren. Dafür bietet ihm diese Mannschaft die Chance, zusammen mit anderen etwas viel Grösseres zu erreichen, als eine einzelne Person je erreichen kann. Er muss sich Teamwerte und Tore als Ziel setzen und die persönlichen Wünsche, solange er mit dem Team zusammen ist, an der Seitenlinie deponieren. Er muss aufhören zu fragen, was gut für ihn sei. Die Frage muss lauten: Was ist gut für das Team? Genau das fragt sich der komplette Spieler. Und wenn jeder das tut, erhält ein Team die Chance, sein Potenzial auszuschöpfen. Geschieht das, ist das Team ein winning team. Gewinnt das Team, gewinnen alle.

> Ein Teamspieler fragt:
> Was ist das Beste für die Mannschaft?
> Und tut es!
>
> Kabinenspruch

In der Theorie tönt das alles sehr schön. In der Realität ist die Sache nicht ganz so einfach. Hat man es geschafft, eine Gruppe egolos zusammenzuführen, darf man als Coach auf keinen Fall seine Antennen einfahren. In ganz guten oder in ganz schlechten Zeiten neigen einige der Spieler immer wieder dazu, in die alten Egogewohnheiten zurückzufallen. Man hat es hier mit ganz natürlichen, menschlichen Eigenschaften zu tun. Man muss immer wieder einzelne Spieler neu dazubringen oder auswechseln. Wenn sich ein Spieler überwiegend nur darum kümmert, was gut für ihn ist, then he is gone, er ist weg.

Nehmen wir unser Team an der Weltmeisterschaft 2000. Nach dem verlorenen Frankreich-Spiel befanden wir uns in einem tiefen Loch. Wir wussten, es gab nur eine Möglichkeit, aus diesem Loch hinauszukommen. Wir mussten Russland schlagen. Nach der Frankreich-Schlappe hätten wir alle eine defensive Haltung einnehmen und jeder nur auf sich schauen können. Ich hätte die Spieler, das Eis, das Management und die Schiedsrichter, die Spieler hätten den Coach, das Essen, das Publikum verantwortlich machen können. Doch das Gegenteil trat ein. Nicht einer zeigte mit seinem Finger irgendwohin ausser auf sich selbst.

Wir fragten uns alle, was das Team jetzt brauche. Wir verhielten uns egolos, was eine Menge Loyalität, Glauben, harte Arbeit und positive Energie voraussetzte. Ausnahmslos alle entschieden sich dafür, und wir gewannen bekanntlich 3:2, schlossen in den Top sechs der Welt ab, und alle profitierten davon. Alle gewannen, weil das Team gewann. Die Mannschaft stellte und beantwortete sich, in der grössten Krise, die sie innerhalb von vier Jahren durchleben musste, die wichtigsten Fragen gleich selbst. Auch hier bestätigte sich wieder: Ihre effektiven Bewährungsproben erhalten Teams immer in schwierigen, schier ausweglos scheinenden Situationen. In Zeiten von Niederlagen.

Einige meinen, ich hätte Angst vor grossen Egos. Im Gegenteil. Ich bin Tausende von Kilometern durchs Land gefahren und habe nach den grössten Egos im Schweizer Eishockey Ausschau gehalten. Nach Leuten, die an ihre Fähigkeiten glauben und ein grosses Selbstvertrauen besitzen. Genau solche Spieler wollte ich für die Nationalmannschaft gewinnen. Für mich bedeutet ein starkes Ego, ein gesundes Ego zu haben, über die Fähigkeit zu verfügen, sich in eine Gruppe einzufügen. Zu wissen, wann man selbst und wann das Team im Vordergrund stehen muss. Ich selbst stelle mir, bei all meinen Handlungen bezüglich der Nati, ebenfalls die Frage so: Was ist gut für das Team? Und nicht: Was ist gut für Ralph?

Viele gute Spieler hintergehen das Publikum, hintergehen die Medien. Sie geben vor, immer zuerst ans Team zu denken. Bei einigen klappt dieses Verhalten ihre ganze Karriere lang. Für mich sind solche Spieler keine wahrhaften Gewinner. Als Clubcoach wurde ich mit vielen egozentriert denkenden Spielern konfrontiert. Einer der Besten, der zu Feldkirch kam, verfügte gleichzeitig über das ausgeprägteste Ich-zuerst-Verhalten. Seine Ex-Trainer warnten mich davor, diesen Spieler in die Mannschaft zu nehmen. Er galt als Team- und Coachkiller. Wir hatten grosse Träume, doch kein grosses Budget. Deshalb mussten wir sehr talentierte «Problemspieler» aufnehmen und diese in talentierte Teamspieler umwandeln. Wir lernten ihn «to buy into the plan». Dieser Spieler kaufte den Plan und wurde Europameister. Die Möglichkeit zur Veränderung besteht immer. Alle können Teamspieler werden. Einmal dort angekommen, gibt es kein Zurück mehr, weil der schönste Erfolg geteilter Erfolg ist.

Ich vergleiche unser Team gerne mit einem nationalen Orchester. Wir suchten und suchen nach wie vor die besten Musiker des Landes. Die besten Violinisten, Bläser, Trommler, Pianisten und und und. Wir haben sie gefunden und verfügen heute über die Instrumentalisten, mit denen wir gute Musik spielen können. Doch ganz am Anfang, bevor wir die ersten Töne der Öffentlichkeit preisgaben, mussten wir zuerst die Frage beantworten, welche Musik wir zusammen spielen wollten. Wir kommunizierten darüber auf alle möglichen Arten. Eins-zu-eins-Gespräche, Gruppendiskussionen und Fragestunden. Wir schöpften jede Möglichkeit aus, um zu einer für uns alle idealen Lösung zu kommen. Wir suchten nach der Musik, die am besten zu unseren Stärken, Schnelligkeit und defensive Qualitäten, passte und die unsere Schwächen, wie kleinerer Körperwuchs und Nachteile in der Offensive, neutralisieren konnte. Nach ausführlichem Abwägen haben wir zusammen die Musik, den Komponisten und unsere Stilrichtung gefunden, mit der wir das Publikum begeistern wollten und noch immer wollen. Ein eigentliches Œuvre, an dem wir ständig arbeiten, um es noch besser klingen zu lassen.

Nach dieser Kommunikationsprozedur wusste ich, dass, auch wenn ich als Leader Wichtigkeiten voraussetze, diese nicht immer identisch mit den Prioritäten anderer sind.

Ich forderte die Spieler auf, sich über die vergangenen Jahre Rechenschaft abzulegen bezüglich physischer, technischer, taktischer und mentaler Verantwortlichkeiten. Was war gut, was sollten wir übernehmen? Was nicht, wo waren die Schwächen der Vergangenheit? Was dabei herauskam, schockierte mich etwas. In physischen und taktischen Belangen schienen die Spieler sehr gut geschult zu sein. Auch verfügten sie über hohe technische Qualitäten. Im mentalen Bereich allerdings tat sich ein riesiges Loch auf. Da war nichts vorhanden. Nichts Gutes, nichts Schlechtes, just plain nothing. Es wird zwar immer öfter über die mentale Ebene bei Einzelpersonen oder Teams gesprochen, in der Praxis sieht die Sache jedoch immer noch anders aus. Die mentale Ebene wird sowohl in Sportvereinen, an Arbeitsplätzen und in Familien fast schon sträflich vernachlässigt. Alles, was ich als Coach mit verschiedenen Teams aufbauen konnte, beruhte auf einer starken physischen, taktischen und technischen Basis. Das ist Voraussetzung. Ausbildung, Ausdauer und die richtigen Werkzeuge sind unentbehrlich. Doch das durch alles fliessende Blut, der Atem des Ganzen, ist immer die emotionelle Energie, the mental state, die psychische Verfassung der beteiligten Menschen. Darin liegt das grösste Kapital.

> Das grösste Kapital einer Mannschaft liegt in den Emotionen. Ein leidenschaftliches Team sprengt seine Grenzen.
>
> Kabinenspruch

Ich hatte also ein Team übernommen, dessen Mitglieder mit drei der vier Hauptkomponenten vertraut waren. Ein starkes Fundament, auf dem wir aufbauen konnten. Jetzt mussten wir das Team noch zur Lebendigkeit erwecken, ihm Leben einhauchen. Teamleben. Mit den drei verfügbaren Komponenten entsprach es einer Puppe, die sich auf der Suche nach einer Seele befand. Als ich das realisierte, war ich sicher, meinen absoluten Traumjob gefunden zu haben. Ich wusste genau, wo die Seele des Teams zu finden war. Sie steckte im mentalen Bereich, in der Psychologie seiner Mitglieder.

Nach all den Beratungen entschlossen wir uns schliesslich dafür, «Vivaldi» zu spielen. Das war die Musik, die zu unseren Stärken passte. Und wir wussten, spielten wir alle die gleiche Musik, würden wir an unsere Grenzen stossen können und Harmonie erleben.

Deutschland-Cup 1997. Das erste Turnier dieser Mannschaft mit mir als Coach. Wir spielten auf. Alle achteten darauf, dass jeder sein Instrument zum richtigen Zeitpunkt einsetzte und den richtigen Ton traf. Mein Job bestand darin, das Orchester zu dirigieren. Die ersten fünfundzwanzig Minuten ging alles bestens. Ich konnte es kaum glauben. Schönste Musik, beste Harmonie. Nach dreissig Minuten fing plötzlich einer auf seinem Cello an, «Beethoven» zu spielen. Ich war schockiert. Nicht etwa weil ich Beethoven nicht mag. Es ging um den Zusammenhalt. Hatte ich doch die letzten Jahre in Österreich in einem Team verbracht, das «die Kraft des gleichen Musikspielens» kannte und diese nicht mehr in Frage stellte. Und plötzlich, aus heiterem Himmel, kommt einer auf die Idee, seinen eigenen Song zu spielen. Mir wurde klar, wir standen am Anfang eines Prozesses, am Anfang einer neuen Teamreise. Dennoch hätte ich einfach weiterdirigieren können. Viele Führungspersonen tun lieber so, als ob sie einzelne falsch spielende Musikantinnen oder Musikanten nicht hören würden. Sie schauen lieber weg und sagen sich, was solls, da spielen ja immer noch einundzwanzig die gleiche Musik.

Hätte ich jedoch die «Beethovenspielerei» zugelassen, wäre ich vermutlich ein statistisches Element geworden, wie mehrere meiner kurzzeitig wirkenden Vorgänger. Im nächsten Spiel wären je nachdem noch «Verdi», «Strawinsky», etwas «Freejazz» und «Rap» dazugekommen. Das Ende, eine Katzenmusik. Wir hätten nie Harmonie erlebt und wären nie an unsere Grenzen gestossen. Wir wären eine stinknormale Mannschaft geblieben.

Hören wir falsche Töne, muss man deren Spieler auf die Partitur hinweisen. Die Betreuer und das Team müssen versuchen, den falschen Solisten wieder dazu zu bringen, mit ihnen zusammen die abgemachte Musik zu spielen. Besteht dieser weiterhin auf seiner eigenen Musik, muss man ihm klar machen, dass er in einem Orchester, das seine Musik spielt, besser aufgehoben ist, und ihn mit einem «Vivaldispieler» austauschen. Kein Sonderstatus wird erlaubt. Alle spielen die gleiche Musik. Das ist Konsequenz. Eine gerade Linie. Starke Führung. Man darf nicht unterwegs die Spielregeln ändern. Es gibt Zeiten, um zu analysieren und zu planen, und Zeiten der Ausführung. In diesen Zeiten des Ausführens muss die abgemachte Linie strikt eingehalten werden. Keine Ausnahmen sind erlaubt, sonst wird langfristiges Erfolgserleben unmöglich.

Im beruflichen und privaten Bereich, Familie, Verwandtschaft oder Freunde, kann man natürlich die Leute nicht so einfach wie in einem Sportteam auswechseln. Speziell in einer Nationalmannschaft. Da geht alles schneller als in den Clubs, wo oft langfristige Verträge mit Spielern effektive Teamentwicklungen behindern. Bei jedem Zusammenzug können wir hier anders musizierende Leute austauschen. Es ist überall möglich, ein winning team aufzubauen und zu formen. Voraussetzung in jedem Fall: das Aufbringen von genügend Geduld und Ausdauer. Auch die Bereitschaft, für das Team Opfer zu bringen, ist gefragt.

Jede und jeder, die ein Team leiten oder führen, sollten sich nach Abschluss eines Auftrages im beruflichen, nach Beendigung eines Turniers im sportlichen Bereich fragen, ob die Mitarbeiterin oder der Spieler X das Team mit seiner Anwesenheit bereichert hat. Hat sie oder er es wertvoller gemacht? Ist der Wert des Teams gestiegen, weil sie oder er dabei war? Mit diesen Fragen konfrontiere ich bei einer sorgfältigen Turnieranalyse – in Gedanken – jeden einzelnen Spieler, Betreuer und auch mich selbst. Jedes Teammitglied sollte sich diese Rechenschaft selbst, unabhängig von andern Mitgliedern, auch ablegen.

Es kommt vor, dass ein Star einer Mannschaft ein Team, aus welchen Gründen immer, verlässt, und plötzlich spielt die Mannschaft als solche besser. Mit anderen Worten, auch der noch so grosse Virtuose, der ausschliesslich auf sich schaut und nur seine Musik spielt, kann den Wert des gesamten Ensembles vermindern.

Wirklich schlecht für ein Team ist es, wenn eine vorgesetzte Person eines Teilbereiches, den sie seit Jahren zur Zufriedenheit ihres Vorgesetzten leitete und dieser dachte, alles sei bestens, plötzlich krank wird und die Angestellten, statt sich um die Gesundheit dieser Person zu sorgen, darüber jubeln, dass sie nicht am Arbeitsplatz erscheint. Wenn sich Erleichterung breit macht, weil jemand krank geschrieben ist, stimmt eindeutig etwas nicht. Da hat wohl auch der Vorgesetzte der vorgesetzten Person etwas übersehen oder falsch eingeschätzt. Da war eine falsche Person am falschen Platz. Da wurde nicht die gleiche Musik gespielt. Es sind nicht immer die Angestellten eines Betriebes oder die Spieler einer Mannschaft, die Probleme mit dem Team haben. Manchmal spielen auch Vorgesetzte oder Trainer eine falsche Geige, die nicht zur Musik des eingespielten Teams passt. Auch Kader sind Teams, deren Musik besser tönt, wenn alle das gleiche Werk spielen.

Es treffen sich vier Leute, um einen Tisch in einen anderen Raum zu tragen. Einer von ihnen setzt sich auf den Tisch, und die anderen drei müssen ihn mit dem Tisch tragen. Legen dann alle vier an Wert für das Team zu? Die vierte Person legt natürlich nicht an Wert zu. Im Gegenteil. Ihr Verhalten ist wertvermindernd für das Team, weil die Person für die restlichen drei mit ihrem Gewicht Last zulegt. Die drei andern tun bestens daran, die vierte Person vom Tisch runterzubefördern und aus dem Team der Tischträger auszuschliessen. Manchmal muss ich als Coach solche Entscheidungen treffen. Nimmt unser Team einer Person wegen an Wert ab, weil diese Person sich nicht wertvermehrend verhalten will oder kann, muss sie das Team verlassen und sich eine andere Mannschaft suchen, von welcher ihr Verhalten akzeptiert wird. Das ist erfolgsorientiert und fokussiert. Sechs Spieler spielen auf dem Eis. Wenn nur einer von ihnen lediglich fünfzig Prozent gibt, ist es der ganzen Gruppe nicht möglich, permanent ihr Potenzial auszuschöpfen. Ein Coach muss so etwas bemerken und schnell und zielgerichtet darauf reagieren. Tut er das, was notwendig ist, nicht, kommt dies einem Betrug am restlichen Team gleich. Teamführung ist gleich Teamverantwortung, sprich: Das Wohlergehen des Teams steht immer im Vordergrund.

Vorzüglichkeit erreicht man nicht mit nur einer Handlung. Sie entsteht aus Gewohnheiten.
Aristoteles

Ein Vater, der nach seiner Arbeit nach Hause kommt, herumschreit und die anderen Familienmitglieder herumkommandiert, damit die ganze Teamenergie der andern abbaut, ist egoistisch, selbstzentriert und schlussendlich ein Verlierer. Diese Art Leadership ist keine gewinnende. Das Familienteam verliert so an Wert.

Die Bedeutung offener und ehrlicher Kommunikation

Das gleiche Werk zu spielen, hat viel mit Kommunikation zu tun, die in jedem Team offen und ehrlich sein muss. Doch genau das Gegenteil ist in unserer Gesellschaft zu einer Sportart geworden: das Tratschen oder Klatschen. Männer und Frauen tun es. Unter Tratschen und Klatschen verstehe ich, dass wir über eine nicht anwesende Person reden, ohne dieser in irgendeiner Form behilflich sein zu wollen. Für ein Team kann diese Form der Kommunikation verheerende Folgen haben. Sie ist destruktiv, beschädigt den Teamgeist und verschwendet Zeit, die besser genutzt werden kann. Negativ über jemanden zu kommunizieren, führt früher oder später zu Gruppenbildungen innerhalb des Teams, wodurch die Gesamtenergie abnimmt. Wir alle lassen uns in der Regel immer wieder in Tratschgespräche verwickeln. Man muss bei sich selbst lange bewusst Gegensteuer geben, bis einen diese festgefahrene Angewohnheit verlässt. Niemand fühlt sich gut nach solchen Gesprächen. Niemand gewinnt etwas dabei. Weshalb wir es trotzdem tun, ist eine der menschlichen Mysterien. Immer wieder kamen Spieler zu mir und beschwerten sich über andere Spieler. Natürlich hörte ich mir die Beschwerden an, bat dann aber die anderen Betroffenen so schnell wie möglich dazu, um gemeinsam umgehend eine Lösung anzustreben und zu finden. Lässt man Geschwätz als Art der Kommunikation zu, wird daraus ein Geschwür, das zum Tode eines Teams führen kann.

Zu viele Führungskräfte hören zu wenig zu. Sie predigen und reden und predigen und reden und hören einfach nie zu. Zuhören gehört zu offener und ehrlicher Kommunikation, zur winning communication. Vergessen wir nicht, alle wollen Gewinner sein. Alle machen gerne die Erfahrung, wie Sieger zu fühlen. Wenn dies doch so ist, weshalb gewöhnen wir uns denn nicht einfach Siegereigenschaften an? Eine davon ist: offen, ehrlich und fair zu kommunizieren, winning communication zu betreiben.

Grundvoraussetzung für eine gute Kommunikation ist der Wille, überhaupt kommunizieren zu wollen. Ein Spieler, der nie spricht, der alles für sich behält, betreibt ebenfalls destruktive Kommunikation. Diesem Spieler traut niemand. Um ein gutes Teammitglied zu sein, muss man sich öffnen und formulieren. Es gibt

Spieler, die finden es cool, nur zuzuhören, während sich die anderen verbalisieren. Ich finde so eine Haltung egoistisch. Solche Leute betreiben ausschliesslich egobasierte Kommunikation.

Meine Tätigkeiten haben sehr viel mit Kommunikation zu tun. Nicht nur teaminterne, sondern auch sehr viel Öffentlichkeitsarbeit gehört dazu. Würde ich aber in der Öffentlichkeit unsere Spieler kritisieren, wäre das ebenfalls egobasiert. Viele Trainer verstecken sich hinter den Fehlern ihrer Spieler. In einer öffentlichen Position wie der meinen habe ich nicht nur ehrlich, sondern auch verantwortungsvoll zu kommunizieren. Dazu gehört das Abwägen von Worten über teaminterne Angelegenheiten. Kommuniziert man immer aus dem Herzen, kann man nie falsch gehen und braucht keine Vorbereitungen für Interviews.

Obwohl ich das Eins-zu-eins-Gespräch vorziehe, existieren noch einige andere Formen der Kommunikation, die zu einem gesunden Informationsfluss beitragen. Es gibt die Teammeetings, wo man jeden sanft zwingt, sich zu einem Thema zu äussern. Dann auch die Team-im-Team-Kommunikation, wo kleinere Blöcke zusammen Themen bearbeiten und diese präsentieren. Wir haben Fragebogen, die offen mit oder geheim ohne Namen ausgefüllt werden können. Oder die Flash-Fragensituation, wo man unter Zeitdruck antworten muss. Egal, welche Form man bevorzugt, wichtig ist dabei, dass eine Gruppe überhaupt einen Kommunikationsplan hat und dieser gezielt und regelmässig eingesetzt wird. Je ausgiebiger die Kommunikation, desto grösser wird das Verantwortungsbewusstsein. Je grösser das Mitspracherecht, desto stärker die Identifikation mit dem Team.

Wenn Kinder von ihren Eltern immer alles diktiert bekommen und ihre Meinung im Familienteam nichts zählt, entziehen sie sich früher oder später diesem Verbund – und die Einheit Familie zerbricht.

Eine der grössten Herausforderungen beim Amtsantritt als Trainer dieser Nationalmannschaft stellten für mich allein schon die sprachlichen und kulturellen Unterschiede der Spieler dar. Automatisch drohten sich einzelne Gruppen von Deutsch, Französisch, Italienisch und Rätoromanisch sprechenden Spielern zu bilden.

Dahinter steckt auch eine Form der Bequemlichkeit. Es ist ja viel einfacher, nur in seiner Sprache zu kommunizieren. Dabei verpasst man es, den anderssprachigen besser kennen zu lernen. Man nimmt den kurzfristigen Mehraufwand, sich vielleicht mit Händen, Füssen und den in der Schule erworbenen Fremdsprachenkenntnissen zu erklären und zu verstehen, nicht auf sich. Das ist falsch. Gerade in der Schweiz, wo die Mehrsprachigkeit ein wunderbares kulturelles Gut verkörpert und jede Eidgenossin und jeder Eidgenosse in der Schule mindestens eine Fremdsprache erlernen kann, muss unbedingt über Sprachgrenzen hinaus kommuniziert werden. Durch offene Kommunikation und gegenseitiges Interesse aneinander spüre ich heute im Team keine einzelnen Gruppen mehr. Alle haben sich in die selbst gebildete, grosse Gruppe integriert und einen eigenen Teamspirit entwickelt.

Gute Kommunikation ist das Herzblut einer gesunden Mannschaft.

Kabinenspruch

Selbstverständlich gibt es bei Mahlzeiten, in der Freizeit oder anderen Passivzeiten kulturelle Gruppenbildungen. Entscheidend ist, dass diese Kulturunterschiede auf dem Eis, im Training und bei Spielen keinen Einfluss haben.

Man sieht, wie viele Elemente zusammenkommen müssen, um das Teamlife nach aussen in grösstmöglicher Perfektion zu erleben, respektive das vorhandene Potenzial voll auszuschöpfen. Denn das Potenzial wird erst dann voll ausgeschöpft, wenn 1 und 1 und 1 und 1 nicht vier, sondern das Mehrfache davon geben. Von diesem Moment an erlebt man, dass das effektive Potenzial nie ganz ausgeschöpft werden kann. Das wäre Perfektion. Danach kann man streben, erreichen wird man sie nie. Wir können uns nur verbessern und verbessern in dem, was wir tun, in dem, was wir sind. Wirkliche Perfektion ist etwas Göttliches und in der Konsequenz für die Mannschaft nicht erreichbar, weil es eine Anmassung gegenüber dem Gefüge der Natur wäre.

Deshalb erkennen wir in traditionell handgewobenen, arabischen Teppichen oft kleine Webfehler, von Weberinnen und Webern bewusst platziert, weil sie sich nicht anmassen, perfekt zu sein. Auch in amerikanisch-indianischem Beadwork kommen, aus demselben Grund, bewusst eingebaute Unregelmässigkeiten vor.

Für jedes Team ist es wichtig, trotz innerem Drang und Streben, die Relationen nicht zu verlieren. Gesunde Selbstkritik und Selbstironie sowie Respekt vor Natur und Mensch sind auf der Reise einer Mannschaft unentbehrlich.

Wir haben bis jetzt definiert, philosophiert, Schritte aufgezeigt, Regeln erklärt, ein paar geschichtliche Zusammenhänge hergestellt, bewiesen, dass nichts neu zu erfinden ist; doch entscheidend auf dieser Reise ist die Freude, die man bekommt, wenn man Teamlife nach aussen wirklich lebt.

So go and be a Teamplayer. Die Auszahlungen rechtfertigen definitiv die Kosten!

Das innere Team

Körper–Kopf–Herz

Es gibt nur etwas, worüber jeder einzelne Mensch wirklich Kontrolle hat.

Nur etwas, worauf wir immer Einfluss nehmen können. Nur etwas, worüber wir allein bestimmen. Nur etwas, wofür wir die Verantwortung immer selbst tragen. Und das ist das «Teamlife nach innen». Das Ich. Ohne ein starkes «Teamlife nach innen», wie ich es nenne, oder inneres Team können wir nie gute Teamspieler nach aussen sein. Hier beginnt alles, inside yourself.

Wir alle haben ein eigenes Team nach innen, eine innere Mannschaft. Bestehend aus Emotionen, Organen, Muskeln, Werten und Knochen. Milliarden verschiedener Zellen, mit denen wir umzugehen haben, über die wir allein die Verantwortung und Kontrolle übernehmen müssen. Sind wir nicht in Kontrolle, geraten wir ausser Kontrolle. Weil jeder Mensch ganz allein bestimmt, was mit seinem Ich passiert, müssen wir ein eigenes Bewusstsein für den Siegerlebensstil entwickeln.

Es gibt niemanden, der ein Verlierer sein will. Alle wollen Sieger sein. Warum sind wir denn nicht alle ständig Sieger? Der Grund, weshalb das so schwierig ist, hat mit der Komplexität unseres Wesens zu tun. Jeder hat in sich eine ganze Mannschaft voller Eigenschaften, die er allzeit meistern muss, um andauernd Erfolg erleben zu können. Und vergessen wir dabei nicht, was echter Erfolg ist: Wir müssen eigene Grenzen sprengen, limitierte Möglichkeiten ausnutzen, täglich unser Potenzial besser kennen lernen. Erfolg in dieser Form können alle erleben. Erfolg und Misserfolg im inneren Teamlife ist kein Wettbewerb gegen aussen. Wir können uns nur mit uns selbst, mit unseren eigenen Möglichkeiten und Grenzen, messen. Ein Mensch mit einem IQ von 150 sollte seine Schulnoten nicht mit einem andern mit einem IQ von 100, oder umgekehrt, messen. Die Noten stehen nur in einem Verhältnis gegenüber den eigenen Grenzen.

Was hinter uns liegt und was vor uns liegt, sind Kleinigkeiten im Vergleich zu was in uns liegt.
Oliver Wendell Holmes

Jeder Mensch bildet mit sich, seinen Eigenschaften, Ängsten und Freuden, ein Team: das Teamleben nach innen. Wenn eine Person in ein Team einsteigt, tut sie das mit ihrem inneren Team, ihrem Charakter. Die Beziehung zum inneren Team muss genauso gepflegt werden wie jene mit dem äusseren Team.

Die im inneren Teamlife zu balancierenden drei Teile sind:

Körper–Kopf–Herz
Kopf–Körper–Herz   Herz–Kopf–Körper

Körper–Herz–Kopf
Kopf–Herz–Körper   Herz–Körper–Kopf

Diese Wortspielerei zeigt, wie komplex ein Mensch ist. Alle drei Komponenten müssen in Einklang gebracht werden, um als Ich meisterlich zu sein. Entscheidend ist dabei, dass man hier, wie bei allem, was man tut, immer besser zu werden anstrebt, nie stehen bleibt, sich immer weiterentwickelt, neue Erfahrungen macht, neues Wissen aufnimmt, sich immer vorwärts bewegt.

Nicht nur alle drei Begriffe zusammen sind komplex, sondern schon jeder für sich alleine.

Der Körper

Der Körper trägt den Kopf und das Herz durchs Leben. Wir ernähren unseren Körper vierundzwanzig Stunden am Tag. Wollen wir Erfolg haben, muss für diese Ernährung Verantwortung übernommen werden. Vieles wird aus Gewohnheit getan. Wir müssen Kontrolle über diese Gewohnheiten erlangen. Alles, was man dem Körper zuführt, ist Ernährung. Wir essen Ernährung, wir trinken Ernährung, wir atmen Ernährung, wir ernähren uns durch Bewegung. Unser Körper besteht aus Milliarden von Zellen. Was mit ihnen passiert, hängt zum grossen Teil von der Ernährung ab. Ernährung bedeutet: die Einnahme von Stoffen, die das Wachstum unserer Zellen fördern. Also müssen wir auch ein Bewusstsein dafür entwickeln, das zu diesem Wachstum führt. Ernähren wir unsere vielen Zellen mit guten Angewohnheiten und töten wir sie nicht mit schlechten, you are what you eat, drink and breathe, so do it right!

Essen Ist das Essen zu fettig und ungesund, das Trinken falsch oder ungenügend, wird richtiges Atmen vernachlässigt und bewegen wir uns zu wenig, tun wir verschiedenen Organen keinen guten Dienst. Für alle diese Bereiche müssen wir einen passenden Plan finden oder entwickeln und uns daran halten.

Wie auf dem Weg zu jedem Erfolg im Leben, gibt es auch auf dem Weg zum körperlichen Erfolg keine Abkürzungen. Wir müssen auch hier Bestmögliches leisten, Siegergewohnheiten annehmen und uns mit Ausdauer einsetzen, damit unser Teamlife nach innen sein Potenzial kennen lernen kann. Viele Leute lassen sich auf Esskuren ein, die irgendwelche kurzfristige Wunder versprechen. Kuren sind Abkürzungen, doch es gibt keine Abkürzungen. Wir müssen einen Lebensstil entwickeln, der es in seiner Gesamtheit möglich macht, Besonderes zu leisten.

Es gibt viele verschiedene Theorien und Modelle, die uns Rahmen setzen, in denen wir uns bezüglich des Essens bewegen sollten. Es geht nicht darum, jedes Stück oder jedes Gramm zu zählen oder zu wiegen. Der Plan bietet Raum für Individualität. Dabei ist es wichtig, die Mengen der vier Kategorieren in Proportionen zu halten.

Um zu vereinfachen, habe ich für mich einen eigenen Rahmen gesetzt. Die zwei grössten Abteilungen, Getreideprodukte und Gemüse/Früchte stammen ja alle aus dem Erdboden. Man kann sehen, dass diese bis zu fünfundsiebzig Prozent unserer Nahrung ausmachen sollten. Die restlichen Prozente stammen zum grössten Teil von Lebewesen, also Milchprodukte und Fleisch, Fisch, Geflügel sowie Alternativen. Wenn ich beim Abendessen meinen Teller anschaue, kann ich sofort feststellen, ob ich mich richtig ernähre oder nicht. Dominiert darauf die fettige Wurst das Platzverhältnis gegenüber Kartoffeln und Gemüse, muss ich einsehen, dass mein Ernährungsplan nicht optimal ist. Wie bei allem im Leben, geht es hier auch darum, die Balance zu finden, einen eigenen Ernährungsplan zu erstellen, der zu den sonstigen Lebensgewohnheiten passt. Man darf nicht übersehen, was für ein enormes Potenzial ein guter Ernährungsplan in sich birgt. Es gibt Menschen, die meinen, dass nichts zu essen für zehn Stunden am Stück oder noch länger zu einem gesünderen Leben führt. Oft beschweren sich gerade diese

Leute über Kopfschmerzen, fehlende Motivation oder Konzentrationslücken.

Auch unser Gehirn kann in Ernährungsnöte geraten. Es ist das grösste Organ im Körper, das keine Energie speichert. Es ernährt sich vom durchfliessenden Blut. Fünfundzwanzig Prozent der gesamten Blutmenge im Körper passieren dieses Organ. Stellen wir uns einmal vor, wir essen für acht Stunden nichts. Man braucht kein Mediziner zu sein, um festzustellen, dass unser Gehirn unter solchen Umständen nicht zu Höchstleistungen fähig ist.

Sei immer ein Meister in der Kunst des Lebens. Keine Auszeiten erlaubt!

Kabinenspruch

Dabei wäre es nur durch das Umstellen der Essgewohnheiten möglich, viel neue Energie zu befreien. Drei Dinge sind entscheidend: was, wann und wie viel. Man kann schon ab und zu ein Stück Kuchen essen, hält man den selbst gesteckten Rahmen diszipliniert ein. Bei der Einführung des «Teamlife nach innen» habe ich darauf hingewiesen, dass jeder allein die Verantwortung für diesen ganzen Bereich trägt. Also hat man gerade auf diesem einfachen Gebiet wie der Ernährung eine spezielle Verantwortung wahrzunehmen.

Denken Sie für einen Moment darüber nach, ob Ihre Essgewohnheiten wirklich siegerbasiert sind. Befinden Sie sich in Kontrolle oder werden Sie von Ihrer eigenen, schlechten Routine kontrolliert? Take control! Be in charge of your eating habits!

Jeder Mensch sieht das, was er essen wird, zuerst vor sich, in seiner Hand, auf Pflanzenblättern, in Schalen oder auf Tellern. Sind die Teller so reichlich gefüllt wie in unserer Kultur, tun wir besser daran, möglichst viel von dem, was gut für uns ist, zu verspeisen. Wir, die wählen können, sollten Qualität der Quantität vorziehen. Unserer Gesundheit wegen.

Einige Menschen ernähren sich nach dem Pyramidenkonzept. Die Proportionen sind dort von unten nach oben grob: fünfundsiebzig Prozent aus dem Erdboden, Getreideprodukte, Früchte und Gemüse, fünfundzwanzig Prozent protein- und fetthaltige Stoffe. Doch diese Pyramide wird heute gerne auf den Kopf gestellt. Zu viele Leute ernähren sich zu fünfundzwanzig Prozent aus dem Erdboden und zu fünfundsiebzig Prozent von Fett und Proteinen. Übergewicht und schwach ernährte Zellen sind die Folgen. Wir sollten bei der Ernährung keine eigenen Proportionen herstellen.

Die Natur hat das für uns bereits erledigt. Wir müssen uns nur daran halten. Wir «füttern» unsere Autos auch nach klar vorgegebenen Richtlinien. X% Benzin und Y% Öl und nicht umgekehrt. So wie wir unseren Autos diesen Respekt zollen, sollten wir es auch mit unseren Körpern tun.

Der Schaden, den die schlechten Ernährungsgewohnheiten hervorrufen, manifestiert sich auch in der Ernährungskette. Der Überkonsum von Fleisch in der westlichen Welt hat Masttiere über die Grenzen ihrer Leistungsfähigkeit gestossen. Die Folgen dieses Raubbaus: todkranke Tiere und krankes Fleisch in der Nahrungskette. Würde ich einen Eishockeyspieler in der Eishalle einsperren und ihn dort ständig über seine Grenzen stossen, ihm keine Ruhepausen gewähren und immer nur Tore, Tore und nochmals Tore von ihm erwarten, wäre es nur eine Frage der Zeit, bis er zusammenbräche.

Doch meine Absicht ist es nicht, ein Buch über Ernährung zu schreiben, davon gibt es genug. Das Wissen ist da. Jede Leserin und jeder Leser kann es sich besorgen und aneignen.

Trinken Es gibt Leute, die trinken zum Frühstück zwei Tassen Kaffee, in der ersten Arbeitspause eine Cola, am Mittag zwei Bier, zur Kuchenzeit einen Tee, beim Abendessen eine Flasche Wein, vor dem Schlafengehen noch zwei Whisky und meinen, sie hätten viel Flüssigkeit zu sich genommen. Dabei haben sie den ganzen Tag ihre Zellen austrocknen lassen. Alle diese Getränke sind Diuretika, Getränke, die Koffein, Tein oder Alkohol enthalten. Sie trocknen die Zellen aus. Jetzt können Sie sagen, so what? Ich habe gern trockene Zellen. Es gibt Studien, die beweisen, dass die Leistungsfähigkeit mental, im Konzentrationsbereich und physisch bei Aktivitäten sich enorm verringert, wenn nicht genügend Wasser im Körper zirkuliert. Stellen wir uns einmal eine Firma mit zweihundert Angestellten vor. Alle trinken falsch. Ein riesiges Potenzial wird hier nicht ausgeschöpft, geht einfach so verloren.

Wasser, Wasser, Wasser ist die vielleicht wichtigste Nahrung für unsere Körper. Das Wissen darüber, dass ein Körper bis zu 75 Prozent aus Wasser besteht, spricht für sich. Wasser hilft dem Körper bei seiner Reinigung und Verdauung. Auch zur Regulierung der

Körpertemperatur ist genügend Wasser unvermeidlich. Wir brauchen mindestens einen Liter Wasser pro tausend Kalorien, die wir mit einem guten Ernährungsplan essen. Trinken wir Diuretika, müssen wir diese Menge entsprechend erhöhen, um den Verlust an Wasser auszugleichen.

So go and get a glass of water and come back, um weiterzulesen!

Atmen Die einzige Ernährungsform, die wir vierundzwanzig Stunden am Tag betreiben, ist atmen. Jetzt lässt es unsere Welt aber nicht zu, dass wir alle in einer Alphütte oder auf einer abgelegenen Insel leben. Doch wie in den anderen Bereichen sollten wir gerade da, wo wir das Atmen beeinflussen können, das richtige Verantwortungsbewusstsein dafür entwickeln.

Gezieltes, tiefes Einatmen hat eine sehr gesunde Wirkung auf das physische und geistige Dasein. Tiefe Atmung kann natürlich durch Meditationsübungen, durch Joga oder Sport angeregt werden. Ganz besonders angesprochen dabei wird das Lymphdrüsensystem, das Teile des Giftstoffabbaus im Körper besorgt.

Ich will die Raucher nicht mehr anmachen als nötig. Also halten wir es kurz. Nebst den bekannten schrecklichen Krankheiten, die das Rauchen verursachen kann, reduziert es auch die Qualität der tiefen Atmung und damit die Anregung der Lymphdrüsen. Dadurch werden die Giftstoffe im Körper schlechter abgebaut.

Bewegung Als Sporttrainer interessiert mich die Bewegung besonders. Man könnte ein separates Buch darüber schreiben. Ich könnte an dieser Stelle komplizierte Trainingsmethoden vorstellen und vorschlagen. Doch ich finde nicht, dass alle Menschen Sportfanatiker sein müssen. Ein Bewegungsplan müsste aber jede Person für sich haben und täglich in irgendeiner Form einen Zeitraum einbauen, zu dem sie sich physisch betätigt. Ob man joggt, im Garten arbeitet, mit dem Hund spazieren geht, einem Ball oder einer Eishockeyscheibe hinterherjagt, Krafttraining oder Gymnastik betreibt. Es ist die vorbeugende Funktion und die geistige Stimulation dieser Tätigkeiten, die ich als wichtig erachte, nach dem Sprichwort: Mens sana in corpore sano, ein gesunder Geist in einem gesunden Körper.

Viele körperliche Beschwerden oder mentale Probleme können durch richtige Bewegungsgewohnheiten verhindert werden.

Unser Alltag wird schneller und schneller. Das hohe Tempo stresst. Physische Betätigung regt den Kreislauf an, stärkt die Muskeln und stellt die innere Balance her. Bewegung hat nicht nur eine reinigende Wirkung. Durch Hormonausschüttung erzeugt sie Stimulation und neue Motivation.

Persönliches Potenzial definieren. Persönliches Potenzial ausnutzen.
Kabinenspruch

Dieser Teil des Teamlife stellt für mich den Motor des Lebens dar. Stellen wir uns mal vor, dass Zwillinge wie zwei Autos vom Fliessband hinunter hinaus in die Welt gehen. Der eine Zwilling wird von seinen Eltern gut gepflegt und pflegt sich später selbst gut. Er tankt immer das richtige Benzin, wechselt sein Öl alle fünftausend Kilometer, reinigt sich innen und aussen bei jeder sich bietenden Gelegenheit. Zieht regelmässig neue Reifen auf und schaltet immer vor der roten Zone des Drehzahlmessers. Der andere Zwilling wird in den ersten Lebensjahren vernachlässigt und übernimmt nie Verantwortung für seine Handlungen. Er weiss gar nicht, dass es verschiedene Sorten Benzin gibt, dass ein Auto überhaupt Öl braucht, er hat als Lieblingsfarbe dreckig, der Spitzname seiner Reifen ist Glatzköpfe und er schaltet am liebsten ohne Kupplung.

Welcher Zwilling möchten Sie sein? Wir kriegen einen Körper, das ist unser Körper. Es gibt keinen Ersatz dafür. Wir haben alle Stärken und Schwächen, tragen aber ganz allein die Verantwortung dafür, diesen Körper für die Fahrt durch das Leben zu pflegen. Soll diese Reise eindrücklich verlaufen, müssen wir entsprechende Verantwortung über unser Reisevehikel, den Körper, übernehmen.

Der Kopf

Wie im Gesamtkörper gibt es im Kopf einiges, was man steuern kann, um den eigenen Lebensstil zu optimieren. So wie der Körper sich bewegen muss, hat auch eine gewisse Bewegung im Kopf stattzufinden. Um an seine Grenzen zu stossen, müssen wir auch hier überlegen, was und wann wir wo und wie einfliessen oder eindringen lassen. Wie das Essen die Ernährung des Körpers bedeutet, so steht das Einfügen von neuem Wissen in den Kopf für die Ernährung des Geistes.

Durch Lesen und Weiterbildung, mit etwas kultureller Beflissenheit und anregender Kommunikation und mit ständigem Diskurs erweitert man die mentalen Fähigkeiten. Ob man einen Abendkurs besucht, ein Geschichtsbuch liest, sich einen guten Film oder ein gutes Theaterstück anschaut oder mit Freunden eine Nacht lang philosophiert und durchdiskutiert, man gewinnt dabei an mentaler Stärke.

Die Geschwindigkeit, mit welcher wir uns technisch entwickeln, bietet ebenfalls neue Chancen im mentalen Ernährungsbereich. Entscheidend ist, dass man diese Dinge richtig einsetzt. Wie beim Körper ist es auch im Kopf unerlässlich, die notwendige Disziplin aufzubringen, um nur Dinge einfliessen zu lassen, die keine systemschädigende Wirkung hinterlassen.

Elektronische Medien können, verlieren wir die Kontrolle über sie, gefährlich werden. Ersetzen Maschinen das normale Sozialleben und werden sie zu einer Sucht, können die Folgen sehr schädlich sein. Fernsehen, Internet, Computer, Video, DVD, Natel, elektronische Post, alle diese Medien erweitern, wenn damit richtig umgegangen wird, unseren Horizont. Wenn nicht, reduzieren sie ihn dramatisch.

Vor fünfzehn Jahren sagte mir jemand, Ralph, es gibt zwei Dinge, die am meisten Einfluss auf das, was du heute bist, und auf das, was du in fünf Jahren sein wirst, nehmen werden. Das sind die Bücher, die du liest, und die Menschen, die du kennen lernst. Dieser Satz hat sich in meinem Leben immer bewahrheitet. Bücher dienen der Weiterbildung. Menschen bilden das soziale Netz.

Verstehen wir unseren Kopf als Garten und lassen wir das Unkraut nicht wuchern. Pflegen wir diese Pflanzungen im Kopf, indem wir uns mit Leuten umgeben, die uns weiterbringen und die wir weiterbringen.

Das Herz

Warum nach Körper und Kopf noch Herz? Weil dem Herzen die so wichtigen Komponenten des sozialen Bewusstseins und der sozialen Beziehungen zugeordnet sind. Um einen umfänglichen Erfolg zu ernten, muss zuerst eine emotionale Ordnung installiert werden.

Der Ursprung einer guten Teamspielerin oder eines Teamspielers liegt in diesem sozialen Bewusstsein. Darin, dass ein einzelner Mensch fähig ist, die Verantwortung als Individuum für ein grösseres, soziales Gefüge wahrzunehmen und umzusetzen. Zum Beispiel das Engagement einer einzelnen Person für das Gutgehen einer ganzen Nachbarschaft. Und natürlich auch im Sportclub für das Team und am Arbeitsplatz für den Kollegen, der sich in einer persönlichen Krise befindet. Oder überhaupt, wenn immer nötig und gewünscht, sich für andere Menschen einzusetzen.

Das bewusste Investieren von Zeit in soziale Beziehungen ist ein Muss, will jemand Freude und Harmonie, im Teamlife nach innen, erleben. Kann man einen Workaholic, der lediglich wenige Stunden im Monat seiner Familie widmet, als erfolgreich bezeichnen? Ohne dass man die Leute, die einen lieben, im Tagesplan berücksichtigt, kann man unmöglich innere Harmonie mit sich selbst finden. Und genau darunter leidet das emotionell zu kurz kommende Kollektiv. Ich spreche hier aus Erfahrung. Ich durchlebte eine Zeit, in der mir alle und alles wichtiger erschien als meine Familie. Ich verbrachte pro Tag bis zu sechzehn Stunden im Eisstadion oder mit Clubangelegenheiten und das für sechs Tage in der Woche. Glücklicherweise konnte ich diesen Einbahnkurs, nachdem mir bewusst geworden ist, was dabei alles kaputtgehen kann, noch rechtzeitig korrigieren.

Im Zentrum Herz befindet sich das kraft- und machtvollste Lebenswerkzeug. Ein Werkzeug, mit dem die Menschen schon Wunder bewirkt haben. Ein Werkzeug, das keine Grenzen kennt. Ein Werkzeug, das den Sauerstoff für ein erfolgreiches Teamlife nach innen verkörpert. I am talking about love. Liebe, die wohl stärkste positive Emotion, zu der wir fähig sind. Liebe als Basis eines balancierten und gesunden Lebens. Bin ich fähig, jemanden oder etwas zu lieben, öffne ich mich automatisch für die richtige Denkwahl und ernte die grösste Auszahlung, die das Leben für einen bereithält: Freude. Wer will denn nicht so viele Momente der Freude wie nur möglich erleben? Doch um andere Menschen zu lieben und um Liebe zu geben, muss man sich zuerst selbst lieben. Unsere einzigartigen Stärken und Schwächen. Die einmalige Seite des Ichs bewundern. Sich akzeptieren. Und das, was jemand an sich nicht ak-

Um den Tag zu packen, muss man das, was man hat, lieben lernen. If you don't, you won't.

Kabinenspruch

zeptieren kann, muss, nach Möglichkeit, verändert werden. Wenn

Veränderung nicht möglich ist, braucht es die Akzeptanz «des Nicht-verändern-Könnens».

In der Analyse dieser drei Hauptbegriffe sieht man einmal mehr, wie komplex und vielseitig unser inneres Team ist. Dass wir absolute Perfektion nie ganz erreichen werden, wissen wir alle. Wichtig jedoch ist das Anstreben dieser Perfektion, dieses Immer-besser-werden-Wollen. Es ist ein Schlüsselpunkt, und mit dem Einsatz dieser Denkart können wir auch alles andere, was im Leben passiert, akzeptieren, sodass wir nie etwas bereuen müssen.

Ich stelle mir gerne ab und zu die Fünfjahresfrage. Diese Fragestellung beugt gegen negative Überraschungen vor. Sie lautet so: Wenn ich die nächsten fünf Jahre täglich zehn Bier trinke, fünfzig Zigaretten rauche, beim Essen die Pyramide auf den Kopf stelle, keinen Sport treibe, mich nie weiterbilde, keine Ziele verfolge, kaputte soziale Beziehungen lebe, keine Auszeiten nehme, und der Arzt sagt mir eines Tages: Sorry Ralph, du hast Krebs. Oh shi...! Ich hätte nicht so viel saufen sollen, ich hätte nicht so viel rauchen sollen, ich hätte mich besser ernähren sollen, ich hätte mich mehr bewegen sollen, ich hätte mich mental weiterentwickeln sollen, ich hätte mir mehr Zeit für meine Familie nehmen sollen, ich hätte mehr Freizeit nehmen sollen. Ich hätte, ich hätte, ich hätte. Sofort würde ich versuchen, alles umzustellen, innere Notoperationen vorzunehmen. Natürlich erhalten wir auch durch das Einhalten der Teamlife-Regeln keine Garantien; passiert jedoch etwas, können wir viel besser damit umgehen. Wir müssen nichts bereuen.

Back to the five year question: Wenn ich in allen Bereichen, Herz, Kopf und Körper, immer weiter dasselbe tue, immer dieselben Gewohnheiten beibehalte und mir dann vorstelle, wie mein Leben in fünf Jahren ausschauen könnte, gefällt mir dieses mögliche Zukunftsbild? Freue ich mich auf dieses Foto? Ja oder nein? Wenn ja, weiter so. Wenn nein, wenn irgendwo nur in einer Sache nein, bei irgendeinem Detail, muss ich sofort daran arbeiten, um diese Schwächen zu verbessern. Klare Gründe finden, weshalb ich das will, und dann hart daran arbeiten, um das Bild besser und schöner zu gestalten. Nur ich kann mich verändern. Nur ich kann diese Dinge beeinflussen und steuern. Ich alleine trage die Verantwortung für das innere Teamlife. Ich habe eine Pflicht mir gegenüber, aus dieser Verantwortung das Beste zu machen.

In allen drei Abteilungen gibt es keine Abkürzungen und keine Wunderkuren. Weder im Körper, im Kopf noch im Herzen. Verlassen wir uns da, wo es um unsere innere Mannschaft geht, nicht auf Glück oder Zufall. Keine zwei Menschen bringen exakt die gleichen Gewohnheiten mit. Doch sie haben es, als Gemeinsamkeit, in sich, mit ihrem ICH ganz besondere Dinge zu erleben, an ihre persönlichen Grenzen zu stossen, zu gewinnen, im Teamlife nach innen. Ihr Herz, Körper und Kopf gut ernähren können alle Menschen, zumindest in unserer westlichen Welt. Deshalb auch können sie verantwortungsvoll und kontrolliert mit den drei Zonen umgehen.

Hypokrates hat die Menschen schon 400 Jahre vor Christus auf die Wichtigkeit der Ernährung hingewiesen. In der heutigen Medizin- und Medikamentengesellschaft, wo oft lieber ein Pflaster aufgeklebt als an einer langfristigen Lösung hart gearbeitet wird, haben seine damaligen Worte nur noch an Wert und Wichtigkeit gewonnen: «Unsere Nahrungsmittel sollen Heil-, unsere Heilmittel Nahrungsmittel sein.»

Die Führung

So komplex und schwierig wie das innere Teamlife sind auch die vielen verschiedenen Rollen, die wir als Einzelperson im Leben zu erfüllen haben. Jede ist in sich wiederum sehr komplex. Vielleicht die schwierigste Ich-Rolle überhaupt ist die einer Führungsperson. Man muss so viel an Vielseitigkeit, Flexibilität, Ausdauer und Durchsetzungsvermögen mitbringen wie in keiner anderen Rolle. Man muss lernen, Philosoph, Lehrer, Vater oder Mutter, Bruder oder Schwester, Politiker, Diktator und gleichzeitig Demokrat und Freund zu sein. Bei dieser Komplexität würde man denken, dass die wichtigsten Eigenschaften einer Führungsperson ein grosses Selbstvertrauen und ein starker Charakter sind. Für mich bleibt das Wichtigste, dass man sich selbst nie zu ernst nimmt und dass man sich ab und zu auch ein Lachen über sich selbst gönnt.

Einige haben vielleicht das Bedürfnis, diese Abschnitte zu überspringen, weil sie der Meinung sind, Führung sei nichts für sie. Doch über kurz oder lang übernehmen wir alle irgendwo und irgendwann eine Rolle, die Führungsverantwortung mit sich bringt. Logischerweise sind Trainer, Politiker, Lehrer Führungspersonen. Aber auch Eltern.

Starke Führung dient den andern.

Kabinenspruch

Führung bringt in unserer Gesellschaft eine grosse Verantwortung mit sich. Wie bei allem müssen auch hier Freude, Liebe und Vertrauen im Vordergrund stehen. Weder Machtanspruch noch Kontrolle sind angebracht. Ich durfte längere Zeit mehrere verschiedene Gruppen führen. Ich habe in dieser Zeit viele Fehler gemacht und falsche Entscheidungen getroffen. Egal, was passierte, habe ich immer versucht, einen Rahmen von Spielregeln aufzustellen, die meine Entscheidungen lenken und leiten würden. Diese Spielregeln sind lebendig und bleiben nie gleich. Sie ändern sich immer wieder, in Gemeinschaft mit meinen neuen Erfahrungen als Leader.

Einer der grössten Schritte in meiner persönlichen Entwicklung als Führungsperson war das Lernen, über mich selbst lachen zu können. Mich nicht zu ernst, jedoch die Dinge, die ich mache, sehr ernst zu nehmen, das Tun und nicht das Ich in den Vordergrund zu stellen.

Nehmen wir meine grosse Nase. Früher wurde ich wütend, wenn jemand einen Nasenwitz riss. Heute machen mir solche Witze nichts mehr aus. Im Gegenteil. Ist der Witz gut, lache ich auch mit. Nimmt aber jemand mein Tun nicht ernst, respektiert er die Sache nicht, geht mir jede Form von Humor ab. Viele Führungspersonen kümmern sich mehr um ihr Image als um die Dinge, die sie tun. Solches Verhalten führt zum Verlieren.

Die zehn Regeln der Führung

Zurzeit sehen meine Teamlife-Führungsregeln so aus:

Visionen

Dabei ist die Fähigkeit wichtig, Menschen Träume einzupflanzen, die Zukunftsbilder zu entwerfen, an die sie glauben und für die sie sich opfern wollen. Die Leute in diesen Prozess einzubeziehen. Gerade bei uns in Europa, wo es den Menschen überwiegend gut geht, suchen immer mehr und mehr Menschen nach Gründen und Antworten. Sitzt jemand am Fusse eines Berges und will hinaufklettern, muss ein Grund vorhanden sein, diese Strapazen auf sich zu nehmen. Weshalb? Kann eine Antwort gegeben werden, sind die Leute motiviert. Gebe ich ihnen eine Antwort, kann ich zu führen beginnen.

Pläne

Ein Plan bringt Stabilität. Auf festem Boden lässt sich Erfolg aufbauen.
Kabinenspruch

Menschen wollen klare und stabile Strukturen um sich herum. Vertrauen in eine Führungsperson fassen sie erst, wenn diese nach einem soliden, klaren Plan agiert. Je klarer die Dinge liegen, desto sicherer fühlen sich die Leute. Ein klarer Plan sichert den Boden unter den Füssen. Chaos, schlechte Organisation und kurzfristige, spontane «In-den-Tag-hinein-Pläne» bringen Unsicherheiten und über längere Zeit Erschütterungen oder gar Erdbeben mit sich.

Bevor jemand eine leitende Funktion übernimmt, muss er oder sie einen speziellen Plan für das zu übernehmende Team und für ihre oder seine persönliche Form der Personenführung ausarbeiten. An diesem Plan muss dann, durch dick und dünn, festgehalten werden. Getestet oder geprüft wird man immer. Man braucht die Fähigkeit, ausdauernd und beharrlich eine klare Linie durchzuziehen. Viele Führungspersonen scheitern bereits in der Startphase. In meiner ersten Saison als Nationaltrainer wurde ich ständig von aussen und innen getestet. Man stellte viel in Frage. Erst nach elf Monaten, mit der erfolgreichen WM 98, konnte ich endlich aufhören, meinen Plan zu verkaufen, und richtig zu führen anfangen.

Energie

Wenn Sie ein Bedürfnis zur Führung haben, weil Sie meinen, Sie bekämen in dieser Funktion eine besondere Form von Energie zurück, then forget it. Sie sollten dann besser nicht führen wollen. Man bekommt schon auch Energie zurück, aber man darf es nicht erwarten. Entsprechende Balance ist gefragt, um an anderer Stelle seine Energie aufzutanken.

Führt man eine Gruppe Menschen an, ist man ein Ich, ist man aber auch allein. Man muss bereit sein, sich persönlich zu opfern und sich gleichzeitig egolos zu verhalten. Ein wirklicher Anführer darf nie fragen, was gut für ihn als Boss ist. Die Führungspersönlichkeit hat immer Energiegeber zu sein, hat ihrem Team Energie zu geben und ihm nicht Energie zu entnehmen. Auf Hockey übertragen: Unser Team liegt nach zwei Dritteln mit 3:0 im Rückstand. Die Jungs haben schreckliche Katzenmusik gespielt. Ich komme in die Kabine und mache die Spieler runter. Schreie sie an. Werfe ihnen vor, dass sie weder einen vernünftigen Pass geben noch ein Tor schiessen können. Und überhaupt seien sie die letzten Eishockeyspieler auf der Welt. Nachdem ich sie die ganze Pause über noch mehr demoralisiert habe, als sie eh schon waren, fordere ich sie auf, hinauszugehen und das Spiel zu gewinnen. Wie geht dieses Spiel wohl aus?

Ich kann aber auch in die Kabine kommen und ihnen sagen: Hey guys, wir sind so viel besser, als wir jetzt gespielt haben. Ihr könnt doch alle ausgezeichnet Eishockey spielen. Wir haben uns doch etwas ganz anderes vorgenommen. Die ersten zwei Drittel können wir nicht mehr ändern. Die müssen wir abhaken. Aber wir haben noch zwanzig Minuten. Auf diese fixieren wir uns jetzt. Ich glaube an euch. Spielen wir dieses letzte Drittel für uns so, dass wir darauf stolz sein können. Vergessen wir das Resultat. Let's go and play.

Persönliches Kritisieren und Peitschen funktioniert vielleicht kurzfristig. Über längere Zeit gesehen, müssen Führungspersonen immer Energie geben, und genau das macht die Arbeit schwierig. Wenn ein Chef sein Personal anschreit, schreit das Personal sich gegenseitig an und zögert auch weniger, die Kunden des Betriebes anzuschreien.

Diesen Kettenanschreierei-Mechanismus setzen dann Mutter oder Vater, nach einem langen Arbeitstag im Büro, im Laden oder in der Fabrik, zu Hause fort, wo Kinder ihrer Aufmerksamkeit und Geborgenheit bedürfen. Jeder Mensch trägt die Verantwortung mit, solche Mechanismen und Stereotypen aufzubrechen. Am besten gleich dort, wo sie wurzeln. Am Arbeitsplatz oder in einem Sport- oder sonstigen Verein. Umgekehrt muss der vorher erwähnte Chef, der sein Personal anschreit, vielleicht bei sich zu Hause, in seiner Beziehung ansetzen und eventuelle Konflikte thematisieren und Lösungen anstreben. Von ihm hängt vieles ab. Kommt er morgens nicht mehr missmutig zur Arbeit, schreit er sein Personal nicht mehr an, kommuniziert er vernünftig mit ihm, werden diese Leute automatisch nicht mehr missmutig sein.

Es gibt Zeiten, wo ich mir nicht nur Gedanken über den Energiefluss an die Mannschaft mache, sondern wo ich, zum Schutz der Untergebenen, negative Energie blockieren und auf mich selbst umlenken muss. Zum Beispiel in schwierigen Momenten während eines Turniers, wenn viel Kritik von aussen kommt, versuche ich das zu tun, um die Spieler abzuschirmen.

Das gute Beispiel

Be an example, sei ein Beispiel! Mit dem guten Beispiel voranzugehen, ist eine der unentbehrlichen Eigenschaften, über die eine Führungsperson verfügen muss. Wasser predigen und Schnaps trinken, geht nicht auf. Wie können Trainer Fitness verlangen und dabei selbst unfit sein? Wie können sie den Spielern Alkohol verbieten und selbst jeden Abend in der Hotelbar trinken? Wie können sie den Spielern einschärfen, keine dummen Strafen zu kassieren, und gleichzeitig das ganze Spiel über die Schiedsrichter anschreien? Wie können sie von den Spielern vollen Einsatz im Training verlangen und selbst unorganisiert und schlecht vorbereitet sein? Das gilt nicht nur im Sport oder am Arbeitsplatz. Wenn wir als Eltern von unseren Kindern erwarten, ehrliche, offene, hart arbeitende, freundliche Erdenbürger zu werden, müssen wir mit gutem Beispiel vorangehen. Mögen wir ein gewisses Verhalten an unseren Kindern nicht, sollten wir uns zuerst unseren eigenen Spiegel hinhalten und prüfen, ob wir da nicht etwas ähnlich Störendes in unserem Verhalten finden. Führen wir eine Anzahl Leute an, müssen wir uns immer wieder Rechenschaft darüber ablegen, was wir unserer Funktion als Vorbild und MotivatorIn schuldig sind.

Rollenverteilung

Die Rollen in einem Team müssen klar definiert und gleich bewertet sein. Ob Putzequipe, Pfleger, Betreuer, Trainer oder Spieler. Jede Rolle muss klar definiert und die Aufgaben müssen richtig verteilt sein. Alle sind gleich wichtig für das Team. Was für ein Bild würden Hockeyspieler ohne guten Schliff an den Schlittschuhen auf dem Eis abgeben? Ein erbärmliches. Deshalb ist die Person, die den Schlittschuhen den richtigen Schliff verpasst, genauso wichtig wie der Stürmer, der Tore schiesst, oder der Torwart, der Tore hält. Vor einer WM kämpfen bis zu fünfzig Spieler um die verfügbaren dreiundzwanzig Plätze. Alle diese Spieler tragen ihren Teil dazu bei, dass die Mannschaft das höchstmögliche Niveau erreichen kann. Niemand ist in diesem Prozess unwichtig. Auch ein guter Ersatzspieler, der motiviert seine Rolle erfüllt, setzt natürlich die, die spielen, auf gesunde Art und Weise unter Druck. Dies ist nur möglich, wenn sich der Spieler in seiner Aufgabe wichtig fühlt. Dieses Gefühl muss die Führung kreieren. Wird das Gefühl, wichtig zu sein, vermittelt, und spürt jeder einzelne eine Verbindung zwischen seiner Arbeit und einem möglichen Teamerfolg, haben wir motivierte TeamspielerInnen, everyone must feel important!

Eine vorgesetzte Person hat unbedingt jeden Rollenträger im Team gleich zu behandeln. Sie wird immer etwas mehr Sympathie für diesen oder jenen Menschen empfinden. Diese Gefühle dürfen jedoch im Team nicht spürbar sein. Die abgemachten Regeln müssen von ausnahmslos allen eingehalten werden. Dafür sind Vorgesetzte verantwortlich. Entscheidend ist, dass niemand bevorzugt wird. Erlaubt man einigen im Team einen Sonderstatus, fördert man damit Gruppenbildungen innerhalb des Teams.

Kommunikation als Qualität

Offene und ehrliche Kommunikation bedeutet auch: Wir haben zwei Ohren und nur einen Mund. In Eins-zu-eins-Gesprächen achte ich darauf, dass ich meinen Spielern zwei Drittel unserer Gesprächszeit zuhöre und ein Drittel rede. In Teammeetings spielt dieses Verhältnis nicht so, weil bei diesen Anlässen vorwiegend über Strategien oder den Gegner gesprochen werden muss. Meine beiden Ohren setze ich doppelt so lange wie meinen Mund ein, wenn die Situation mehr vom emotionalen Teil unserer Existenz geprägt ist. Mitsprache führt über die Bereitschaft, Verantwortung zu übernehmen, zu der Fähigkeit, Verantwortung zu tragen.

Mitsprache bedeutet für die Spieler, über ein Forum zur Meinungsäusserung zu verfügen. Das können persönliche Gespräche, Anrufe, Briefe, Faxe oder E-Mails sein. Wichtig ist, dass ihre Ideen und Gedanken auf irgendeine Art in den Entwicklungsprozess mit einbezogen werden. Damit übernehmen sie automatisch mehr Verantwortung für den Ablauf der Reise, auf welcher sie sich, zusammen mit dem ganzen Team, befinden.

Schnelle Konfliktlösung

Tauchen in einem Team Konflikte unter einzelnen Personen auf, müssen diese unverzüglich gelöst werden. Nimmt eine Führungsperson einen Konflikt wahr, soll sie den Mut aufbringen, in den Konflikt einzusteigen, um bei der Lösungsfindung aktiv mitzuhelfen. Viele wenden in einer schwierigen Situation lieber ihren Kopf weg, als ihr direkt in die Augen zu schauen. Man muss mit dem Problem Augenkontakt aufnehmen. Das gehört zur Führungsverantwortung. Die meisten Krisen, die zum Bruch von Beziehungen führen, beginnen mit einem – meist kleinen – Missverständnis. Nimmt eine vorgesetzte Person ein Missverständnis zwischen zwei seiner Leute wahr und unternimmt nichts, um es auszuräumen, erzeugt er ein Problem. Oberflächliche Konflikte können zu Hassgefühlen führen, wenn diese nicht bereits in ihren Anfängen erfasst und gelöst werden. Konflikte können wie ein bösartiges Virus das ganze Team befallen und es schwächen, wenn nicht sogar töten. Normalerweise fühlt man die Symptome, bevor die Krankheit ausbricht. Nimmt man die Symptome wahr und stürzt sich auf sie, ist der Ausbruch der Krankheit oft zu verhindern. Die Symptome zu ignorieren, kann jedoch schlimme Folgen haben. Negative Situationen entstehen, die bei frühzeitigem Einschreiten nicht entstanden wären. Führungskräfte müssen die Courage aufbringen, in einen

Konflikt einzugreifen, bevor dessen Folgen so gravierend sind, dass sie das ganze Gefüge negativ beherrschen und destruktiv lenken.

An Grenzen führen

Keine Angestellte, kein Angestellter, kein Spieler ist gleich. Jeder Mensch hat seine eigene Geschichte. Auf jedes einzelne Individuum muss spezifisch eingegangen werden. Dazu lasse ich mir von den Leuten etwas aus ihrer Vergangenheit erzählen, was zu besserem Verständnis der Person führt. Will ich alle Teammitglieder an ihre persönlichen Grenzen führen, gelingt das nur, wenn ich jede einzelne Person verstehe. Woher kommt sie? Von welchen Erfahrungen wurde sie geprägt? Was ist ihre jeweils aktuelle Situation in ihrem Leben? Man muss sich für die Leute interessieren. Je mehr ich als Coach von den Spielern weiss, umso besser kann ich sie an ihre Grenzen führen. Jeder Mensch ist anders. Jedem wurde ein anderes emotionales Make-up aufgetragen. Deshalb müssen Führungspersonen äusserst flexibel sein. Es gehört zu ihren Aufgaben, so viele verschiedene Methoden wie nur möglich zu benutzen, um die Leute zu den höchsten Sprüngen anzuregen, die diese machen können.

Respekthaltung

Auf keinen Fall sollten Chefs oder Trainer populäre Führung anstreben. So etwas ist nur von kurzer Dauer. Ob in der Politik, in einer Firma oder zu Hause. Nicht einhaltbare Versprechen und ständiges Gewähren von Sonderwünschen, beides führt zu schweren Unstimmigkeiten zwischen Führung und Team. Früher oder später sind unpopuläre Entscheidungen notwendig. Die Mitarbeiter müssen dazu gebracht werden, die längerfristigen Ziele der Vorgesetzten zu respektieren, auch wenn sie kurzfristig daran wenig Spass haben. Um das zu ermöglichen, soll eine gewisse Distanz zu Untergebenen gehalten werden. Wenn wir nämlich zu eng mit den Leuten verbunden sind, können wir die harten Entscheidungen, von denen wir wissen, wie gut sie für das Team sind, nicht mehr objektiv fällen. Feiert man als Vorgesetzter mit seinen Mitarbeitern, darf man nie die Kontrolle über sich verlieren und sollte immer als Erster die Party verlassen.

Natürlichkeit

Das Wichtigste an einer Führungsperson ist die Bewahrung ihrer Natürlichkeit. Alle Vorgesetzen machen irgendwann einen Fehler. Wenn mir ein Fehlentscheid, der negative Folgen für das Team hat, passiert, muss ich in der Pause oder am Ende des Spiels in die Kabine gehen und sagen: sorry guys, das geht auf meine Kappe. Die Spieler erwarten von Trainern oder andern Betreuern keine Perfektion. Sie haben aber das Recht darauf, dass andere genauso zu ihren Fehlern stehen wie sie selbst. Natürlich bleiben. Immer aus dem Herzen sprechen und sagen, was man denkt. Das ist die Grundvoraussetzung, um eine Vertrauensbasis zu schaffen.

Als Spieler hatte ich viele Trainer, die immer schauspielerten. Doch niemand kann auf längere Zeit hinaus von einem, der nur vorgibt, dies oder jenes zu sein, motiviert werden. Sie kamen in die Spielerkabine und warfen Hockeystöcke, Flaschen, Abfalleimer, alles, was gerade verfügbar war, herum. Sie spielten die Wütenden und waren überhaupt nicht wütend. Das motivierte uns als Spieler nicht im Geringsten. Im Gegenteil. Wir fühlten und spürten es immer, ob ein Coach aus seinem Herzen oder aus seinem Kopf heraus reagierte. Diese Männchenspiele kosteten die Trainer Energie, die sie besser hätten einsetzen können. Ich kann nur sagen: Führe von innen, und bleib dir und deinem Weg treu. Ob in guten oder schlechten Zeiten, halte dich an deine gerade Linie, und sei du selbst. Achte darauf, dass deine Worte und Taten deine eigenen sind. Bleibe natürlich, und du wirst mit all deinen Führungsresultaten leben und ihnen, mit hoch erhobenem Kopf, direkt in die Augen schauen können.

Denken als positive Denkwahl

Es gibt nichts Gutes oder Schlechtes, nur das Denken macht es so.

Shakespeare

Gut oder schlecht. Hell oder dunkel. Schwarz oder weiss. Positiv oder negativ. Die Gedanken kennen keinen Mittelweg. Keine Kompromisse. Nur entweder – oder.

Vieles im Leben passiert zweimal. Das erste Mal in Gedanken, das zweite Mal als Erlebnis. Am Anfang dieses Buches stand ein Gedanke. Über mehrere Jahre sammelte ich Informationen für ein solches Projekt. Dann kam der Verlag auf mich zu, und aus den Gedanken entstanden Texte. Was Sie jetzt in Ihren Händen halten, ist die lang gereifte Umsetzung eines Traumes.

Es gibt nichts beim Menschen, das mächtiger und kräftiger ist als sein Gedankengut. Es gibt nichts, was die Menschen geschaffen haben, das nicht zuerst gedacht wurde. Alles hat seinen Ursprung im Denken. Es gibt nichts, was einen grösseren Einfluss auf den Werdegang eines einzelnen Menschen hat als das, was er denkt. Aus diesem Grund müssen wir unbedingt die Kontrolle über unsere Denkweise erlangen. Um die Kontrolle zu erhalten, haben wir genau zu studieren, wie und wodurch unsere Gedanken geformt werden und welche von ihnen die grösste Chance bieten, unsere Träume Wirklichkeit werden zu lassen.

Wer möchte einen katastrophalen Werdegang? Wer möchte jede Krankheit, die es gibt, kennen lernen? Wer möchte immer wieder neue Schwierigkeiten im Beruf haben? Wer möchte Probleme in seinen Beziehungen, in seiner Familie, in seinem Freundeskreis? Wer strebt nach einem verpfuschten Leben? Niemand.

Und niemand strebt danach zu verlieren. Ich habe diese Frage öfters an Vorträgen gestellt. Es hat sich noch nie jemand gemeldet. Ich habe noch nie jemanden kennen gelernt, der gesagt hat, hey, ich möchte einen Verliererwerdegang erleben, sag mir, wie ich das fertig bringe. Alle möchten, auf ihre eigene Art, Gewinner sein.

Die Kette

Hier stelle ich eine Wortkette auf, die verdeutlicht, wie mächtig unsere Gedanken sind.

Positive Gedanken werden zu positiven Worten.
Positive Worte werden zu positiven Aktionen.
Positive Aktionen werden zu positiven Gewohnheiten.
Positive Gewohnheiten bilden den positiven Charakter,
Ein **positiver Charakter** fördert einen positiven **Werdegang**.

Die Erfahrungen, die ich in meinem bisherigen Leben machen konnte, beweisen mir die Richtigkeit dieser Wortkette. Was wir in unsere Gedanken investieren, fliesst in unseren Werdegang.

Nur mit positiven Gedanken erleben wir einen positiven Werdegang! Einige werden jetzt vielleicht sagen, so einfach kann das nicht sein. Einige sind vielleicht der Meinung, dass es für mich, in meiner Lebenssituation, ein Leichtes sei, von positivem Denken zu reden und eine optimistische Einstellung zu vertreten. Es stimmt, mein derzeitiges Leben ist komfortabel. Ich habe eine wunderbare Familie, bin gesund, meine Arbeit erfüllt mich, und materiell habe ich auch keine Probleme. Das Fundament meiner positiven Denkart stammt allerdings weniger aus meinen guten Zeiten als aus den schwierigen Momenten, die ich, wie jede andere Person, erleben musste. Aus meinen Niederlagen. Ich bin sicher optimistisch, ein optimistischer Realist. Ich habe es selbst erlebt: Positives Denken ist nicht immer identisch mit dem direkten und kürzesten Weg zum Erfolg.

Ich bin überhaupt nicht der Meinung, das Leben bestehe nur aus Positivem und sei in jedem Moment pure Freude. Im Gegenteil. Ich weiss, das Leben kann sehr hart mit einem umgehen. Auch ich habe einige Schicksalsschläge hinter mir. Eine der schwierigsten Zeiten durchlebte ich gegen Ende zwanzig, als meine Mutter die Diagnose «bösartiger Hirntumor» erhielt. Drei Jahre musste ich hilflos mit ansehen, wie sie sich, praktisch chancenlos, dennoch tapfer, gegen das Unabwendbare wehrte. Zwei Operationen und mehrere Chemotherapien liess sie über sich ergehen. Sie verlor mehrmals ihre Haare und an Gewicht. Auch das wundervolle Leuchten in ihren Augen verschwand. Ihre Courage, ihre Liebe, die sie für andere empfand und diese spüren liess, all ihre positiven Eigenschaften umgeben mich aber noch heute.

Wer etwas wert ist, den machen Erfahrung und Unglück besser.
Johann Heinrich Pestalozzi

Besonders ihr Umgang mit Fremden versuche ich ihr, wo möglich, nachzuleben. Nie sagte sie Böses über andere. Immer versuchte sie, anderen Gutes mitzugeben. Bewusst wurde mir diese Stärke erst nach ihrem Tod. Als Jugendlicher nahm ich sie als selbstverständlich. Sie akzeptierte andere, wie sie waren, mit ihren Stärken und Schwächen. Wie schön wäre diese Welt, gingen wir alle miteinander so um? Wollen wir dies, müssen wir uns zuerst bewusst damit auseinander setzen. Ausführlich darüber nachdenken. Im Gedankengut bearbeiten. Entscheidend ist für uns, dass wir diese Eigenschaft, andere wo immer möglich zu unterstützen und positiv auf sie zu reagieren und einzuwirken, für gut befinden. Denken wir so, fangen wir irgendwann an, auch so zu reden und zu handeln. In der Folge wird daraus eine Gewohnheit, die unseren Werdegang positiv beeinflusst. Bei mir funktioniert es.

Mein bester Freund, mein Partner als Coach, früher als aktiver Spieler, mein Mentor und sounding board meines Lebens, Bryan Lefley, starb, im Alter von nur neunundvierzig Jahren, bei einem Autounfall in Italien. Das passierte 1997, nur wenige Monate nachdem Bryan, als Coach, mit dem SC Bern Schweizer Meister geworden war. Sein Tod ereilte ihn, während er in Italien nach guten, interessanten Spielern Ausschau hielt. My dear friend hinterliess eine Frau und drei Kinder. Das war keine Zeit der Freude oder des Lachens. Für einen Moment bleibt einem da gar das Leben im Hals stecken, und der Stich ins Herz ist unglaublich schmerzhaft. Da gibts nichts zu wählen. Da fügt einem das Leben eine tiefe Verletzung zu. Doch während diese Verletzung heilt und zur Narbe wird, können wir wachsen und uns weiterentwickeln. Nach dem Verlust eines nahe stehenden Menschen ist das Leben nicht mehr ganz das gleiche wie vorher. Wie seine Partnerin und seine drei Kinder musste auch ich ein Leben ohne Bryan akzeptieren. Wir durften nicht zerbrechen oder schwach werden. Das wäre ihm nicht recht gewesen. All das, was er für uns bedeutet hat, die Verantwortung, die er als Vater, Ehemann, Freund oder Coach für uns übernahm, muss in uns weiterleben. Es ist nicht nur das Leben, das nicht mehr ganz gleich ist wie vorher. Man selbst ist auch nicht mehr ganz dieoder derselbe.

Die neue Situation einmal akzeptiert, bedeutet nicht, dass der Schmerz über den Verlust plötzlich verschwunden ist. Doch während der Verarbeitung des Schmerzes bieten sich einem neue Möglichkeiten an. In dieser Zeit lernte ich, mich voll und ganz dem Moment hinzugeben. Ich fand den Schlüssel zu meinem Leben: Fokussieren und die Gegenwart fühlen und erleben.

Es gibt genügend Situationen, wo wir nicht wählen können. Wo uns das, was wir Schicksal oder Bestimmung nennen, regiert. Nehmen wir nur eine Naturkatastrophe wie einen Erdrutsch, Überschwemmungen, eine Lawine oder ein Erdbeben. Dagegen sind wir machtlos. So etwas passiert einfach, vor unseren Augen. Sind wir selbst nicht direkt davon betroffen, können wir vielleicht für die Opfer spenden und sie damit unserer Anteilnahme versichern. Mehr ist nicht möglich, weil diese Gesetzmässigkeiten von höherer Stelle dirigiert werden.

Gegen den Tod können wir gar nichts tun. Er gehört zum Leben. Da gibts nichts zu wählen. Doch wir können wählen, wie wir mit einem Todesfall und seinen Folgen umgehen. Der optimistische Realist in mir sagt: Ich weiss, dass das Leben nicht immer nett mit uns umgeht. Ich weiss, dass es Schwierigkeiten geben wird und dass ich oft die Entscheidung nicht selbst treffen kann. Gerade deshalb muss ich, wann immer möglich, die positive Denkwahl treffen. Wo ich entscheiden kann, wo ich Einfluss nehmen kann, ist es meine Pflicht, der positiven Denkwahl den Vorzug zu geben, that is winning thinking, that is teamlife thinking.

Eine negative Entscheidung zu treffen, obwohl eine positive möglich gewesen wäre, ist unentschuldbar. Eine schlechte Angewohnheit, die wir uns abgewöhnen können. Wenn jemand bei sich immer wieder einen negativ dominierten Ablauf von Gedanken bis hin zu Aktionen feststellt, sich oft ärgert darüber, etwas ändern will daran und sich fragt, wie und wo und wann damit angefangen werden kann, empfehle ich hier und gerade jetzt Folgendes:

Konfrontieren Sie sich mit Ihrem Spiegelbild und begrüssen Sie sich. Möchten Sie sich irgendwo begegnen und kennen lernen? Nein? Wären Sie sich zu unfreundlich? Wäre Ihnen eine freundlichere Begrüssung Ihrerseits lieber? Dann tun Sie es. Begrüssen Sie sich freundlicher! So freundlich, wie Sie sich selbst begegnen möchten. Denken Sie dabei nicht daran, wie Sie auf andere wirken oder was andere von Ihnen denken. Gehen Sie positiv auf sich selbst zu. Was Sie da sehen, genau das sehen auch die anderen.

Schauen Sie in den Spiegel und runzeln Sie die Stirn. Sagen Sie zu sich, dass Sie sich schrecklich und nutzlos fühlen. Die Stirn bleibt dabei stark gerunzelt. Und jetzt lächeln Sie sich an. Sagen Sie sich, dass Sie sich mögen. Glauben Sie an Ihr Potenzial. In welchem der beiden Bilder fühlen Sie sich besser und wohler? In welchem der beiden Bilder denken Sie, fühlt sich Ihre Umwelt mit Ihnen besser? Reagiert die Umwelt nicht am besten auf Sie, wenn Sie mit sich zufrieden und sich selbst sind? Wenn Sie sich nicht verstellen und natürlich bleiben? Lesen Sie dieses Buch nicht auch, weil der Erfolg Sie reizt? Bei den einen mehr der persönliche, bei andern mehr der berufliche. Im Vordergrund steht aber bei allen bestimmt der Lebenserfolg, und dieser beginnt mit dem richtigen Lebensstil, und der Lebensstil hat seine Wurzeln in den Gedanken.

Die Charaktereigenschaft, die diesen Erfolg am meisten bestimmt, ist die Fähigkeit, mit den Mitmenschen richtig umzugehen. Und dies ist nur möglich mit einer positiven Denkwahl.

Lächeln Sie jetzt, gerade jetzt, während Sie dieses Buch lesen. Was für ein Moment ist das jetzt gerade? Aus welchen Gefühlen besteht er? Wie erleben Sie ihn? Denken Sie an Ihre inneren und äusseren Möglichkeiten, über die Sie in Ihrem Leben verfügen können und wollen, how does it feel? Legen Sie ruhig für einen Moment das Buch aus der Hand. Erleben und geniessen Sie sich.

Was wir sind, ist das Resultat von dem, was wir dachten. Der Geist ist alles. Was wir denken, werden wir.
Buddha

Wir können wählen. Wie man sich selbst begegnet, so begegnet einem die Aussenwelt. Ein Mensch strahlt erst Schönheit aus, wenn man seine Energie fühlt und sieht. Wenn jemand den Mund öffnet und spricht, zählt nur, ob Ihre oder seine Worte positiv und stark oder negativ und schwach sind. Wenn wir auf Leute zugehen, entscheiden wir selbst, ob wir dies offen strahlend, als Bild der Liebe, oder verschlossen glanzlos, als Bild der Abneigung, tun wollen. Wir entscheiden, ob wir die anderen mögen oder nicht. Fassen Sie einen Entschluss, der Sie vorwärts treibt und weiterbringt.

Die Festplatte

Um das Umsetzen von positivem Denken gut gerüstet anzugehen, müssen wir uns zuerst darüber Rechenschaft ablegen, was in unseren Köpfen eigentlich abgeht.

Wir alle verfügen über eine Art Festplatte im Kopf, auf welcher unsere Eigenschaften, Eigenheiten, Macken oder Charakterzüge gespeichert sind. Diese Festplatte wurde grösstenteils geformt, bevor wir selbst bewusst Einfluss darauf nehmen konnten. Vor etwa zwanzig Jahren habe ich irgendwo den Satz gelesen: Was du heute bist, ist, wo du warst, als deine Werte festgelegt worden sind. Heute sage ich: Was du heute bist, ist, wo du warst, als deine Festplatte programmiert wurde.

Die Eltern, die Geschwister, die Freunde, die Medien, die Gene und die Zeit. Alles hat einen Einfluss auf die aktuelle Festplatte. Wurde unsere Festplatte während eines Krieges oder in Zeiten des Friedens programmiert? Waren wir reich oder arm? Sind wir im nördlichen oder im südlichen Klima, in östlichen oder westlichen Gesellschaftssystemen aufgewachsen? All diese Fakten haben bei der Installation unseres Denkens einen Einfluss.

Sicher ist, dass unsere Festplatte einmaligen Charakter hat. Sie verfügt über kein Windows, keinen Power Point, keinen Internetzugang. Nur über persönliche Programme. Mit eigenen Macken und Ticks, Stärken und Schwächen. Es ist unsere Festplatte, unsere eigene Denk- und Gefühlsweise. Wir haben alle unsere Schwachstellen. Die müssen wir genau so akzeptieren wie unsere Denkstärken. Übernehmen wir die Verantwortung für diese Festplatte mit der Gewissheit, dass nur zwei Dinge sie korrigieren oder verändern können.

Erstens

Extreme emotionale Erfahrungen im negativen Sinn, wie die Bekanntschaft mit dem Tod, eine Firmenpleite oder das Scheitern einer Liebe. Im positiven Sinn ein Meistertitel, ein beruflicher Aufstieg, die Geburt eines Kindes. Alle diese Erfahrungen hinterlassen Spuren auf unserer Festplatte. Spuren, die automatisch den Charakter verändern.

Der Tod meiner Mutter hat zu den grössten Veränderungen meiner eigenen Festplatte geführt. Zu diesem Zeitpunkt stellte ihr Tod zugleich meinen grössten Verlust dar. Eine schwere Niederlage. Die Niederlage gegen ihre Krankheit. An diesem Punkt hat mein Leben eine ganz neue Richtung eingeschlagen. In meinen Zwanzigerjahren habe ich gedacht, Erfolg sei die Ansammlung materieller Gegenstände. Ich legte viel Wert auf äusserliche Dinge. Der Tod meiner Mutter war ein positiver Weckruf. Erst mit der Bekanntschaft des Todes lernte ich die Werte und Emotionen kennen, die zum wirklichen Erfolg führen. In meinen Jugendjahren hörte ich einmal einen Ausspruch, der genau diesen Unterschied aufzeichnet. Einen Ausspruch, den ich erst ab dreissig richtig verstand: Popularität ist Zufall, Berühmtheit ein Gas, und Geld hat Flügel. Nur eines zählt wirklich, und das ist der Charakter. Der Charakter eines Menschen wird bestimmt von den Eigenschaften, die seine Festplatte kontrollieren. Materiellen Besitz können wir jederzeit verlieren. Unseren Charakter nicht. Er wird uns immer begleiten. Nach guten oder schlechten Erfahrungen. Der Charakter bleibt uns treu, und wir können ständig daran arbeiten. Wichtig ist nicht, was die Leute über einen denken, wichtig ist, was man ist.

Die wirkliche menschliche Perfektion liegt nicht darin, was jemand besitzt, sondern darin, was jemand ist.
Oscar Wilde

Entscheidend ist, was wir innen sind und nicht nach aussen darstellen. Die äusserlichen Werte mögen Dinge sein, die uns gefallen, die wir mögen, doch sie machen nicht unseren Wert aus.

Auch die Geburt von Kindern macht uns mit Emotionen und Gefühlen bekannt, die wir vorher nicht kannten. Emotionen, die zu einem neuen Genuss im Leben führen, die uns motivieren, die Zukunft verantwortungsbewusster zu gestalten. Natürlich müssen jetzt nicht alle unbedingt Kinder zeugen. Es gibt andere Erfahrungen im Leben, die ähnlich neue und positive Emotionen erwecken.

Zweitens

Manuelle Veränderung durch Eigenwille. Ein bewusster Prozess, über längere Zeit andauernd, während gespeicherte Gewohnheiten umprogrammiert werden.

Unsere Festplatten werden, allen bekannt, in den ersten paar Lebensjahren programmiert. Entscheidend ist weniger, was auf dieser

Harddisk alles vorhanden ist, als die Tatsache, wie wir mit dem Gespeicherten umgehen. An der Basis können wir wenig ändern. Doch was für eine Software lassen wir in unser System? Welcher Gedankenenergie gewähren wir Zugang zu unserem Leben? Können wir solcherlei überhaupt kontrollieren? Sind wir uns überhaupt bewusst, was wir aufnehmen und wie uns das Aufgenommene beeinflusst? Was schauen wir uns im Fernsehen an? Beiträge, die uns gut fühlen lassen, die uns weiterbilden, die unsere Gefühle berühren, die uns öffnen für Neues? Was lesen wir? Tratschgeschichten? Negative Artikel über andere? Zum wiederholten Mal schreckliche Berichte über eine schreckliche Natur- oder andere Katastrophe? Mit wem verbringen wir unsere Freizeit? Mit Leuten, die auch uns Energie geben oder bei uns ausschliesslich anzapfen und auftanken?

Sie können sich an dieser Stelle selbst Ihre kurzen oder längeren Gedanken darüber machen, was Ihnen am meisten Freude bereitet, welche Emotionen Ihnen am liebsten sind. Und dann das Gegenteil, was Sie am meisten fürchten, welche Emotionen Sie am wenigsten mögen. Sie werden feststellen: Es gibt bei jedem Menschen grundsätzlich immer zwei Seiten. Unser inneres Leben besteht aus Gegensätzen. Auf beiden Seiten befinden sich Emotionen, Glauben, Gefühle und Werte. Auf der einen Emotionen, Glauben, Gefühle und Werte, die wir anstreben. Wir unternehmen viel an einem Tag, um diese Dinge anzusprechen. Auf der anderen Emotionen, Glauben, Gefühle und Werte, die wir vermeiden wollen. Die wir lieber nicht sehen oder spüren möchten. Auf der einen Seite Liebe, auf der anderen Hass, Gönnen und Neid, Freud und Leid, Geduld und Ungeduld und so weiter. Das ist bei allen Menschen so. Welche Seite dominiert Ihre Festplatte?

Bei Gewinnern oder Siegern dominiert die Seite des Anstrebens. Sie führen zum grössten Teil Dinge aus, um zu kreieren und um etwas zu bewegen. Lösungsorientiert, optimistisch, risikobereit und verantwortungsbewusst gehen sie ihre Taten an. Verlierer dagegen tun sehr viel an einem Tag, um etwas zu vermeiden. Sie sind blockiert und von ihren Ängsten dominiert. Bloss keine Verantwortung, bloss keine Risiken eingehen, bloss keine Veränderungen. So denken Verlierer.

Wir wissen es bereits, niemand will einen katastrophalen Werdegang erleben. Also warten wir nicht auf die natürlichen Korrekturen. Übernehmen wir die Kontrolle über unsere Festplatte. Arbeiten wir mit ihr. Setzen wir die richtige Software ein.

Wer hat denn schon die perfekte Festplatte? Wer hat keine Schwächen? Wenn diese Schwächen einem am Erfolg, den man im Leben haben will, hindern, muss man sie sich abgewöhnen. Aus Schwächen können Stärken werden. Wie bei dem kleinen Mädchen, das dabei ist, ein Instrument spielen zu lernen. Das Hängenbleiben in einer Triole verpatzte ihr das Vorspielen im Schülerkreis. Doch sie hat aus ihrer Schwäche eine Stärke gemacht. Sie übte und übte diese drei Töne. Beim nächsten Vorspielen beherrschte sie diese Passage so gut, dass ihr restlicher Vortrag daneben fast schon verblasste. Aus Schwächen kann man wohl Stärken machen, doch das Machen bleibt jeder und jedem selbst überlassen. Niemand kann diese «Festplattenanpassungen» im Kopf einer anderen Person vornehmen.

Ein Journalist behauptete kürzlich während eines Gespräches mit mir, dass es nicht für jedermann möglich sei, die Dinge im Leben zu tun, die sie tun wollen. Nicht jeder könne einen Beruf ausüben, den er oder sie liebt. This made me crazy! Mich hat das geärgert, weil gerade im beruflichen Bereich jeder seinem Herzen folgen sollte. Wie kann man Freude im Leben haben, wenn man dies nicht tut? Vielleicht hat er von sich gesprochen. Von seiner eigenen Festplatte. Nehmen wir einmal an: Sie mögen Ihren Partner nicht, Sie mögen Ihre Arbeit nicht, Sie mögen Ihre Freunde nicht, Sie mögen den Ort, wo Sie wohnen nicht. Wer kann daran etwas ändern ausser Sie selbst? Niemand!

Übernehmen Sie diese Verantwortung. Etwas Neues lernen. Neue Leute und neue Orte kennen lernen. Die, die behaupten, es liege nicht in ihrer eigenen Macht, etwas zum Guten zu ändern, haben bereits aufgegeben, bevor sie alle Möglichkeiten ausschöpften. Gibt man zu schnell auf, wird man zum Verlierer.

Hege ich Liebe für die Leute, mit denen ich zusammenarbeite oder lebe, oder werde ich oft wütend, wenn andere um mich herum sind? Wünsche ich meinem Nachbarn das Beste, oder bin ich auf seine materiellen Besitztümer neidisch? Wünsche ich den andern Menschen Glück oder Leid? Bringe ich genügend Geduld und Leidenschaft als Vater für meine Kinder, als Coach für meine Teamspieler auf? Welche Art Gefühle dominieren eigentlich mein Leben?

Bei den Leuten, die etwas Positives in ihrem Leben bewegen, dominieren die positiven Werte und Gefühle, die sie anstreben. Es kommt aber nichts von selbst. Um etwas zu bewegen, muss man sich selbst bewegen. Man muss Verantwortung für sich selbst übernehmen und etwas unternehmen, um etwas zu erleben, um etwas zu kreieren, um eine Lösung in einem Konflikt oder für ein Problem zu finden. Verantwortung zu übernehmen und etwas zu bewegen in seinem Leben. Das ist Erfolg.

Angst vor der Verantwortung ist gleich Angst vor dem Risiko und Angst vor den Aktionen, die zu unternehmen wären, weil sich ja niemand blamieren will. Doch wenn man sich nichts zutraut, wird man am wirklichen Erfolg im Leben vorbeigehen.

Erfolgreich zu sein im Leben bedeutet nicht, dass man sich nur über Siege definiert. Mit Niederlagen umzugehen, aus schweren Zeiten zu lernen, ist viel wichtiger. In Nordamerika sagen die Leute oft: Beurteile einen Mann nicht, wenn er am Boden liegt. Beurteile ihn, wie er wieder auf die Beine kommt. Wenn ich eine Niederlage einstecken muss, bin ich deswegen noch lange kein Verlierer. Ein Verlierer bin ich nur, wenn ich selbst daran glaube. Wenn sich jemand immer einredet, eine Verliererin oder ein Verlierer zu sein, wird sie oder er es irgendwann glauben und sich entsprechend verhalten. Dann wird Verlieren zur Angewohnheit.

Unser Charakter besteht aus den Dingen, die wir regelmässig tun, gesteuert von den Gedanken, die wir regelmässig denken.

Negative Emotionen

Wir werden ständig mit negativen Informationen bombardiert. Die Welt, in der wir leben, scheint ihr Lebensblut vorwiegend aus Negativem zu beziehen. Im Radio, im Fernsehen, in den Zeitungen, in Begegnungen mit Menschen, überall wird uns Negatives aufgedrängt. Wie sollen wir damit umgehen?

Als Erstes müssen wir eine Umgebung schaffen, in welcher wir nur das Nötige zulassen und das Unnötige ablehnen, um in der Computersprache zu bleiben, in den Papierkorb legen und löschen. Das beginnt mit einem vernünftigen Medienmanagement. Man muss die Nachrichten trennen. Einen Strich ziehen zwischen diesen, die für unsere Weiterentwicklung gut, und jenen, die schlecht sind. Es gab ein Erdbeben in Indien, bei dem Tausende von Menschen ums Leben kamen. Womit uns einmal mehr die Macht der Natur demonstriert wurde. Ein solches Ereignis sollten wir selbstverständlich auf- und wahrnehmen. Doch wir müssen nicht achtundvierzig Stunden Berichte anschauen, die zeigen, wie man diese Menschen ausgräbt. Wir müssen nicht in fünfzehn verschiedenen Zeitschriften darüber lesen.

Das Einbringen von negativen Emotionen in eine Mannschaft oder in ein Team ist egoistisch und eigensinnig. Es gibt Ausnahmen, wo jemand wirklich eine persönliche Krise erlebt. Ein Freund kommt zu mir und sagt, hey Ralph, meine Frau hat mich heute verlassen. Dann schliesse ich nicht die Tür vor seinem Gesicht und sage nicht, uuuh, negative Emotionen, hau ab. Nein, ich setze mich mit ihm zusammen. Wir analysieren, vielleicht in mehreren Gesprächen, das Problem und beschliessen entsprechende, machbare Schritte zur Lösung. Er geht nach Hause. Einige Tage später kommt er wieder und will wieder nur über dieses Problem sprechen. Lösungsmöglichkeiten scheinen ihn nicht zu interessieren. Von diesem Moment an wird er zum Egoisten. Sein Benehmen ist eigensinnig. Er benutzt mich nur als Tankstelle. Er ist kein richtiger Freund mehr.

Ein Eishockeyspieler hat, zusammen mit einem Mitspieler, eine Breakchance. Sie fahren alleine aufs Tor zu. Der eine entscheidet sich, zu schiessen, anstatt zu passen. Er verfehlt das Tor, und beim Auswechseln bricht der andere wütend, eigensinnig und egoistisch seinen Stock an der Bande. Diese Situation kann zum Auslöser einer sehr destruktiven Kette von Emotionen werden und in der Folge alle Beteiligten verunsichern. Der Trainer fragt sich, ob der Spieler wütend auf ihn oder auf sich selbst ist. Der mitgefahrene Spieler ist verwirrt. Die anderen Spieler auf der Bank, die die Szene gar nicht richtig mitbekommen haben, werden durch diesen Wutausbruch abgelenkt. Sogar die Zuschauer empfinden einen unangenehmen Nachgeschmack. Und was hat der Spieler selbst davon? Gar nichts! Diese Art von Emotionen dürfen wir in einem Team nicht zulassen und nicht akzeptieren. Sie beanspruchen Energie, die für anderes vorgesehen ist. Wir alle haben eine bestimmte Energiereserve. Wird davon zu viel aufgebraucht, um negative Situationen zu überstehen, werden wir nicht mehr genug haben, um Besonderes zu kreieren.

Würden wir eine WM-Reise mit dieser Art Spieler beginnen, entspräche das einer Seilschaft, die ihre Rucksäcke vor dem Aufstieg auf einen Gipfel mit Steinen vollstopft. Teams, die so denken, sind wie Bergsteiger mit unnötigem Gepäck im Rucksack. Sie haben ihr Gehirn die falschen Gedanken denken lassen.

Negatives ist nie ganz zu vermeiden. Weil das so ist, umgeben wir uns doch zumindest im Privatleben mit Leuten, die mit uns zusammen Energie austauschen wollen, umgeben wir uns nicht mit Leuten, die Energieräuber sind. Denken Sie einmal darüber nach, mit wem Sie Ihre nächste Freizeit verbringen. Sind das Leute, die dazu beitragen, die richtige Balance zu finden, oder nicht?

Mein Leben ist ein unteilbares Ganzes, und alle meine Aktivitäten sind miteinander verbunden; und sie entspringen meiner unersättlichen Liebe zur Menschheit.
Mahatma Gandhi

Wir bekommen wirklich, was wir geben. Als Teamkollegen, Eltern, Freunde oder Partner. Was für einen selbst aus einer Sache, aus einem Projekt, aus einer Beziehung herausschaut, hängt davon ab, was oder wie viel man selbst hineingibt.

Um das Leben zu verstehen, musste ich zuerst in enge Berührung mit dem Tod kommen. Das ist ein Lernprozess, um diese wundervollen Dinge, die wir alle mit unserem Leben mitbekommen haben, wahrnehmen, respektieren und geniessen zu können. In so vielen Momenten wie immer nur möglich und mit dem Ziel, irgendwann jeden Moment im Leben voll und ganz erleben zu können. Eine – vermutlich lebenslang dauernde – Entdeckungsreise seiner eigenen Persönlichkeit anzutreten.

Was ist das Geheimnis von Buddhas Lächeln? Der Poet Paul Brunton meinte, es könne nur ein Lächeln über sich selbst sein, dafür, dass er all die Jahre nach etwas gesucht hatte, was er bereits besass.

Sind wir offen, nett und freundlich zu den anderen Menschen, sind sie meistens auch offen, nett und freundlich zu uns. Das ist wie mit Geben und Nehmen. Ein Naturgesetz. Pflegen wir die Pflanzen im Garten, werden sie uns besser ernähren, als wenn wir sie verdorren lassen. Wollen wir sie mit Wasser und Sonne oder Dunkelheit und Trockenheit versorgen? Lösen wir mit unserer positiven Präsenz im Moment ein gutes Gefühl beim Gegenüber aus, ernten wir damit ein Lächeln oder einen freundlichen Blick, war das ein erfolgreicher Moment im Leben. Das Leben besteht aus unzähligen kleinen, auf den ersten Blick bedeutungslos scheinenden Momenten. Nehmen wir Einfluss auf deren positive Gestaltung! Alles fängt beim Denken an. Mit dem Denken entscheiden wir, ob wir die Art unserer Emotionen oder unsere Emotionen grundsätzlich akzeptieren oder nicht.

Glauben wir an unsere Träume, und geben wir niemals auf! Es werden uns auf dem Lebensweg genügend Leute beweisen wollen, wie und warum etwas nicht funktionieren kann. Warum die Umsetzung unserer Träume nicht möglich sein soll. Kümmern wir uns nicht darum, let's keep on dreaming. Dann werden unsere Wünsche in Erfüllung gehen.

Wenn ein wichtiger Teil unseres Ichs die Festplatte, unser hard drive ist, sind wir frei in der Wahl der Software, mit der wir das System betreiben wollen. Wählen wir doch jene aus, die das Beste aus unserem Ich macht, die positive. Können wir wählen, müssen wir eine positive Wahl treffen. Können wir nicht wählen, manövriert uns das Leben in eine negative Situation, müssen wir eine positive Wahl für das Verarbeiten der negativen Folgen treffen.

Ausführung: Was Sieger tun

Flow with whatever may happen and let your mind be free: stay centered by accepting whatever you are doing.

Fliesse mit allem, was geschehen mag, und lasse deinem Geist freien Lauf: Bleibe zentriert, indem du akzeptierst, was immer du tust.

Chuang Tzu

Sieger stellen ihrem Tun grundsätzlich einen Gedanken voran: Sie müssen in ihrem Leben alles selbst verdienen. Sie wissen, es gibt keine Freifahrt und keine Abkürzungen. Es gibt keine Geschenke und nichts gratis. Wir ernten, was wir säen. Um erfolgreich zu sein, müssen wir immer an unsere Grenzen gehen. Immer besser werden wollen bei allem, was wir tun. Bereit sein, uns für unsere Träume zu opfern. Kurzfristige Schmerzen für einen langfristigen Erfolg in Kauf nehmen. Dabei sollten wir etwas nie vergessen: there are no limits. Grenzen existieren nur, wenn wir sie uns setzen.

Alles Wertvolle hat seinen Preis. Bezahle ihn!

Kabinenspruch

Nehmen Sie ein paar Minuten, und überlegen Sie sich, was die Dinge in Ihrem Leben sind, die Sie wirklich schätzen. Was zählen Sie zu Ihrem Lebensschatz? Welche Beziehungen? Welche Wertgegenstände und Besitztümer? Den Job, den Sie im Moment haben, schätzen und mögen Sie diesen? Haben Sie einmal eine Auszeichnung bekommen oder irgendeinen Titel gewonnen? Was immer es ist, was Sie in Ihrem Leben schätzen, Sie mussten dafür einen Preis bezahlen. Sie haben etwas dafür investiert. Mit Liebe oder Geld oder Zeit oder Schweiss. Sie haben irgendetwas eingesetzt, was es möglich machte, dass Sie das besitzen, was Ihnen lieb ist. Alles, was im Leben einen Wert hat, fordert seinen Preis. Was immer man an- oder eingeht, es fordert die Bereitschaft, einen Preis dafür zu bezahlen. Investiert man nichts von sich, kommt nichts zurück. Das Leben will es so.

Eine Person ist erfolgreich im Leben unterwegs und mietet in einer Grossstadt für eine Summe X eine Traumwohnung mit hundertfünfzig Quadratmeter Fläche. Nach einigen Jahren des Erfolges verändern sich seine Gewohnheiten. Eines Tages kann er nur die Hälfte des Betrages X an den Vermieter überweisen. Über kurz oder lang kommt er in Schwierigkeiten mit dem Vermieter. Er kann den geforderten Preis nicht mehr bezahlen und muss die Wohnung räumen. Investiert man weniger von sich, muss man mit weniger auskommen.

Wollen Sportvereine erfolgreich sein, können sie nicht einen Tag vor einer Meisterschaft damit beginnen, für diesen Erfolg zu arbeiten. Sie müssen schon in der Vorsaison Hunderte von Stunden investieren. In Ausdauer, Kraft, Schnelligkeit und Flexibilität. Sie müssen auf ihre Ernährung und auf genügend Regeneration achten. Sie müssen bereits vor der Meisterschaft sehr viel investieren, um in der Meisterschaft wettbewerbsfähig zu sein. Auch sie haben einen Preis zu bezahlen.

Sich richtig zu verhalten im Tun, bedeutet nicht nur, das Notwendige auf dem Weg zum Erfolg zu investieren, sondern das Richtige zu tun, damit der Erfolg von Dauer sein wird. Doch das wirklich Schwierige im Tun besteht darin, die Bereitschaft aufzubringen, andauernd bereit dafür zu sein, mindestens den gleichen Preis weiter zu bezahlen. Meistens muss man sogar einen noch höheren Preis bezahlen, um weiterhin am Erfolg teilzuhaben. Wie immer dieser Erfolg auch aussieht. Deshalb ist langfristiger Erfolg schwierig zu halten und die Konkurrenz ganz oben so klein.

Nehmen wir einen Mediziner, der sieben Jahre an der Uni investiert hat, damit er seinen Doktortitel bekommt. Er ist Doktor. Will er aber langfristig ein ausgezeichneter Arzt sein, muss er damit fortfahren, neues Wissen zu akquirieren. Er muss lesen, Tagungen besuchen und sich ständig weiterbilden. Und natürlich muss er sich auch menschlich weiterentwickeln. Tut er dies nicht, wird sein Titel sehr schnell abgewertet.

Zwischenmenschlich gilt genau das Gleiche. Pflegt man eine gute Beziehung zu einer Person, hat man Emotionen und Zeit dafür investiert. Reduziert man plötzlich Zeit und Gefühle, kann diese Beziehung unmöglich auf gleich gutem Niveau weiter funktionieren.

Es ist nicht einfach, die echt wertvollen Dinge im Leben zu bekommen und diese zu behalten. Vor Beginn jeder neuen Saison im

Eishockey unterhalte ich mich mit neuen Spielern. Ich möchte sie für die Nationalmannschaft gewinnen. Ich sage ihnen nicht, hey guys, kommt in die Nationalmannschaft, wir werden nur Spass haben, alles wird leicht sein. Im Gegenteil. Ich sage ihnen: Kommt in die Nationalmannschaft, es wird oft schwere Arbeit sein. Wir werden viele Schwierigkeiten erleben, wir werden hart trainieren, bis euch eure Knochen wehtun und ihr keine Luft mehr bekommt. Ihr werdet immer wieder an eure physischen Grenzen gelangen. Nein, ein Spass wird es nicht immer sein. Im Gegenteil, es wird oft wehtun. Doch die Auszahlung am Ende wird den Aufwand rechtfertigen. Sicher emotional, vielleicht auch materiell. In erster Linie aber emotional. Die Auszahlungen rechtfertigen die Kosten.

Die Rolltreppe

Erfolg im Ausführungsbereich, also in dem, was wir tun, ist nicht, wie üblicherweise gesehen, eine Treppe nach oben. Ich dachte immer, es sei eine Treppe, auf der man ein paar Schritte hinauf, dann einen hinab tut, dann wieder zwei hinauf und so weiter. Dann kam die Weltmeisterschaft 2000, wo wir zum ersten Mal seit drei Jahren gegen einen direkten Gegner verloren. Gegen dieses Team hätten wir nicht verlieren dürfen. Es passierte dennoch. Wir fielen tief und schnell hinunter. Wow! So tief, so schnell, das war keine normale Treppe. Wir befanden uns auf einer Rolltreppe. Eine Rolltreppe, die, je weiter wir auf ihr hinaufgelangten, umso schneller gegen uns lief. Wir mussten uns ständig in Bewegung halten. Als wir für einen Moment stehen blieben, wurden wir von ihr sofort abwärts befördert.

Auf so einer Rolltreppe sind wir auch mit dem körperlichen Ich unterwegs. In jüngeren Jahren sieht man die Folgeschäden von schlechter Ernährung und zu wenig Bewegung noch nicht. Je älter man wird, umso schneller jedoch rollt die Treppe und umso wichtiger ist es, dass man den Körper ausgezeichnet in Schuss hält, damit einen diese Rolltreppe nicht nach unten zieht.

Dieses Bild des ständigen Hochlaufens scheint sehr stressig. Aber es wird noch stressiger. Ich behaupte nämlich: Wir befinden uns nicht nur auf einer gegen uns laufenden Rolltreppe, sondern gleichzeitig auf mehreren, parallel verlaufenden. Lassen Sie mich das erklären. Es rollen zwei Haupttreppen. Die eine im Tun des inneren Teamlife. Die andere im äusseren Teamlife.

Im inneren Teamlife wiederum rollen drei Treppen gleichzeitig. Eine für den Körper, eine für den Kopf, eine für das Herz. Sieger schaffen es, ständig auf allen drei Treppen eine für sie passende Höhe zu halten. Ist man auf der Treppe Körper und Kopf oben, jedoch auf der Treppe Herz unten, fehlt die innere Balance, der Erfolg ist deshalb nicht gesamthaft. Ein Teilerfolg ist nur der Teil eines Erfolges. Are you still with me?

Befindet sich ein Hundertmetersprinter im physischen und sozialen Bereich relativ weit oben auf der Rolltreppe, liegen seine

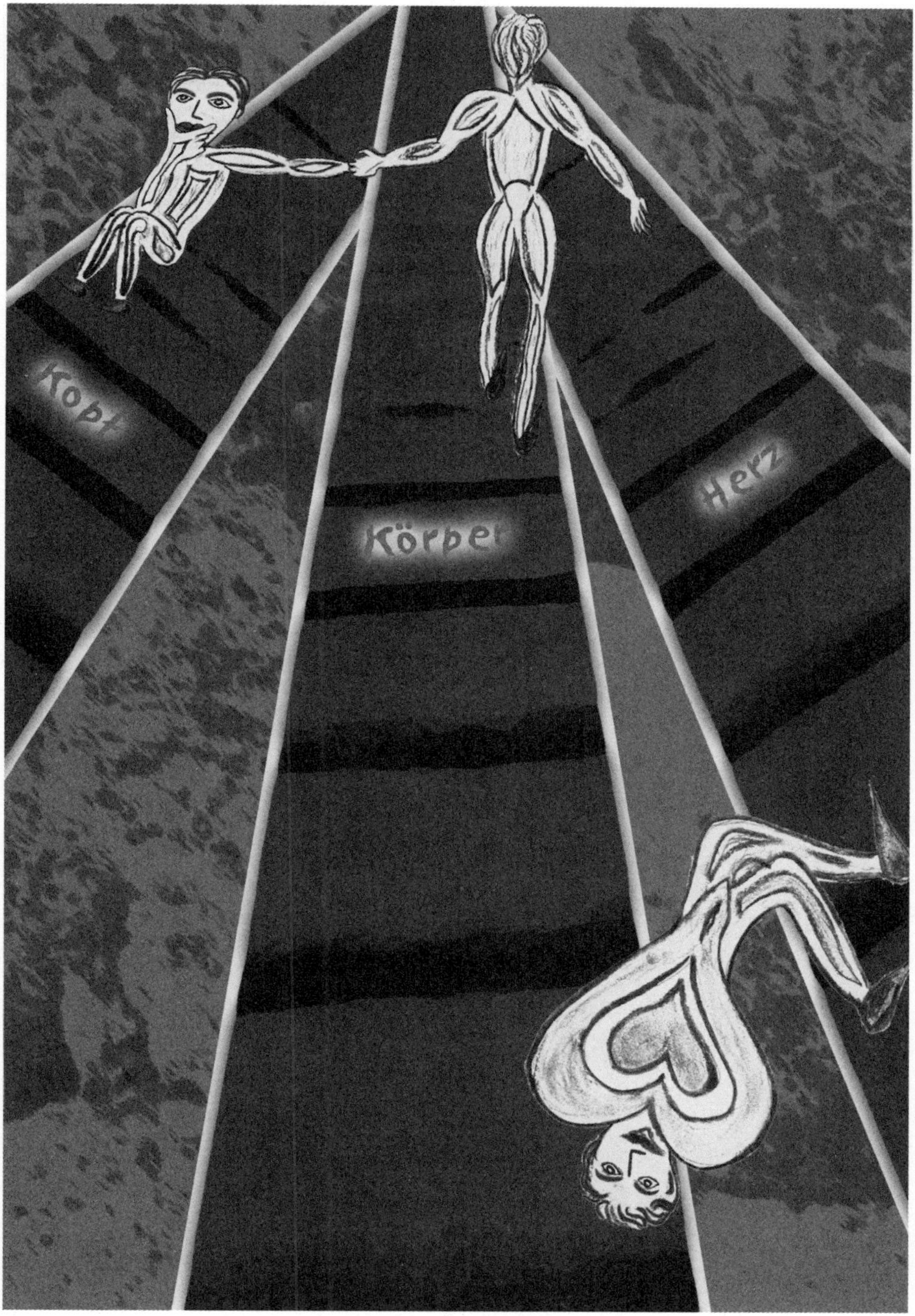
Kopf
Körper
Herz

mentalen Werte aber eher im unteren Bereich der Treppe, ist ein langfristiger, innerer Erfolg nicht möglich. Ben Johnson, Kanadier, Olympische Spiele 1988 in Seoul. Goldmedaille über hundert Meter, in Weltrekordzeit. Ein anscheinend riesiger Erfolg. Doch seine Rolltreppenbalance stimmte nicht. Im mentalen Bereich traf er Entscheidungen, die auf Abkürzungen und Betrug basierten. Einige Tage nach dem anscheinend riesigen Erfolg riss ihn diese Schwäche erbarmungslos und schnell ganz nach unten. He crashed! Donovan Bailey, Kanadier, Olympische Spiele 1992 in Barcelona. Goldmedaille über hundert Meter, in Weltrekordzeit. Ein riesiger Erfolg. Er befand sich auf allen drei Rolltreppen auf der gleichen Höhe. Sein Erfolg blieb ihm für die Ewigkeit erhalten. Der Schlüssel liegt darin, diese verschiedenen Rolltreppen alle gleichzeitig zu managen.

Im äusseren Teamlife haben wir eine Rolltreppe für jedes Team, an dem wir beteiligt sind. Eine berufliche Rolltreppe, die Familien-Rolltreppe oder die Rolltreppe des Freundeskreises oder irgendeines Clubs. Wie beim inneren Team muss man hier auch einen Weg finden, all diese Rolltreppenpositionen auf eine balancierte, ausgeglichene Ebene zu bringen. Ideale Positionierung ist gefragt. Zwischen den einzelnen Rolltreppen dürfen keine zu grossen Diskrepanzen bestehen. Nur so lebt man in Ausgeglichenheit, und darin liegt die Substanz von Harmonie und Freude. Die höchste Auszahlung im Tun basiert auf exzellentem Rolltreppenmanagement.

Ziel vor Sinn

In meinem ersten Jahr als Nationalmannschaftscoach blieb mir nicht viel Zeit, um das Team auf den gewünschten Erfolg einzustellen, also eine Situation zu kreieren, in der etwas entstehen und wachsen konnte. Bereits nach zehn Monaten fand die erste Weltmeisterschaft der Gruppe A mit der Schweiz als Team und als Austragungsort statt. Dazu kam, dass ich das erste Jahr neben der Nati noch die Clubmannschaft Feldkirch coachte, was die Sache nicht gerade vereinfachte. Es blieb mir nicht viel Zeit, um die richtigen Knöpfe zu drücken. Ich konnte mir keine Fehler erlauben, sonst wäre ich schnell Statistik gewesen. Der wichtigste Schalter, der bedient werden sollte, war der Denkschalter. Der Fokus der Spieler musste geändert werden. Ihre Art zu denken. Ich wollte, dass sie mit einem winning thinking, einem Siegerdenken, in diese WM gingen. Die Art der Gedanken, welche die Spieler mit aufs Eis nehmen, löst ihre Aktionen auf dem Eis aus und beeinflusst ihr Tun.

In den Neunzigerjahren versagte diese Nationalmannschaft in wichtigen, grossen Spielen oft. Sobald es, auch materiell, um etwas ging, wirkte die Mannschaft wie gelähmt. Da waren also diese superschnellen Spieler, in bester konditioneller Verfassung, taktisch gut geschult, aber nicht fähig, in aufreibenden Zeiten entsprechend von ihren Qualitäten zu profitieren. In kritischen Momenten dominierte ihre Angst ihre Aktionen. Blockierte die eigene Angst ihre Möglichkeiten, Chancen herauszuspielen und zu nutzen. Diese mentale Schwäche musste ich innerhalb von zehn Monaten beheben. Doch wo genau lag das Problem?

Ziel:
Hervorragende
Ausführung
Sinn:
Siegen
Kabinenspruch

Die Spieler brauchten eine neue Zieldefinition. Ihr Ziel hiess bis dazumal: Gewinnen. Ihr Fokus war auf Populärwerden und Geldverdienen gerichtet. Dieser Fokus musste auf ihrer Festplatte umprogrammiert werden. Die neue Definition von Ziel war ausgezeichnete, hervorragende Ausführung im Moment. Das bedeutet: Wo immer sich die Spieler befinden, auf dem Eis beim Training, im Hotel beim Essen, an Orten der Freizeit in der Regeneration, sollen sie, in jedem Moment, ihr Bestes geben. Und erst der Sinn der ganzen Sache ist es zu gewinnen. Auf dem Weg zum Erfolg liegt darin vielleicht der wichtigste Punkt des Tuns: den Unterschied zwischen Ziel und Sinn zu verstehen.

Steht ein Lehrling kurz vor seinem Abschluss oder eine Nationalmannschaft kurz vor einem Weltmeistertitel, können Ziel und Sinn zwischen Abschluss oder Durchfallen, zwischen Weltmeistertitel oder Rang zwei entscheiden. Wenn eine Mannschaft fünf Minuten vor Ende des Spiels mit einem Tor Unterschied führt und dann beginnt, das Ziel, also die Ausführung, mit dem Sinn, nämlich dem Siegen, zu vertauschen, besteht die Gefahr, dass Ängste aufkommen, die zu einer Niederlage führen können. Beim Lehrling besteht die gleiche Gefahr. Bereitet er sich nicht optimal vor, hat er im Voraus nicht alles getan, um bei der Prüfung gut abzuschneiden, wird er im entscheidenden Moment auch unsicher werden und seinen Abschluss vielleicht vermasseln.

Viele Firmen setzen Ziele in Zahlen um. Viele Einzelpersonen tun dasselbe. Nimmt man eine Fixierung auf Zahlen in seine Ausführung hinein, ist es schwierig, sich hundertprozentig auf die momentane Aufgabe zu konzentrieren. Im Moment der Krise werden gerade diese Zahlen Ängste verursachen, die dann die ganze Ausführung blockieren können. Zahlen und materielle Werte haben sicher ihren Platz, wenn man Zukunftsbilder erzeugt. Das Ziel muss aber die hervorragende Ausführung im Moment sein. Der Sinn der ganzen Sache darf sehr wohl materielle Werte wie Pokale, Medaillen oder Geld enthalten.

Haben wir nur Zahlen oder oberflächliche Dinge als Ziel vor Augen, neigen wir auch schneller dazu, Abkürzungen zu nehmen. Wir suchen nach Vergünstigungen oder schummeln sogar. Wollen wir nur reich werden, können wir auch versuchen, mit einer schnellen Aktion eine Bank auszurauben. Wir kommen so zwar rasch zum Ziel, aber für wie lange hält dieser Erfolg an? Werden wir dieses Geld jemals geniessen können? Langfristiger Erfolg entsteht nur mit endlosem, ehrlichem Einsatz.

Den Weg, den man geht, hat man so gut zu gehen, wie man ihn nur gehen kann. Und genau darum dreht es sich. Wenn wir uns auf einem Weg befinden, müssen wir uns auf diesen konzentrieren, ist das Begehen dieses Weges das Ziel. Dabei gibt es keine Abkürzungen. Der Weg verlangt, Schritt um Schritt begangen zu werden.

Es gibt nie eine Garantie dafür, ein Spiel zu gewinnen. In der Entwicklung eines Teams braucht es zwischendurch Momente der Korrektur, sprich Niederlagen. Auch die gedankliche Strukturierung von Ziel und Sinn bringt nicht immer die perfekten Resultate. Doch sie setzen einen Rahmen, in welchem Erfolg möglich wird. Den Unterschied zwischen Ziel und Sinn zu verstehen, ist einer der ersten von vielen Schritten auf der entgegenkommenden Rolltreppe.

Macht man aus dem Ziel den Sinn, werden auch materielle Erfolge erzielt. Oft schneller als umgekehrt. Doch diese materiellen Erfolge sind meist nicht von Dauer und machen einen nicht richtig glücklich, weil ihre Basis nicht tief in einem fundiert ist.

Der Moment

Der Wert von Zeit ist unbezifferbar. Weil die Zeit einen so einmaligen Wert hat, müssen wir jeden Moment voll nutzen. Dazu braucht es eine klare Ordnung und ein strenges Zeitmanagement von hoher Qualität. Klare Ordnung bedeutet, dass man lernt, Prioritäten richtig zu setzen, zu begreifen, was der Unterschied zwischen wichtigen und unwichtigen Dingen im Leben ist. Technologien wie Computer, Internet, Video und Fernsehen bieten viele Zeit raubenden Ablenkungen, die, wenn man nicht gut mit ihnen umgeht, wenig zur Qualität des Moments beitragen. Besonders bei Jugendlichen müssen diese Medien sehr gut gemanagt werden, weil durch solche Art Ablenkung ihre Entwicklung zurückgehalten wird. Gutes Zeitmanagement setzt einen Rahmen, der es erlaubt, sich besser entfalten zu können. Kurzfristig mag das Chaos hohes kreatives Potenzial enthalten, längerfristig wird es aber zu Schwierigkeiten im Abschluss von Dingen führen. Balance ist hier gefragt. Fehlt die, geht viel wertvolle Zeit verloren.

Zwei Lehrer gehen mit ihren Schulklassen auf eine Reise von Rom nach Paris. Beide verfügen über limitierte Zeit. Der erste Lehrer organisiert nichts, setzt keine Route fest, weiss nicht, wo jeweils übernachtet wird und was es für Sehenswürdigkeiten auf der Strecke, die er gar nicht festgelegt hat, anzuschauen gibt. Es wird eine Chaosreise. Die Hälfte der Zeit verbringen die Reisenden mit der Suche nach der Route, den Übernachtungsmöglichkeiten und Sehenswürdigkeiten. Alle sind gereizt. Disharmonien zwischen Schülern und Lehrer beherrschen den Alltag. Die ganze Reise findet in einer Art Notsituation statt. Der Reisegenuss bleibt aus. Der zweite Lehrer organisiert alles bis ins Detail. Route, Unterkünfte, Sehenswürdigkeiten, ein exakter, detaillierter Zeitplan spannt sich um das Unternehmen. Keine Minute wird mit Suchen von Unterkünften und Sehenswürdigkeiten vergeudet. Die Schüler können Reise und Sehenswürdigkeiten optimal geniessen. Nur durch eine gute, langfristige Planung ist es möglich, im Moment stark zu sein und diesen voll auszuschöpfen. Mit welchem Bus sind Sie unterwegs auf Ihrer Lebensreise? Mit dem ersten oder dem zweiten?

Immer besser werden wollen – in allem, was wir tun.

Kabinenspruch

Der richtige Fokus

Wenn ich ein Hockeyfeld zeichne, ist das die Kontrollzone, der richtige Fokus einer Eishockeymannschaft. An den Banden entlang stehen mehrere Türen offen. Kleine Scheiben kleben daran. Das sind die Zuschauer, die Medien, das Wetter, der Gegner, das Stadion, die Eltern der Spieler, alles Einflüsse, die man eigentlich nicht unter Kontrolle hat. Zu viele Leute, in diesem Fall Spieler und Betreuer, verschwenden zu viel Zeit mit dem Versuch, diese in der Konsequenz unkontrollierbaren Elemente zu kontrollieren. Genau genommen müsste man an der Peripherie des Eisfeldes sämtliche Türen schliessen, um wirklich in die Erfolgszone einzusteigen. Diese Scheiben ausserhalb der Banden sind Ablenkungen. Viele Menschen, nicht nur Hockeyspieler, lenken in ihrem Leben ihre Aufmerksamkeit zu sehr auf dieses Nichtkontrollierbare. Mein Ziel ist es, den Kontrollbereich nach aussen zu erweitern, dass diese Scheiben sich zurückbilden und keinen Einfluss mehr haben. Auf Eishockey bezogen: Erst dann ist die Mannschaft ein Winner. Ein Verlierer ist einer, der sich über alles Sorgen macht. Ein Gewinner sorgt sich nur um die Dinge, die er kontrollieren und verändern kann. Er fokussiert seine Energie auf die Kontrollzone und kümmert sich nicht um Dinge, die von ihm nicht zu beeinflussen sind.

Hat man sein Ziel vor Augen, sollte man sich nur auf dieses konzentrieren und sich durch nichts ablenken lassen. Jede Unaufmerksamkeit führt dazu, sein Ziel nicht mehr zu erkennen.

Alte chinesische Weisheit

Der Charakter

Wie bereits gesagt, Popularität ist Zufall, Berühmtheit ein Gas, das man nicht anfassen kann, und Geld hat Flügel. Das Einzige, was einen mit Sicherheit ein ganzes Leben begleitet, ist der Charakter. Je mehr wir an unseren Schwächen arbeiten, umso stärker wird unser Charakter.

Erreichen wir etwas, müssen wir uns sofort Neuem zuwenden. Dazu nehmen wir nur unseren Charakter mit.

Kabinenspruch

Der Charakter besteht aus dem, was wir tun, unseren Gewohnheiten. Nur ehrliche Gewohnheiten bilden einen guten Charakter. Und nur mit einem guten Charakter erlebe ich richtigen Erfolg. Habe ich einmal Erfolg, muss ich immer weiter an meinen Gewohnheiten und meinem Charakter arbeiten. Was nimmt man mit, wenn man einen ganz grossen Erfolg erlebt? Das Einzige, was man in die Zukunft mitnimmt, egal, ob nach einem riesigen Erfolg oder einer fürchterlichen Niederlage, sind der Charakter und die Gewohnheiten, die ihn bilden. Entscheidend ist das Streben, diese Gewohnheiten ständig zu verbessern. Es gibt zwei Arten von Menschen auf dieser Erde. Die einen bleiben nicht stehen und entwickeln sich kontinuierlich weiter. Wollen immer etwas Neues dazulernen. Die anderen bleiben stehen oder lassen sogar gute Gewohnheiten fallen. Diese befinden sich auf einer Talfahrt. Diese Talfahrten werden oft durch das Gefühl, etwas Besonderes zu sein, eingeleitet. Bei Erfolg kann man schnell vergessen, dass nur das, was wir tun, uns besonders macht. Ändern wir das Tun, sind wir schnell nichts Besonderes mehr.

Wie oft sehen wir im Sport, dass eine Mannschaft ihren Titel nicht verteidigen kann, obwohl sie denselben Trainer, dasselbe Präsidium, dieselben Spieler, dieselben Fans in die neue Saison mitgenommen hat? Natürlich kann man einen Titel auch deshalb verlieren, weil die anderen stärker wurden. Meistens liegt es aber daran, dass man im Genuss des Erfolges nicht an denselben Gewohnheiten festgehalten, das Tun und den Charakter verändert und damit die Talfahrt selbst eingeleitet hat.

Die Wurzeln

Bei allem, was wir tun, ist es entscheidend, zentriert und balanciert zu bleiben. So wenig ein Baum versucht zu fliegen, um sich an einen anderen Platz mit besserem Licht zu verpflanzen, so wenig sollten wir Menschen Dinge beeinflussen wollen, von denen wir wissen, dass sie sich ausserhalb unserer Kontrolle befinden. Vergessen wir nie den Grund, in dem wir wurzeln. Es sind die Wurzeln, die den Baum mit der Erde verbinden und entscheiden, wie gut der Baum gedeiht. Sind sie gut genährt und reichen sie tief hinab, wird der Baum ein prächtiger sein. Je ehrlicher und tiefer und stärker die Wurzeln in einem Menschen sind, umso besser wird auch er gedeihen. So wie ein Baum.

Ich möchte an dieser Stelle die Weisheit eines Indianers zitieren:

Eines wissen wir. Die Erde gehört nicht dem Menschen.
Der Mensch gehört der Erde.
Das wissen wir.
Alle Dinge sind miteinander verbunden, wie das Blut,
das eine Familie miteinander verbindet.
Alle Dinge sind verbunden.
Das Schicksal dieser Erde ist auch das Schicksal der Söhne
dieser Erde.
Der Mensch hat nicht das Netz des Lebens gesponnen,
er ist nur ein Faden dieses Netzes.
Und was immer er diesem Netz antut, tut er sich selbst an.

Chief Seattle

Ich liebe die Natur, glaube an ihre Kraft und bin interessiert an der Kultur der Indianer. In der Gegend von Feldkirch steht ein ganz besonderer Baum. Ein Baum mit einem so dicken Stamm, dass ich ihn mit meinen Armen bei weitem nicht umfassen kann. Ich entdeckte ihn bei einer meiner vielen Joggingrunden, die ich dort abspulte. Irgendwann musste ich einfach anhalten und den Baum festhalten. Eine Art auftanken. Die Umarmung des Baumes wurde für mich zum Ritual. Sicher hundert Mal, in guten und schlechten

Momenten, lief ich zu diesem Baum. Er wurde zu einem engen Vertrauten. Ich konnte eine Menge Kraft aus ihm schöpfen. Deshalb die Sache mit den Wurzeln des Baumes, den Teamwurzeln, an der Weltmeisterschaft 1998. Noch heute denke ich daran, wie gross wohl seine Wurzeln sind und wie tief in die Erde hinunter sie reichen.

Menschen und Einheiten, die etwas Besonderes unternehmen, lassen sich niemals in eine Bequemlichkeitszone hineinfallen. Sie bringen Leidenschaft und Intensität in den Moment hinein. Leben im Tun, für den Moment. Sie verfügen über die Fähigkeit, sich auf den kleinstmöglichen Punkt zu konzentrieren. Sie steigen in einen alles umfassenden Moment and make it special, that is what winners do. Am Ende eines jeden Einsatzes, einer jeden Aufgabe, egal, wie gross, egal, wie klein, können sie mit Sicherheit immer etwas von sich behaupten: Sie haben nichts zu bereuen. Sie können immer mit hoch erhobenem Kopf vorwärts gehen, mit dem Wissen, alles nur Mögliche getan zu haben. Sie bezahlten mit dem Charakter den Preis. Sie sind in Bewegung geblieben und haben sich auf das Veränderbare fixiert, um das zu sein, was sie sein können. Das ist es, was Teamlife-Sieger tun.

Der Plan als Erfolgsplan

> Visionen ohne Aktionen bleiben Träume.
> Aktionen ohne Visionen verschwenden Zeit.
> Aktionen und Visionen, zusammen verbunden,
> können die Welt verändern.

Wir sind gerüstet mit einer positiven Denkwahl. Was Sieger tun, ist bei uns Gewohnheit. Aber wie diese einleitenden Zeilen fordern, müssen wir jetzt eine Verbindung herstellen zwischen dem, «was wir denken, und dem, was wir tun». Das Verbindungsglied ist ein Erfolgsplan.

Hier die vier Ausgangspunkte zum Teamlife-Erfolg:

1. **Erwartungen klären**
2. **Spielregeln erstellen**
3. **Sinnfrage definieren**
4. **Kleine Schritte tun**

Diese vier Ausgangspunkte können auf jedes Team, auf jede Gruppe von Menschen, die beruflich oder privat etwas zusammen erreichen wollen, und auf jede Einzelperson angewendet werden. Auch in einer Liebesbeziehung müssen die Partner gegenseitig ihre Erwartungen vom anderen und von der Beziehung klären. Dann setzen sie gewisse Spielregeln untereinander fest. Sie müssen auch die Sinnfrage der Beziehung beantworten können, um dann gemeinsam die erforderlichen kleinen Schritte zur erfolgreichen Beziehung gehen.

Angenommen, jemand nimmt sich vor, Teil eines winning teams zu werden. Weshalb? Was ist die Motivation dazu? Es geht immer darum, einen Grund zu finden, um etwas zu tun. Wird dieser nicht gefunden, ist keine Motivation vorhanden, entsprechend Notwendiges zu tun. Bevor jemand etwas tut, sollte sie oder er sich klar darüber werden, weshalb sie es tun wollen. Kein Grund, keine Chance.

Weshalb wollen zwei Menschen heiraten? In den meisten Fällen, um eine Familie zu gründen. Doch egal, welcher Art der Grund ist, die Hauptsache ist, dass einer vorhanden ist. Sind sich Partner oder Teammitglieder über die Motive einig, müssen sie damit anfangen, die kleinen Schritte zu tun, die zum Erreichen ihrer gemeinsamen Ziele notwendig sind. Dasselbe gilt in einem Betrieb. Auch Vorgesetzte sollten, zusammen mit ihrer Belegschaft, Erwartungen klären, Spielregeln festsetzen, die Sinnfrage besprechen und die kleinen Schritte zur Umsetzung festlegen.

Die Erwartungen

Haben Sie eine Beziehung mit jemandem, die nicht so abläuft, wie Sie es sich vorstellen, wo die Kommunikation nicht optimal verläuft und Sie es gerne hätten, dass die Energie zwischen Ihnen besser würde? Dann ist der erste Schritt zur Verbesserung, dass Sie beide zusammen die Erwartungen klären. Der Grossteil negativer Energie, der sich zwischen zwei Personen aufbaut, stammt aus unklaren Erwartungen. Klärt man die Erwartungen, hat man einen ersten Schritt auf dem Weg zur Verwirklichung der gemeinsamen Träume getan.

Der Chef einer kleinen Firma plant über Monate eine Überraschungsreise für seine Mitarbeiter. Er überlässt die Organisation dieser Reise einem neuen Reisebüro in der Stadt. Aufgeregt und voller Freude überbringt er seinem Personal diese Nachricht. Am folgenden Mittwoch steigt die Belegschaft in den Flieger, um in den Traumurlaub abzuheben. Sie landen im warmen Klima, steigen in den Bus und fahren in Richtung der vom Reisebüro versprochenen Traumvilla «Paradiso», mit Blick aufs Meer, direkt am weissen Sandstrand. Plötzlich hält der Bus an, und der Chauffeur sagt: «Endstation, alle aussteigen». Der Chef steigt zuerst aus und denkt, dass jemand einen bösen Scherz macht. Sie stehen vor einer Reihe verrotteter Hütten, direkt an der Hauptstrasse, mit Blick auf einen Autofriedhof. Der Bus fährt weg. Der Chef dreht sich zu seinen Mitarbeitern um und schlägt prompt seinen Kopf an einem Schild an, auf dem steht «Willkommen in Paradiso, zum Meer 30 Kilometer, Bus fährt jeden Dienstag». Sein Körper droht vor lauter negativer Energie zu platzen. Von der anfänglichen Freude der Mitarbeiter ist nichts mehr übrig geblieben. Die Erwartungen wurden hier, in verschiedener Richtung, klar nicht erfüllt.

Genau genommen mögen die meisten Menschen Überraschungen nicht. Schon gar nicht negative. Jede Person möchte gerne wissen, woran sie ist. Vorgesetzte können sich und andern eine Menge Ärger und Probleme ersparen, wenn sie sich mit Teammitgliedern ausführlich über deren Erwartungen an das Team und die Erwartungen des Teams an das Mitglied unterhalten. Damit ist die Sache aber nicht einfach abgehakt. Erwartungen müssen immer wieder aufs Neue geklärt werden. Vor jedem Neuanfang, dem Saisonstart im Sport oder dem neuen Geschäftsjahr am Arbeitsplatz.

Einstellungsgespräche bieten eine einmalige Chance zur Erwartungsklärung. Bei diesen Gesprächen sollten natürlich auch Jobanwärter Gelegenheit erhalten, von ihren Erwartungen zu sprechen. Dieser offene und ehrliche Informationsfluss in beide Richtungen, gleich am Anfang eines Arbeitsverhältnisses oder einer Beziehung, führt zu einer Kommunikationsbasis, welche auf Dauer Synergien freisetzt.

Weshalb erzähle ich meinen Spielern davon, was während der Saison alles schief gehen kann, dass es nicht einfach werden wird, dass wir vor hohen Wänden stehen werden, dass Sieger in schweren Zeiten geboren werden und all diese Dinge? Ich habe Gründe. Wenn wir später in der Saison wirklich vor einer Mauer stehen, ein wichtiges Spiel oder einen wichtigen Spieler verlieren, wenn etwas passiert, was wir nicht mögen, werden wir dann weder abstürzen, auseinander fallen noch unseren Fokus verlieren. Gerade in schwierigen Momenten müssen wir fokussiert bleiben. Zusammen, lösungsorientiert und vorwärts denkend und arbeitend. Negative Energie kommt so nicht auf, weil die Erwartungen im Vornhinein geklärt wurden.

Was würde passieren, wenn ich den Spielern verspräche, alles liefe immer problemlos und bestens ab? Im Falle einer schwierigen, unangenehmen Situation käme eine Ladung negativer Emotionen zusammen, weil die Erwartungen im Voraus falsch gesetzt wären und weil Spieler und Betreuer unangenehme Überraschungen in Kauf nehmen müssten.

Erwartungen geklärt? Dann erst ist man für den zweiten Punkt bereit.

Die Spielregeln

Viele Leute mögen den Sport, weil dort klare Spielregeln existieren. Spielen zwei oder mehrere Menschen ein Spiel zusammen, ob das jetzt ein Tennismatch, eine Schachpartie, ein Fussballspiel, Booteversenken zwischen zwei Schulbänken oder ein Fang-den-Hut mit der Familie ist. All diese Spiele werden nach klaren Regeln gespielt. Deshalb kann sofort mit dem Spiel begonnen werden. Eine Schachpartie kann tagelang dauern und die ganze Zeit, bis zum Schluss, bis zu den Worten «schach» und «matt» schweigend verlaufen. Die Spielregeln sind von Anfang an klar festgelegt. Wir sollten für alles, was wir tun, gewisse Spielregeln erstellen. Teamspieler und -spielerinnen, Arbeitsplatzkolleginnen und -kollegen sowie Familienmitglieder brauchen und wünschen sich einen klaren Rahmen, innerhalb dessen sie sich frei bewegen können. Um so ihren Fokus auf die Ausführung, auf das, was sie zu tun haben, zu richten. Existiert keinerlei Rahmen, wird es zum falschen Zeitpunkt zu unnötigen Verhandlungen kommen.

Gemeinsame Ordnung und Regeln geben dem Einzelnen mehr Sicherheit und Geborgenheit. Die internen Spielregeln in einem Team, nicht die Regeln im Sport, den sie betreiben, müssen aber vom Team selbst, von allen Mitgliedern, festgelegt werden. Alle müssen daran mitgestalten. Nur so sind alle in der Verantwortung. Bestimme ich als Coach alleine die internen Spielregeln in der Nationalmannschaft, wird es für den einen oder anderen Spieler viel schwieriger sein, diese hundertprozentig zu akzeptieren und einzuhalten. Ganz einfach deshalb, weil er mit deren Festlegung nichts zu tun hatte.

Einmal im Jahr sollten diese Regeln, zusammen mit dem ganzen Team, überprüft und je nachdem neu angepasst werden. Fragt man heute fünfzig verschiedene Gruppen von Menschen, Arbeits- oder Sportteams nach den Werten, die ihnen wichtig erscheinen, kommen fünfzig Mal die gleichen Antworten: Harte Arbeit. Ehrlichkeit und Offenheit. Positives Denken. Teamdenken. Respekt. Disziplin und Aufopferung. Doch nur aufzählen bringt nicht viel. Führungspersonen müssen dafür sorgen, dass die einzelnen Punkte im Detail definiert werden und alle dasselbe darunter verstehen. Alle

müssen auf der gleichen Seite des Buches lesen.

Was bedeutet für jeden einzelnen Respekt? Was für das ganze Team? Was versteht jeder unter Ehrlichkeit? Was stellt sich die ganze Gruppe unter harter Arbeit vor? Nachdem diese Begriffe ausgebreitet wurden und Gespräche darüber stattfanden, erhält jedes dieser Worte eine grössere Bedeutung. Sind die Regeln abgemacht, klar und einfach definiert, kann mit der Ausführung begonnen werden. Die Spieler können sich aufs Spielen konzentrieren und die Trainer aufs Coachen. Hat die Gruppe die Teamregeln mitentwickelt, ist es für die Führungsperson viel einfacher, internen Regelverstössen Einhalt zu gebieten. Als Coach kann ich den Spieler darauf hinweisen, dass er sich nicht an etwas hält, was er, zusammen mit den andern, mitgestaltet und abgemacht hat.

Immer wieder ein Thema am Arbeitsplatz, im Sportverein oder in der Familie: Teammitglieder sind unpünktlich. Kommen zu spät zur Arbeit, zum Training oder zum Essen nach Hause. Damit blockieren sie, je nachdem, das ganze Team. Unpünktlichkeit zeugt von zu wenig Respekt den anderen gegenüber. Respekt jedoch ist eine wichtige Basis der Kommunikation zwischen Menschen. In der Nationalmannschaft sind wir da sehr konsequent. Fünf Minuten zu spät, kostet bereits etwas. Für alle. Spieler und Leitung. Das Geld kommt in eine Kasse, deren Inhalt Ende der Saison an eine Stiftung für krebskranke Kinder überwiesen wird. Deshalb sprechen wir auch nicht von Bussen, sondern Spenden. Verspätet sich jemand mehr als fünf Minuten, ist es an mir zu entscheiden, wie viel er spenden muss. Ich bin da nicht zimperlich, weil das Team diese Regeln beschlossen hat und der Zweck ein guter ist.

Respekt zu haben und zu zeigen, ist etwas sehr Wichtiges. Ich lernte das erst als Coach. In meinen Jugendjahren als kanadischer Eishockeyspieler bedeutete Respekt, sich mit härtestem körperlichem und verbalem Ausdruck Ansehen zu verschaffen. Den andern niederzumachen. Ich habe einige solcher Trainer erlebt und sehe sie heute noch so arbeiten. Sie machen alle runter. Gegner, Schiedsrichter, Journalisten und die Fans des anderen Teams.

Diese Form von Respekt hilft niemandem etwas. In unserer Nationalmannschaft lautet eine unserer Spielregeln: Respekt. Damit ist Respekt vor dem Gegner, den Schiedsrichtern, den Journalisten und nicht zuletzt vor uns selbst gemeint. Wir wünschen dem Gegner weder kranke noch verletzte Spieler. Wir müssen uns nicht fürchten vor einem kompletten Gegnerteam. Wir wünschen dem Gegner alles Gute und kümmern uns um uns. Uns ist es egal, was der Gegner sagt und tut. Er soll einen guten Tag erwischen. Wir konzentrieren uns nur auf uns, auf das, was wir tun müssen. Nämlich in jedem Moment unser Bestes geben, damit wir an diesem Tag die bestmögliche Nationalmannschaft sind, die wir sein können. Niemand wird dadurch besser, wenn er den andern auf irgendeine Weise niedermacht. Das Gegenteil ist der Fall. Wir sparen zweimal Energie, wenn wir es nicht tun. Vor allem verschwenden wir keine dafür, den andern niederzumachen und seine Aggression zu verstärken, die wir dann, mit zusätzlichen Kräften, das ganze Spiel lang parieren müssen.

Teamlife-Respekt: Mit einer positiven Einstellung aus den Leuten um uns herum das Beste holen!

Kabinenspruch

Nimmt sich ein junges Ehepaar etwas vor, was es als Familienteam erreichen will, müssen sich die beiden Partner auch hinsetzen und zusammen besprechen, was das Erreichen dieses gemeinsamen Zieles von jedem Einzelnen von ihnen verlangt. Vielleicht wollen sie ein Haus bauen. Oder es geht ihnen ausschliesslich um die Zukunft ihrer Kinder. Kann sein, dass sie beschliessen, die bestfunktionierende Familie zu werden. Jeder Zielsetzung müssen entsprechend notwendige Handlungen des Einzelnen als Teammitglied folgen. Und jedes Teammitglied muss sich selbst immer wieder offen und ehrlich befragen, ob das, was es tut, wirklich reicht, um die gesetzten Ziele zu erreichen. Ob nicht noch etwas mehr Aufwand möglich wäre. Wobei «sich im roten Bereich zu befinden» auf keinen Fall zu einem dauerhaften Zustand werden darf. Weder junge Ehepaare noch Sportler oder Führungspersonen dürfen, bei all ihrem Streben, das Verhältnis zum Ganzen verlieren. Der betriebene Aufwand darf das private soziale Netz, in das jeder Mensch verwoben ist, nicht zu stark belasten. Die Fäden sind zwar dehnbar, können aber dennoch schnell reissen.

In der Nationalmannschaft halten wir strategische Treffen ab, bei denen wir offen und klar darüber sprechen, was in welcher Situation zu tun ist. Welcher Pass wann gemacht werden soll. Welche Position wann zu spielen ist. Wie jeder Einzelne im Gewichtsraum am besten trainiert. Was wann gegessen wird. Wie viel Arbeit und wie viel Erholung einer braucht. Sind diese Punkte abgeklärt, müssen sie erfüllt respektive gelebt werden. Das macht nicht immer Spass und kann kurzfristig recht beschwerlich sein. Tut man es trotzdem, ist das Disziplin.

Teamlife-Disziplin: In Kontrolle bleiben, um das, was für den Erfolg nötig ist, zu tun, ob man es will oder nicht.
Kabinenspruch

Werden klare Spielregeln erstellt und angewandt, sind auch schnelle und harte Entscheide, die in jedem Team von Zeit zu Zeit gefällt werden müssen, einfacher zu treffen und für das ganze Gefüge verständlich und nachvollziehbar. Menschen, die immer wieder Mühe haben, Entscheidungen zu treffen, spielen ohne Regeln. Sie haben in ihren Beziehungen mit ihren Teams zu Hause, am Arbeitsplatz oder in der Freizeit keine Regeln festgelegt. Jede zu treffende Entscheidung kann damit zum Grundsatzentscheid werden. Das verhindert Kontinuität und Bildung von Entschlossenheit. Es ist schlecht für ein Team, wenn es von Unsicherheiten geplagt wird. Steigt jemand zum Vorgesetzten oder zur Vorgesetzten auf, sollte sie oder er dem Team Sicherheit verleihen. Dazu muss, in Einzel- oder Gruppengesprächen, eine Vertrauensbasis geschaffen werden. Gespräche, in denen die angehende Führungsperson weniger spricht als zuhört. Wenn sich jemand herausnimmt, eine Gruppe von Menschen führen oder leiten zu wollen, wird er es nur dann wirklich tun können, wenn ihn die einzelnen Personen akzeptieren, ihm und seinen Entscheidungen vertrauen, wenn sie bei ihm eine gewisse Geborgenheit finden.

Wollen Sie Teamlife spielen, sind folgende Teamlife-Spielregeln zu beachten:

Einander respektieren
Bescheidenheit leben
Ausgezeichnet kommunizieren
Verantwortung übernehmen
Aufopfernde Disziplin
Konzentration im Moment
Intensiv und bissig ausführen
Geduld und Ausdauer im Tun
Tempo als Werkzeug
Einfach und konsequent entscheiden

Ich erkläre die einzelnen Regeln nochmals zusammenfassend:

Einander respektieren

Mit einer positiven Einstellung aus den Leuten um uns herum das Beste herausholen. Etwas vom Wichtigsten. Hier beginnt alles. Respekt vor dem eigenen ICH, Respekt vor dem WIR und dann Respekt gegenüber allen Menschen. Respekt als Grundlage von ICH und WIR. Respektiert man, wird in den allermeisten Fällen zurückrespektiert. Gibt sich ein Team oder eine Einzelperson so, stehen sie auf sicherem Boden, what you give is what you get. Die Welt wäre ein anderer Platz, wenn sich die Leute weniger fragen würden, «was springt für mich bei einer Sache heraus» als «wie kann ich das Beste aus meiner Umgebung herausholen».

Bescheidenheit leben

Bleiben wir mit beiden Füssen auf dem Boden und überbewerten wir uns nicht. Nehmen wir unsere Stellung nicht zu ernst, sondern was daraus resultiert. Akzeptieren wir die Tatsache, dass nur unser Tun und nicht wir selbst etwas Besonderes sein kann. Bilden wir uns nicht ein, fehlerfrei zu sein. Bringen wir die Grösse auf, zu unseren Fehlern zu stehen. Dabei hilft uns humorvolle Selbstkritik.

Ausgezeichnet kommunizieren

Das Hauptwerkzeug, das uns mit der Aussenwelt verbindet, ist das Kommunizieren. Ob mit Worten, Buchstaben, Körpersprache oder Rauchsignalen, jede Form der Kommunikation setzt ein Zeichen an unsere Umwelt bezüglich dessen, wer wir sind und wofür wir einstehen. Kommunikation ist aber nicht etwas, was nur in eine Richtung betrieben werden darf. Kommunikation muss auch für die Umwelt Möglichkeiten bieten, an uns heranzutreten. Seien wir offen. Hören wir nicht nur, sondern hören wir zu.

Verantwortung übernehmen

Jeder einzelne Mensch ist verantwortlich für das, was er tut. Er muss auch die mit seiner Position in einem Team verbundene Verantwortung verstehen und übernehmen, im Beruf, im Sport, im Privaten. Und was immer ein Mensch tut, er soll es mit Stolz tun.

Er hat als Einzelperson, als Teammitglied – mit entsprechender Eigeninitiative – direkte Einwirkung auf die erzielten Resultate anzustreben. Verantwortung im Team sollte gut balanciert, in einer ausgewogenen Abhängigkeit zum Ganzen stehen.

Aufopfernde Disziplin

Während wir handeln, ist diszipliniertes Verhalten unabdingbar. Wir müssen in Kontrolle bleiben, um, im persönlichen Bereich, das zu tun, was für den Erfolg nötig ist. In Bezug zum Team gilt das Gleiche. Wir müssen in Kontrolle bleiben, um das zu tun, was für den Erfolg nötig ist, ob wir es wollen oder nicht. In Kontrolle zu bleiben, bedeutet, dass man durch äusserliche Einflüsse den Fokus auf das Wesentliche nicht verliert. Damit sich langfristig Träume erfüllen, sind kurzfristig Opfer nötig. So wie man als Einzelperson immer wieder mit sich ins Reine kommen, sich Rechenschaft über sich selbst und sein Tun ablegen muss, hat dies auch bei einem Team zu geschehen. Um sicher zu sein, ob wir uns in der richtigen Bahn bewegen, müssen wir nur eine Frage stellen: Wenn wir das tun, was wir jetzt vorhaben, ist das gut für den Erfolg oder nicht? Wenn ja, tun wir es. Das ist Disziplin.

Konzentration im Moment

Get 100 percent into the moment. Konzentration im Moment bedeutet unablenkbare Fokussierung. Auf dem Weg zum Erfolg wollen wir mit unseren Taten etwas kreieren. Dabei werden immer wieder Störfaktoren auftreten. Die Fähigkeit, diese zu ignorieren und sich auf das Wichtige und Veränderbare zu fixieren, das kleinstmögliche Bild im Visier zu haben, ist Gewinnerkonzentration.

Intensiv und bissig ausführen

Intensität und Leidenschaft als Lebensgrundlage. Intensität entsteht nur dann, wenn man das, was man tut, liebt und leidenschaftlich ausführt. Volles Engagement ist Voraussetzung. Bissig bedeutet kämpferisch zu bleiben, auch in Zeiten des Zweifels. Bei jeder Aktion gesunde Aggressivität, Einsatzbereitschaft, Durchsetzungsvermögen und einen grossen Willen zu zeigen und regelmässig das zu tun, was nötig ist, um zu gewinnen.

Geduld und Ausdauer im Tun

Geduldig auf die Auszahlung seiner Investitionen warten können, mit dem Wissen, harter, ehrlicher Einsatz bringt erst über längere Zeit entsprechende Resultate. Um das zu ermöglichen, brauchen wir sowohl physische als auch mentale Kondition und Ausdauer. Nie aufgeben. Auch in Zeiten der Erschöpfung und Müdigkeit weiter an der Umsetzung seiner Träume arbeiten. Viele versagen, nicht weil sie den falschen Weg gehen, sondern weil sie vor der Ziellinie aufgeben. Und auch bei Erfolg ist es an uns, trotz steigender Erwartungen im Umfeld gleichwohl geduldig zu bleiben.

Tempo als Werkzeug

Schnell, aber nicht hastig, Verzögerung ist ein Erfolgskiller. Wenn man irgendetwas im Moment ausführen kann, muss man es sofort tun. Die Zeit läuft ständig. Später etwas zu tun, bedeutet oft zu spät. Tempo meint, sich ein positives Momentum zu Eigen zu machen und zu nutzen. Tempo bedeutet auch, mit Veränderungen Schritt zu halten und in einer Welt der geschwinden Entwicklungen mit Geschwindigkeit zu reagieren.

Einfach und konsequent entscheiden

Keep it simple and hold the line, die einfachsten Szenarien sind immer die wirkungsvollsten. Versuchen wir doch nicht, alles neu zu erfinden. Setzen wir bestandene Erfolgswerte ein. Ein zu kompliziertes Tun blockiert die Entwicklung. Konsequenz ist die Konstante des Wollens, durch Höhen und Tiefen seiner Linie treu zu bleiben. Die Fähigkeit, regelmässig für eine Sache Entscheidungen zu treffen. Ohne Ambivalenz einer klaren Linie zu folgen. Den Erfolg einfach und konsequent anzustreben. Erfolg bringt Freude.

DIE SINNFRAGE

Jeder muss sich ein Ziel setzen, das er nicht erreichen kann, damit er stets zu ringen und zu streben habe.

Johann Heinrich Pestalozzi

Sind Erwartungen abgeklärt und Spielregeln festgelegt, muss sich ein Team sofort die Sinnfrage stellen und beantworten. Motivation wird nur dann gefunden, wenn Gründe dafür da sind, weshalb etwas zu unternehmen ist. Wenn man ein Zukunftsbild malen kann, wie ein Traum zu verwirklichen oder eine Vision umzusetzen ist. Wenn ich ein guter Vater werden möchte, muss ich mir ein Bild davon machen, wie ich ein guter Vater sein will. Ich muss mich hinsetzen und darüber nachdenken, was es für mich bedeutet, ein guter Vater zu sein. Gründe für mich finden, weshalb ich ein solcher oder solcher Vater werden will. Wenn ich das nicht tue, werde ich nie ein guter Vater sein.

Viele fragen sich, warum es Menschen gibt, es Teams gibt, die ihre Aufgaben konstant, voller Freude und Motivation erledigen. Was ist das Geheimnis des Motiviertseins? Es erklärt sich alles mit einer Aufgabe. Sicher die schwierigste Aufgabe, die wir zu erledigen haben, wollen wir echt motiviert sein. Wollen wir im Leben besondere Auszahlungen zurückbekommen? Wollen wir Harmonie, Genuss und Erfolg auf unserem Lebensweg als Begleiter, müssen wir die Sinnfrage beantworten. Tun wir das, finden wir die Gründe, die uns automatisch antreiben, die notwendigen Aufgaben zu erledigen.

Die grösste future challenge, die zukünftige Herausforderung, der Menschen in den Wohlstandsstaaten wird sein, dass die Sinnfrage nicht mehr von aussen, sondern von innen beantwortet werden muss. In diesen Staaten wurde die Sinnfrage in früheren Zeiten durch Umstände im Umfeld beantwortet. In der Vergangenheit ging es noch um die Sicherung von Ernährung, Wärme und Unterkunft. Dinge, die heute selbstverständlich scheinen. In der Zukunft werden wir tiefer in uns hineinschauen müssen, um eine Antwort auf die Sinnfrage zu finden.

Was ist der Sinn des Familienlebens, der Sinn des Berufslebens, der Sinn in allem, was wir tun? Die beste Antwort darauf gibt mir der Satz des Dichters Robert Browning: «Ah, but a man's reach should exceed his grasp, or what's a heaven for.» In meiner Übersetzung habe ich für «reach» anstreben und für «grasp» Reichweite genommen: «Das, was jemand anstrebt, sollte ausserhalb seiner Reichweite liegen.»

Der Schlüssel zu diesen Worten liegt darin, dass man nicht nur Dinge anstrebt, die sich schon in Reichweite befinden oder die leicht zu erreichen sind. Wir müssen Gründe dafür finden, Zukünftiges, ausserhalb unserer momentanen Reichweite Liegendes anzustreben.

Der Sinn einer Sache darf jedoch nicht absolut ausserhalb unserer Reichweite liegen. Eine Portion Realismus gehört in jeden guten Traum. Der Traum vom Armeschwingen und Wegfliegen ist ein wunderschöner. Doch Menschenarme sind keine Flügel. Um zu fliegen, brauchen wir Hilfsmittel. Sowohl als Einzelpersonen wie als Teams sind uns natürliche Grenzen gesetzt. Die Grenzen in uns allerdings existieren nur dann, wenn wir sie uns selbst setzen.

Zuerst müssen wir uns unserer Stärken, Schwächen und Möglichkeiten bewusst werden. Dann können wir uns Ziele setzen, die wir bis anhin (noch) nicht erreicht haben. Wir visieren etwas Neues an, treten auf eine neue Herausforderung ein.

Die Entwicklung der Menschheit wird von den Träumen Einzelner oder Gruppen von Menschen vorangetrieben. Um sich weiterzuentwickeln, muss sich der Mensch immer wieder Ziele setzen, die zum gegenwärtigen Zeitpunkt wohl ausserhalb seiner Reichweite liegen, mit entsprechend aufwändigem Vorgehen jedoch nicht unerreichbar bleiben müssen. Dieses Streben macht das persönliche, private Leben so kompliziert. Es ist angenehm und einfach, einmal erreichte Sicherheit zu konservieren. Sich mit dem, was man ist und hat, zufrieden zu geben. Keine Risiken mehr einzugehen. Das Neue abzulehnen. Verhält man sich so, wird es im Leben an entsprechender Motivation, neue Aufgaben in Angriff zu nehmen, fehlen.

Wir finden einen Sinn. Er motiviert uns. Wir wenden passende Spielregeln an, wir verwirklichen unseren Traum. Wir werden

Meister. Wir lernen Fahrrad fahren. Wir fliegen auf den Mond. Wir schliessen eine Berufsausbildung ab. Wir finden unseren Traumpartner. Was jetzt?

Sofortiger Neuanfang. Eine neue Antwort auf die Sinnfrage finden. Eine wieder etwas ausserhalb unserer momentanen Reichweite liegende.

Alles, was wir dabei mitnehmen, sind unsere Benehmensregeln, die Spielregeln, unsern Charakter und neue Erkenntnisse aus gemachten Fehlern. Und der umgesetzte Traum? Motiviert er uns immer noch? Nein. Er bleibt eine schöne Erinnerung. Der neue Sinn motiviert. Der neue Sinn gibt uns Lebensfreude. Nur ein neuer Sinn verhilft unserem vollen Einsatz zu einer Bedeutung.

Die Schritte

Am Anfang steht ein Pakt mit sich selbst. Die kleinen Schritte hauchen dem Pakt Leben ein. Jeder Traum, jede Vision besteht aus vielen kleinen Elementen, Bausteinen, die wir zusammensetzen müssen, bis die Imagination schliesslich in Wirklichkeit, als Umsetzung, Gestalt annimmt. Diese vielen kleinen Elemente und Bausteine entsprechen vielen messbaren und zeitbegrenzten Schritten, die wir auf unserem Weg in Richtung Ziel gehen müssen. Es sind kleine Schritte. Sie fordern viel Zeit, viel Selbstdisziplin und viel Geduld, weil jeder einzelne von ihnen, einer nach dem andern, gemacht werden muss. Abkürzungen gibt es keine.

Eine neue Aufgabe. Das kann ein Traum von etwas sein. Ein Traum von etwas weit Entferntem, im Moment unerreichbar Scheinendem. Wir stehen bei Punkt D, und unser Traum ist Punkt A. A ist für unsere Gruppe realistisch, aber dazwischen liegt ein grosser See, ein steiler Berg und erst noch ein Urwald. Wir können nicht schwimmen, wir können nicht klettern, und niemand von unserer Gruppe kann mit einem Kompass umgehen. Die Erwartungen werden geklärt. Alle nehmen die Spielregeln in sich auf. Der Sinn wird im Kopf, im Körper und im Herzen eingepflanzt.

Die Reise beginnt mit den ersten von vielen kleinen Schritten. Wir lernen zu schwimmen, und obwohl uns dabei oft starke Strömungen, hohe Wellen, strömender Regen und Kälte behindern, schaffen wir es über den grossen See und steigen auf zu Punkt C. Vor uns steht der steile Berg, und wir lernen zu klettern. Nahe am Gipfel treibt uns das schlechte Wetter wieder ins Basislager zurück. Eine riesige Niederlage. Aber niemand will aufhören und aufgeben. Niemand will nach Hause. Wir sprechen über die gezogenen Lehren und über unseren Traum A und stossen, neu ausgerüstet, zum Gipfel vor. Die Freude ist kurz und die Neuorientierung schnell. Wir seilen uns ab, zum Ende der zweiten Etappe B. Dort wartet ein wilder, anscheinend undurchdringbarer Dschungel auf uns. Wir bereiten uns härter als je vor, und jedes Gruppenmitglied gibt sein Bestes. Wir bilden uns weiter und lernen, mit dem Kompass umzugehen. Nach unermüdlichem Einsatz, bei dem alle an neue Grenzen stossen, kommen wir schliesslich beim lang ersehnten Punkt A an. Erschöpft und mit viel Freude erleben wir unser Nirwana.

Der Teamlife-Erfolgsplan ist endlos. Wir müssen diesen Weg immer wieder abgehen. Erwartungen, Spielregeln, Sinnfrage und kleine Schritte. Mit jeder neuen Zielanvisierung wird dieser Prozess wieder durchlebt. Klären, beschliessen, finden und machen. Mit diesem Plan erreichen wir, dass das Leben im Moment spürbar wird. Wir sind in einer grossen Spirale unterwegs. Nehmen wir Verantwortung für diese Kreisfahrt, bringt sie uns nach oben, zu höherer Lebensqualität, zu höherem Genuss im Moment, zu grösserem Erfolg und zu einem neuen Bewusstsein.

Go Get A Sip

– there are no shortcuts for winners –
– no free ride –
– the winner does not look for handouts or freebies –
– he knows that the only truly worthwhile things to achieve in life are things that we earn through sweat and hard work –
– things we had to fight for –
– things we had to hit limits to get or to achieve –
– these are things worthwhile achieving –
– that is the true champagne of life –
– go and get yourself a sip –

Erstes E-Mail-Gedicht von R.K.

Teil II

•

TEAMLIFE
PRAXIS

Tagebuch eines WM-Turniers

Die Vorbereitung

1. Woche Lenzerheide

Dienstag

Achtunddreissig Tage bis zum ersten WM-Spiel in Köln. Achtunddreissig Tage, um die bestmögliche Mannschaft zu bauen. Mit den vorhandenen Farben und Pinseln das bestmögliche Bild zu malen. Mit dem vorgegebenen Spielermaterial an die Weltspitze zu gelangen.

Zum ersten Trainingslager luden wir Spieler mit sehr unterschiedlichen spielerischen Vergangenheiten ein. Von Spielern mit WM-Erfahrung (5) über Spieler, die letztes Jahr an der U-20-WM teilnahmen (5), bis zu Spielern mit vielen anderen Erfahrungen. Total: 2 Torhüter, 8 Verteidiger, 11 Stürmer.

Ausnahmslos alle kommen zu früh. Um halb elf hatten wir abgemacht. Um zehn nach zehn sind bereits alle da. Ein gutes Zeichen. Keine Entschuldigungen vonnöten. Gute Gewohnheiten bereits zu Beginn der Unternehmung, Respekt! Ein sehr guter Kick-off für diese Woche.

Die insgesamt einundzwanzig Spieler haben alle etwas gemeinsam: Sie können eines Tages in der Nationalmannschaft spielen. Vielleicht nicht diese WM (noch sind die vier Halbfinalisten der Meisterschaft und die Eidgenossen, die im Ausland spielen, nicht zu uns gestossen), doch irgendwann in der Zukunft. Für einige von ihnen ist dies hier ein erster grosser Test. Welche Gewohnheiten – auf oder neben dem Eis – bringen sie mit? Wir wollen wissen, welcher Art diese Spieler sind und wie sie, natürlicherweise, gegenseitig aufeinander reagieren.

Ihr Lebensstil neben dem Eis ist ziemlich klar. Unter den Spielern hat sich herumgesprochen, was es charakterlich braucht, um in die Nationalmannschaft einziehen zu können. Auf dem Eis erklären wir ihnen, dass viele verschiedene Rollen besetzt werden müssen. Ihre Aufgabe ist es, eine Rolle zu finden, die ihren Stärken entspricht. Wir wollen sie ins Team hineinbringen. Wir wollen niemanden ändern. Wir wollen alle dazu bringen, natürlich zu spielen und keine Angst zu haben. Sie sollen mit Instinkt spielen.

Wir fangen mit einer schwierigen Trainingsrunde im Kraftraum an. Nur wenige Spieler (für mich erstaunlich) heben während der Saison Gewichte. Erstaunlich deshalb, weil gutes, gezieltes Gewichtstraining nicht nur Verletzungen vorbeugt, sondern die Flexibilität und Kraft erhöht. Für vierzig Minuten gehen wir voll, mit einem hohen Tempo. Leichte Gewichte. 12 Stationen Parcours. Ich bin in der Mitte. Kann die Schmerzen fühlen. Mein Assistent Köbi Kölliker leitet das Training. Dann legen wir uns alle auf den Boden, und ich mache mit ihnen eine Reihe Rücken- und Bauchübungen. Abschliessend beenden wir alle die fünfundsiebzigminütige Session mit gutem Strecken und Dehnen. Niemand beschwert sich. Niemand stellt etwas in Frage. Die Erwartungen sind klar, und alle fokussieren hundert Prozent auf die Ausführung. So wird es in jedem weiteren Training sein. In jedem Spiel. Bei jedem Schritt zur WM. Keine Abkürzungen, keine Vergünstigungen. Viel Schmerz und Aufwand. Alle wissen, weshalb, und verstehen, dass der Schmerz vor dem Vergnügen kommt. Der Preis ist festgesetzt, und jeder scheint entschlossen zu sein, diesen bereitwillig zu bezahlen.

Mittagspause. Ein kurzes Nickerchen für die Spieler. Vier Stunden später stehen wir auf dem Eis. Gleicher Stil wie am Morgen. Viel Schlittschuhlaufen, Tempo, Tempo, Tempo. Vorgehen und Übungen wurden den Spielern vor der Trainingseinheit erklärt. Unterbrechungen sind minimal gehalten. Wir gehen durch eine Steigerung von Übungen. Technisches für die Goalies, Offensives für die Stürmer. Eins-zu-eins-Einsätze. Aufeinanderprallen bei Körperkontakten. Wieder die Torhüter. Anderes Spiel mit intensivem Gegeneinander. Siebzig Minuten. Wieder setzt sich jeder voll ein. Die Gewohnheiten sind gut, das Verhalten ist gut. Etwas langsamer, als das zum Einsatz gelangende Endteam sein wird. Aber jeder Spieler hat einen grossen Einsatz geleistet.

Das war ein interessanter und aufschlussreicher Tag für mich. Acht Spieler habe ich zum ersten Mal getroffen. Zukunftstalente.

Doch bereits nach einem Tag können wir sehen, dass einige von ihnen noch nicht so weit sind, unseren Stammspielern den Platz streitig zu machen. Nur drei der jetzigen einundzwanzig sind Stammspieler. Dieses Team wird sich in den nächsten sechs Wochen Schritt um Schritt verbessern. Es wird hart und schmerzhaft werden, weil einige Spieler jeweils am Ende einer Trainingswoche nach Hause gehen müssen. Eine der schwierigsten Aufgaben meines Jobs ist es, den jeweiligen Spielern mitzuteilen, dass sie noch nicht so weit sind. Die einen wissen es, noch bevor ich es ihnen sage. Doch der Prozess schmerzt deshalb nicht weniger. Vor allem gegen Ende der Vorbereitung, wenn ich die Letzten ausschliessen muss. Letztes Jahr weinte ich zusammen mit den letzten Spielern, die nicht mitkommen konnten. Das war sehr, sehr hart.

Vor dem Nachtessen bittet mich ein Spieler um ein Gespräch. Die reale Welt spielt ins Lager hinein: Seine Mutter kämpft seit zwei Jahren gegen ihre Krebserkrankung an. Es geht ihr nicht gut. Ich frage ihn, was er tun will. Er antwortet, der Wunsch seiner Mutter sei, dass er im Trainingslager bleibe und weiterhin sein Ziel, die WM, verfolge. Sie wolle nicht, dass er untätig zu Hause herumsitze. Er will auch weitermachen. Zum Glück hat er die Wochenenden, an denen er sie besuchen kann. Er spricht über sein Bedrängnis sehr offen zu mir. Ich erwähne, dass ich mit meiner Mutter eine ähnliche Situation erlebte, und offeriere ihm, sich jederzeit an mich zu wenden, um darüber zu sprechen. Meine Tür steht Spielern mit Problemen immer offen. Dies ist die Art von Vertrauen und von offener und ehrlicher Kommunikation, die ich mag, brauche und suche. Wie kann ich jemals das Beste aus diesem Spieler herausholen, wenn ich diese Information nicht besitze? Eigentlich schade ist, dass die Spieler gewöhnlich in guten Zeiten nicht zu mir kommen, sondern nur in schlechten. Aber das ist schon okay, weil ich ja hier bin, um ihnen Energie zu geben und nicht umgekehrt.

Ein anderer Spieler ruft aus den USA an. Er benötigt Ratschläge wegen seiner Rückkehr in die Schweiz. Ich sage den Spielern nie, wo sie hinzugehen oder was sie zu tun haben. Ich stelle Fragen und helfe ihnen damit herauszufinden, was sie wirklich tun wollen. Nett, dass er angerufen hat.

Oft ist es in den letzten Jahren vorgekommen, dass Spieler mich in unglücklichen Situationen um Rat fragten. Es befriedigt mich, wenn ich ihnen helfen kann. Sie geben alles, was sie haben, für die Nationalmannschaft. Ich als ihr Leader schätze mich sehr glücklich, wenn ich ihnen so viel wie nur möglich zurückgeben kann.

Ich muss noch alle Klotener Spieler anrufen. Sie schieden am Samstag aus den Play-off aus. Wir werden für Anfang nächster Woche fünf weitere Spieler einladen. In den kommenden zwei Wochen werden dreiundzwanzig Spieler am Training teilnehmen. Somit müssen Ende dieser Woche drei der jetzigen Teilnehmer ausscheiden. Ich führe eine Menge Gespräche: Ein Spieler ist immer noch verletzt und wird gute Pflege brauchen, wenn er zu uns stösst. Ein anderer wechselt sein Team und damit auch die Stadt, was nicht einfach ist mit Frau und zwei Kindern. Wieder ein anderer verpasste die letzte Weltmeisterschaft aus persönlichen Gründen. Er ist bereit zurückzukommen. Auf meiner Combox sind noch zwei weitere Mitteilungen von Spielern. Leider haben viele (noch) keine Combox. Dann ist es schwierig für mich, sie zu erreichen; ich muss sie telefonisch jagen. Einfache und erfreuliche Telefonanrufe sind die, bei denen ich Spieler fragen kann, ob sie ins Trainingslager kommen möchten. Dabei wird viel positive Energie ausgetauscht, und es ergeben sich äusserst aufgestellte Gespräche. Die Kehrseite der Medaille präsentiert sich aber dann, wenn ich einige wieder verabschieden muss. Alles Gute im Leben scheint auf irgendeine Weise seinen Preis zu haben. Das hält die Dinge in Balance, nehme ich an. So ist auch mein Leben. Auf und ab, wie auf einer Achterbahn. Nie anhalten und stillstehen, immer fortbewegen. Nie wirklich wissen, was einen um die nächste Ecke herum erwartet. Das bedeutet für mich Leben.

Letzte Anrufe vor dem Schlafengehen: Bei meinem Assistenten, der sich um das Teamlife in der Nati kümmert, da gibt es noch viel zu organisieren. Dann noch bei unserem Präsidenten, Werner Kohler. Ende der Woche müssen wir gemeinsam einen schmerzhaften Gang zu einer Beerdigung antreten. Ein ganz spezieller Mann, mit einem grossen Herzen fürs Leben und den Hockeysport, Hans-Peter Janser, der vor vielen Jahren Fussball-Torhüter bei GC war, ausserdem Geschäftsführer von Beretta Schweiz, ein richtiger Partner, mit dem man ein Geschäft noch mit Handschlag besiegeln konnte, starb letzte Woche. Er liebte die Eishockey-Nati und hat eine Menge für dieses Team getan.

Ein tragisches Ereignis wie dieses zwingt einen, darüber nachzudenken, was man alles hat am Leben und wie gut es einem eigentlich geht. Es bestärkt mich auch in meiner Ansicht, immer voll und im Moment zu leben, weil man ja vielleicht am nächsten Morgen nicht mehr aufwacht. Kein toller Gedanke vor dem Schlafengehen. Ich werde noch etwas Poesie lesen und dann ans morgige Training denken, um mich davon abzulenken.

Mittwoch

Erneut ein guter Tag in der Hockey-Nati-Welt. Zwei Trainings auf dem Eis. Wir fordern die Spieler hart und führen sie an ihre Grenzen. Für mich ist es einfach, die konditionelle Verfassung jedes einzelnen Spielers zu lesen. Nach all den Jahren als Coach brauche ich keine Hightech-Tests, um herauszufinden, wie gut Spieler im Schuss sind. Ihre Augen und ihre Körpersprache erzählen mir, wen es schmerzt und wen nicht. Heute sehe ich bei allen viel Schmerz.

Heute muss ich den ersten Spieler nach Hause schicken. Er hatte letztes Jahr eine Herzoperation und kann kein ärztliches Attest vorlegen, das ihn zu vollem Training befähigt. Das Risiko erscheint unserem Manager Peter Zahner zu hoch, deshalb entschliessen wir uns zu dieser Massnahme. Er wird nach Nordamerika gehen, wo ein Angebot für ihn vorliegt. Ein gutes Zeichen für das angenehme Umfeld hier ist, dass er fragt, ob er die letzten zwei Tage trotzdem noch bei uns bleiben kann. Wir einigen uns darauf, dass er beim Gewichtstraining noch mitmacht und für sich Velo fährt. Es macht uns allen grosse Freude, wenn die Spieler sich im Trainingslager wohl fühlen.

Das heutige Abendtraining schliessen wir mit einem vollständigen Spiel auf Eis, in zwei Teams, ab. Der Match geht in Überzeit, und schlussendlich ist noch ein Penaltyschiessen nötig. Rot gewinnt. Unsere Farben sind immer Rot und Weiss. Die Jungs gehen voll ran: viel Wettbewerb und viel Stolz. Jedes Trainingsspiel muss ernst genommen werden. Die Spieler müssen lernen, in jedem Moment an ihre Grenzen zu gehen. Und wir müssen sie dorthin führen.

Wir scherzen, unser heutiges Penaltyschiessen sei ein Omen für das 6. Spiel zwischen Bern und Lugano von heute Abend. Und was geschieht? Lugano schlägt Bern im Penaltyschiessen.

Es wird Zeit, meiner Assistentin im Büro, Andrea Meier, ein E-Mail zu senden. Es sollen weitere vier Spieler aufgeboten werden. Mein Staff und ich haben entschieden, ihnen eine Woche freizugeben. Wir erwarten sie für den nächsten Mittwoch, zusammen mit den fünf Klotenern. Nächste Woche werden also neun neue Spieler dazukommen. Mit andern Worten, von der jetzigen Gruppe müssen uns sieben verlassen.

Die gegenwärtige Zeit im Trainingslager ist angenehm ruhig, weil die Medien noch vollauf mit den Play-off beschäftigt sind. Ich kann mich ganz aufs Hockey konzentrieren. Keine Ablenkungen. Das macht es mir leichter, mich in «die Zone» zu begeben. Das passiert ja nicht einfach über Nacht. Es findet ein Konzentrationsprozess statt. Ich mag es, langsam einzusteigen, in die Dinge hineinzufliessen und nicht auf Kommando, mit Kopfsprung, in etwas hineinzuspringen. Je mehr wir uns dem kompletten Team nähern, desto höher werden die Intensität und die Konzentration des ganzen Kaders. Wie ein Embryo, der sich in der Mutter entwickelt. Er wächst und entwickelt und wächst und entwickelt sich. Zuerst die Goalies, einige Stürmerlinien, Verteidigungspaare: die Hände und Füsse und Finger. Und dann, auf die Minute genau, mit dem Beginn einer Weltmeisterschaft, ist gleichzeitig ein neues Team geboren. Wir gehen hinaus in ein neues Abenteuer, quer durch eine WM. So intensiv, so umfassend und einnehmend, so aufregend wie jedes grosse Turnier, doch alles ist ganz anders als das letzte Mal. Ein neues Leben. Mit einem Anfang und einem Ende, wie jede Weltmeisterschaft, doch die Ereignisse dazwischen sind jedes Mal verschieden. Alles ist einmalig und erscheint in einmaligem, eigenem Licht. Was immer zählt, ist, was wir mit unserer Zeit im Rampenlicht tun, wie wir sie nutzen. Wie gut wir im einzelnen Moment jeweils ausführen. Wie viel von unserem effektiven Potenzial wir ausschöpfen.

Je tiefer ich mich in «die Zone» hineinbegebe, umso mehr wird mir bewusst, welch eine wunderbare Arbeit ich habe. Was für eine Gelegenheit, jedes Jahr eine neue, wichtige Erfahrung fürs Leben zu machen.

Zuerst jedoch müssen wir alle den Preis bezahlen. Investieren und entwickeln, investieren und entwickeln. Siebenunddreissig Tage verbleiben bis zum ersten WM-Spiel gegen Deutschland. Siebenunddreissig Tage, um das beste Team, das wir je an eine WM sandten, zusammenzubauen.

Donnerstag

Der dritte Tag zeigt uns, dass sich die Spieler sehr wohl und sicher fühlen. Daraus resultiert, dass sie im Vergleich mit den ersten Tagen die Qualität ihrer Ausführung steigern und ihre Arbeitsgewohnheiten verbessern. Gewichts- und Eistraining bestimmen unsere Tagesabläufe. Es ist erstaunlich, wie schnell ich eine starke Verbindung zu den Spielern spüre. Diese Jungs sind bereits dabei, als Team zusammenzuwachsen. Was bemerkenswert ist, wenn man bedenkt, dass die Lebensdauer dieser Gruppe erst drei Tage beträgt.

Hier geschieht wirklich etwas Besonderes. Jeder neue Spieler ist gewillt, sich so schnell wie möglich zu integrieren. Keiner sucht Vergünstigungen, keiner will sich drücken oder schonen. Alle trainieren hart. Das ist der Anfang eines grossen Teams, davon bin ich überzeugt.

Am Abend fahren mein Assistent Jakob Kölliker, Rekord-Nationalspieler und aktiver U-20-Nationaltrainer der Schweiz, und ich nach Davos, um dem Elite-Junioren-Finalspiel beizuwohnen. Davos gewinnt den Titel gegen Kloten mit 6:2. Wir sehen einige Zukunftstalente im Einsatz. Es fällt mir auf, wie schnell Köbi und ich mittlerweile die Grundqualitäten der Spieler erkennen. Ihre Stärken, ihre Schwächen. Die armen Kerle werden bereits zum jetzigen Zeitpunkt von uns kategorisiert.

Ich falle nicht so schnell in Schlaf wie üblich. Morgen muss ich die ersten fünf Spieler nach Hause schicken. Ich überlege mir, wie ich es ihnen beibringe. Was ich ihnen sagen soll. Als Leader ist es mir immer ein Vergnügen, Energie zu geben und Mut zuzusprechen. Den Jungs einfach mitzuteilen, dass es so ist, bleibt immer eine schwierige Aufgabe.

Freitag Soll ich die betroffenen Spieler beim Frühstück zusammen auf die Seite nehmen oder bis zum Training warten? Ich entschliesse mich zu warten, bis wir im Stadion sind, und jeden Einzelnen in meinen Trainerraum zu bitten. Ausnahmslos tolle Jungs. Alle werden in ihrem Stolz verletzt sein. Hoffentlich nehmen alle etwas mit, das sie für die Zukunft motivieren und stärken wird. Alle sind sehr jung, unter dreiundzwanzig. Sie akzeptieren die schlechte Nachricht erstaunlich gut. Etwas Traurigkeit herrscht. Die Hoffnung auf eine zukünftige Chance stimmt sie aber positiv. Köbi ergänzt ab und zu meine Ausführungen. Er versteht es sehr gut, die Dinge im richtigen Moment beim richtigen Namen zu nennen. Unsere Teamarbeit funktioniert bestens.

Eine tolle erste Woche geht zu Ende. Überall ist viel gute Energie zu spüren. Ich fühle mich sehr stark und gut gewappnet für das, was kommen wird. Nicht nur mental, auch physisch. Ich bestritt die ganze Woche über das Off-ice-Training mit den Spielern. Dazu joggte ich zweimal ausgiebig, habe keinen Alkohol getrunken und sehr gut gegessen und geschlafen. Ich habe alles getan, was es dazu braucht, um für das Team der beste Coach zu sein, der ich sein kann. Ich möchte meine Spieler nie enttäuschen. Sie haben das Recht, jedes Mal, wenn sie mich wieder treffen, mit mir einen noch besseren Coach als das letzte Mal zu bekommen. Alles beginnt mit meinem eigenen Lebensstil und meinen eigenen Gewohnheiten. Ich muss mich, nicht nur nach aussen, vorbildlich benehmen. Meiner eigenen Glaubwürdigkeit wegen.

Das Tagebuch zu schreiben, ist eine angenehme «Kopfbeschäftigung». Ich habe Spass daran. Finde ich ein paar Minuten, lese ich auch gern etwas Gutes.

Nach dem Training unternehme ich einen Abstecher in die reale Welt, ich fahre zur Beerdigung unseres Sponsors und

Freundes. Danach gehe ich übers Wochenende nach Hause. Verbringe einige und sehr wichtige Stunden mit meiner Familie.

Später plane und skizziere ich die erste Version eines zum jetzigen Zeitpunkt möglichen WM-Teams. Ich will sehen, wo wir stehen. Die Frage lautet für mich immer gleich: Wie würde das Team aussehen, wenn die WM morgen stattfände? Ich sammle laufend Informationen, schaue mir Spiele an, spreche mit Trainern, treffe persönlich neue Spieler. Das Mannschaftsbild wird sich in den nächsten fünf Wochen bestimmt noch dreissig Mal verändern. Ein Spieler fällt raus, ein anderer kommt dazu, einer spielt auf einer neuen Position und wieder auf einer anderen. Während der nächsten fünfunddreissig Tage wird eine ständige Entwicklung stattfinden. Ich liebe es, solche Bilder zu entwerfen. Skizzen eines grossen Gemäldes, von dem auch der Maler nie genau voraussagen kann, wie es schlussendlich aussehen wird.

Ein Spieler ruft mich aus den USA an. Er ist kein Stammspieler, aber einer mit Aussenseiterchancen. Wir haben nicht erwartet, dass ihn sein Team freigibt. Um den Konkurrenzkampf etwas zu verstärken, werde ich ihn vermutlich kommen lassen. Je mehr Konkurrenz vorhanden ist, umso besser wird das endgültige Team sein. In die Nationalmannschaft zu gelangen, ist nicht für jeden einfach – und soll es auch nicht sein. Es wird jedes Jahr noch härter werden, denn der Standard wird immer höher und das Geforderte immer anspruchsvoller.

2. Woche Davos

Montag

Ich verbrachte ein tolles Wochenende mit meiner Familie. Am Sonntagabend habe ich die kommende Woche noch etwas detaillierter vorbereitet.

Fünf Klotener Spieler kommen neu dazu, die acht Tage frei hatten. Für die «alte Gruppe» ist heute der erste Trainingstag nach zwei Freitagen. Die Stimmung ist gut, aber ruhiger und ernsthafter als in der ersten Woche. Der Konkurrenzkampf hat begonnen. Als ich den Spielern bei der Besammlung erkläre, dass zwei von ihnen am Ende der Woche ausscheiden müssen, fühle ich, wie die meisten von ihnen innerlich rechnen und überlegen, ob sie einer davon sein werden. Am Mittwoch werden sechs Spieler aus

Bern dazukommen. Diejenigen, die diese Woche «überleben», erhalten eine Chance, die beiden ersten Vorbereitungsspiele in Tschechien zu spielen.

Wir beenden den Tag mit einem sehr wichtigen Kader- oder Staffmeeting. Auch wenn die meisten von uns neun, Arzt, Masseure, Teamleader, Materialwart, Teammanager, Assistent, Coach, Head Coach, Pressesprecher (nur der zweite Assistent, Gustafsson, ist noch nicht bei uns – er wird nächste Woche kommen –, spezieller Gast: der Verbandspräsident), bereits seit vier Jahren zusammenarbeiten, müssen wir, einmal mehr, unsere Erwartungen für die nächsten sieben Wochen klären. Ich male ein Rad, auf dem sich der ganze Staff befindet. Innerhalb des Rades male ich die Spieler und erkläre den anderen, dass unsere Arbeit ganz einfach darin besteht, für die Spieler die bestmögliche Situation zu kreieren, in der sie sich so gut wie nur möglich entfalten können. Wir müssen alle möglichen Ablenkungen ausschalten. Unser Job ist es, dem Team die bestmögliche Chance zu bieten, damit es sein Potenzial voll ausschöpfen kann. Alles fängt hier bei uns, beim Staff, beim Kader, an. Wir sind die Energiegeber. Wir müssen alle Spieler gleich behandeln, offen und ehrlich kommunizieren und dürfen vor den Spielern keine Uneinigkeit zeigen. Wir müssen unsere Zeit richtig organisieren und vorbildlich handeln. Wir müssen uns auf unsere Rollen konzentrieren und uns gegenseitig unterstützen. Dieses Team hat so genau wie ein Präzisionsuhrwerk zu funktionieren. Mit dem intensiven und schnellen Tempo einer WM müssen wir alle in unseren verschiedenen Tätigkeiten positiv und effizient ineinander spielen. Die Intensität während eines solchen Turniers kann so stark werden, dass sie alles in uns und um uns herum erdrückt. Die Nerven aller liegen – mehr oder weniger – blank. Sind wir kein starkes Gesamtgefüge, besteht die Gefahr, sehr schnell auseinander zu brechen.

Bei Staffmeetings wie dem heutigen erhält jeder die Möglichkeit zu formulieren, wie er fühlt, wie er seine Aufgabe versteht und sie ausführen will. Dann erkläre ich, was meine Erwartungen an jeden Einzelnen sind. Wir sprechen über die letzte WM. Was gut war, was schlecht war. Suchen nach Möglichkeiten und Lösungen, wie wir was verbessern können. Einige schwierige Punkte, die gelöst werden müssen, kommen zur Sprache und werden dargelegt. Alle sprechen offen, auch über negative Punkte. Niemand reagiert emotional oder persönlich. Es geht immer um die Sache, und diese bleibt immer dieselbe: die bestmögliche Nationalmannschaft aufzubauen.

Wir verhandeln und suchen nach Kompromissen, die von allen akzeptiert werden können. So entscheiden wir, in der Abteilung «Ausrüstung» für die Vorbereitungsphase eine zusätzliche Kraft beizuziehen. Nach zwei Stunden erhält jeder die Chance, eine Gefühlsbilanz des abgehaltenen Meetings zu ziehen. Wir gehen mit einem Handschlag und einem Lächeln auseinander. Ein wichtiger erster Schritt im Prozess der Teamformung hat stattgefunden.

Um vernünftig führen zu können, benötige ich grosse Unterstützung von meinem Vorgesetzten. Niemand kann ohne Rückendeckung der Leute, die ihn eingestellt haben, gut führen. Präsident Werner Kohler hat mir gleich am ersten Tag den Ball zugespielt. Ohne sich einzumischen, übergab er mir die Verantwortung. Dieses Vertrauen motiviert sehr.

Damit Erfolg mit der Nationalmannschaft überhaupt möglich ist, braucht es auch einen Mann wie unseren Manager Peter Zahner. Während einer WM rückt er in den Hintergrund, die andern elf Monate des Jahres leistet er aber unermüdlich seinen Einsatz an der organisatorischen Front. Ohne unsere gute Zusammenarbeit und den Rahmen, den er mit seinem Einsatz setzt, hätte die Mannschaft nicht die Möglichkeit, sich zu hundert Prozent in die richtige Zone zu begeben. Peter und ich planen viele Details bereits zwanzig Monate im Voraus. Das hilft mit, uns in den Momenten des Tuns voll und ganz auf das Veränderbare konzentrieren zu können. Bevor ein Endteam für eine WM möglichst optimal zusammengestellt werden kann, müssen verschiedene andere Teams vorher bereits gut funktioniert haben.

Dienstag

Um fünf Uhr wache ich auf. Ein gutes Zeichen. Das Adrenalin beginnt zu fliessen. Das gestrige Staffmeeting brachte mich zusätzlich in Bewegung. Das wird mir in den nächsten sieben Wochen noch öfters passieren. In meinem Kopf laufen so viele Dinge ab. Da ist so manches Detail, das ich im Auge behalten muss. Ich liebe dieses Gefühl. Es wird während der nächsten einunddreissig Tage an Intensität ständig zunehmen, bis schliesslich der erste Spieltag kommt, das erste Spiel gegen Deutschland. An diesem Tag werde ich mich voll und ganz in «die Zone» begeben. Maximale Intensität. Nur noch das Team zählt. Das Spiel. Die Ausführung während des Spiels.

Die Off-ice-Gewohnheiten der Spieler sind bereits seit Beginn des Lagers ausserordentlich gut. Auf diesem Gebiet sprechen alle die gleiche Sprache. Im Gewichtsraum und während der Abendtrainings entsteht grosse Intensität. Die Spieler arbeiten hart und solide. Dort gehe ich gern zusammen mit den Spielern bis zum Anschlag. Gewichte zu heben, bringt mich selbst zusätzlich in Form, um am WM-Turnier das Spiel des Coaches so gut wie möglich zu spielen. Es ist für mich wichtig, physisch fit zu sein, damit ich während der ganzen WM nicht die Übersicht über die Dinge verliere.

Einige Spieler haben Probleme mit den komplizierten Übungen, weil sie in ihren Clubs damit nicht konfrontiert werden. Wir haben einen jungen Trainer vom Skiverband bei uns zu Gast, der mehr darüber wissen will, wie wir uns auf die WM vorbereiten.

Am Abend schauen wir uns alle am TV das zweite Finalspiel um die Meisterschaft an. Zürich schlägt Lugano 3:0. Damit steht die Best-of-seven-Serie 1:1. Köbi und ich schauen das Spiel bei mir zu Hause zusammen mit meiner Familie an. Wir sehen zwölf potenzielle Kandidaten für das WM-Team, deren Einsatz wir sehr genau beobachten. Eines wird uns schnell klar: Es wird sehr schwierig werden, aus dieser Gruppe die richtigen Leute auszuwählen.

Nach dem Spiel gehen wir zurück ins Hotel. Ich muss noch einige Anrufe in die USA tätigen. Zwei der Spieler dort informieren mich darüber, dass sie von ihren Clubs erst freigestellt werden, nachdem diese aus den Play-off ausgeschieden sind. Unser letztjähriger Kapitän meint scherzhaft, dass dies wohl erst nächstes Jahr sein wird. Ich beende den Tag mit dem Ausdruck der

Pläne für das morgige Training und der Erledigung einiger geschäftlicher Kleinigkeiten.

Ein neunzehnstündiger Tag geht zu Ende. Zeit, um meine Batterien aufzuladen.

Mittwoch

Am Morgen beginnen wir mit einem ruhigen, aber intensiven Goalietraining. Am Nachmittag kommen die sechs Berner Spieler. Nun fängt es langsam an zu brodeln. Alle sechs sind exzellente Teamspieler. Zwei gehören bereits seit einer Weile dem Stamm an. Zwei stehen in der engeren Auswahl, und die letzten zwei betrachten wir als grosse Zukunftstalente.

Die Intensität des Abendtrainings ist hoch. Drei Torhüter, neun Verteidiger und dreizehn Stürmer. Am Freitag müssen uns wiederum zwei von ihnen verlassen, da wir nächste Woche die Reise nach Tschechien nur mit vierundzwanzig Spielern antreten werden. Personalentscheide sind jetzt immer schwieriger zu treffen. Der Konkurrenzkampf nimmt zu.

Einige Spieler wirken angespannt und ziehen sich von selbst etwas zurück. Sie scheinen nicht an ihre Chance zu glauben. Das passiert jedes Jahr. Meistens sind es die Spieler, die durch ihre Körpersprache und ihre Trainingsintensität für uns die Entscheidung fällen. Der grosse Teil von ihnen ist ehrlich zu sich selbst und akzeptiert die Realität. Sie wissen, wo sie hingehören.

Bei anderen findet das genaue Gegenteil statt. Sie wachsen an der Aufgabe und verbessern sich Tag für Tag. Jedes Jahr schaffen es ein bis zwei Spieler als grosse Überraschung bis ins endgültige Team, weil sie es verstehen, unter Druck gross aufzulaufen. Sie kämpfen und setzen sich im Konkurrenzkampf durch, in dem wir uns alle jeden Tag befinden. Jedes Team, das solche Situationen im gesunden Wettstreit entstehen lässt, wird ein gutes Team werden. Durch einen natürlichen Prozess, das mag brutal klingen, scheiden die Schwachen aus, und die Starken setzen sich durch. Wobei mit den Starken diejenigen gemeint sind, die sehr hohen Druck aushalten können. Wir brauchen Spieler, die im Stande sind, mit diesem wirklich extremen Druck einer Weltmeisterschaft umzugehen. Spieler, die diese Volleingenommenheit lieben, just love it. I love it and I need it. Dieser Druck ist für mich die Lebenskraft. Sie treibt mich an. Sie fordert mich heraus. Sie ist aufregend. Sie besteht aus endlos vielen kleinen Momenten, die alle, unbedingt, gelebt werden.

Nach dem Training jogge ich fünfzig Minuten voll. Je schneller ich renne, umso besser kann ich denken und analysieren. Meine besten Ideen habe ich immer dann, wenn die Hormonproduktion voll in Betrieb ist. Danach fühle ich mich sehr gut, meine Batterien sind randvoll aufgeladen.

Köbi und ich unterhalten uns bis tief in die Nacht hinein. Wir gehen sämtliche Szenarios der Best-of-seven-Finalspiele der Meisterschaft durch. Wann werden die Jungs aus Zürich und Lugano zu uns stossen? Werden fünf, sechs oder gar sieben Spiele nötig sein, bis die Entscheidung fällt? Was tun wir wann? Wir entscheiden, die Vereine über unsere Planung zu informieren und uns mit ihnen abzusprechen, um eventuell mögliche Terminkollisionen mit Meisterfeiern zu vermeiden. In der Vergangenheit liefen die Dinge in diesen Belangen nicht immer reibungslos ab. Erwartungen im Voraus abzuklären, wird einmal mehr die beste Lösung sein.

Wir sprechen auch über mögliche Aufstellungen. Wir werden dies bis zur Weltmeisterschaft noch hundert Mal tun. Wir malen weiter an unserem Bild. Heute ist bereits etwas mehr darauf zu sehen als gestern. Ein Verteidiger verbesserte sich von Position dreizehn auf zehn (wir nehmen acht Verteidiger, zwölf Stürmer und drei Torhüter mit). Zwei Stürmer verbesserten sich auch um drei Plätze. Ich frage mich, wie die Spieler wohl empfinden würden, wenn wir sie unser Zahlenspiel wissen liessen? Die Öffentlichkeit würde es lieben. Doch niemand wird je davon erfahren. Es gibt Dinge, die unsere «Loop» nie verlassen werden. Die interne «Rangliste» gehört dazu.

Das Bild, an dem wir malen, wird sehr schön werden. Davon bin ich überzeugt. Dreissig Tage verbleiben uns noch. Dreissig Tage, die ich in den vollsten Zügen leben werde. Wir befinden uns auf einer aufregenden Expedition.

Donnerstag Eine Stunde vor meinem geplanten Aufwachen klopft ein Spieler an meine Tür. Wie in der Vergangenheit oft schon erlebt, blockiert eine persönliche Krise im Privatleben einen Spieler bei seinen

Leistungen als Sportler. Die Jungs wissen, dass sie sich jederzeit bei mir aussprechen und – wenn gewünscht – Rat holen können. Das ist Vertrauenssache, deshalb bleiben diese privaten Informationen bei mir.

Die Nationalmannschaft ist wichtig. Sehr wichtig. Für Spieler und Betreuer. Doch es gibt Wichtigeres, wie persönliche Gesundheit, Familie und Beziehungen im Generellen. Persönliche, emotionale Probleme oder Krisen halten unser jetziges Tun in gesunder Perspektive. Darum herum kommt man als Leader nicht. Viele Trainer schenken dieser Tatsache zu wenig Beachtung. Sie erwarten von ihren Spielern blinde Nachfolgerschaft, ohne Rücksicht auf irgendetwas anderes. Das ist egobezogene Führung. Man muss die Verantwortung innerhalb einer Working Unit, einer Arbeitsgemeinschaft, als Teil des Ganzen und nicht als das Ganze selbst sehen.

Zurück zu diesem Spieler, mit dem ich frühmorgens ein Gespräch führte. Nachdem er mir sein Problem geschildert hat, versuche ich, ihn sehr schnell dahin zu bringen, lösungsorientiert zu denken. Welche Möglichkeiten bestehen? Wie soll er am besten und so schnell wie möglich vorgehen? Während der ersten Trainingseinheit am Morgen einigen wir uns darauf, dass er sofort nach Hause gehen, sich Klarheit über die Situation verschaffen und eine Lösung anstreben soll. Auf diese Weise ist es vielleicht möglich, dass er nächste Woche, frisch aufgeladen, mit klarem Kopf, mit uns nach Tschechien reisen wird. Ich habe alles getan, was in meinen Möglichkeiten steht. Jetzt kann ich nur hoffen, dass er sein privates Problem in den Griff bekommt. Wenn nicht, werden wir ihn für diese Weltmeisterschaft verlieren, was für uns alle sehr schmerzvoll wäre. Es würde dann meine Aufgabe sein, ebenfalls lösungsorientiert zu denken und zusammen mit meinen Assistenten eine entsprechende Lösung für das Team zu suchen. Nicht einfach, aber machbar und im Interesse des ganzen Teams absolut notwendig. Wir müssen immer nach vorne denken. Das gehört zu unseren Aufgaben.

Letztes Jahr passierte etwas Ähnliches. Wir mussten auf einen Spieler wegen dessen privater Krise verzichten. Er fasste den Entschluss, den ich wohl respektierte, der jedoch für das gesamte

Team ein Schock war, weil wir mit ihm einen sehr wichtigen Stammspieler verloren. Doch was passierte? Wir suchten nach einem Ersatz. Dabei fanden wir einen Spieler, den wir unter anderen Umständen vielleicht nie entdeckt hätten und der in diesem Jahr mit grösster Wahrscheinlichkeit unser Kapitän sein wird. Jedes Problem eröffnet auch neue Möglichkeiten. Erkennen wir dies, tun sich Türen auf, von deren Existenz wir vorher gar nichts wussten. Dazu kommt, dass der letztes Jahr ausgeschiedene Spieler in diesem Jahr als einer unserer Schlüsselspieler wieder dabei ist, stärker als je aufspielt, so als wäre er an seiner Krise und dem damals getroffenen Entscheid gewachsen.

Viele Trainer denken, dass einige ihrer Teamspieler unersetzbar sind. Aber niemand ist unersetzbar!! Auch der Trainer nicht!!! Darüber müssen wir uns in jedem Moment klar sein. Ein Team ist ein lebendes, sich ständig veränderndes Ganzes. Es hat ein Eigenleben, und wir dürfen diese Entwicklung nicht blockieren. Das ist wie mit einem Kind. Die Eltern sollten wohl eine Umgebung mit einem festen Rahmen schaffen, die aber viel Raum für die Eigenverantwortung des Kindes lässt. Raum, in dem das Kind seine eigenen positiven und negativen Erfahrungen und auch Fehler machen kann. Viele Leute wachsen in ihren Fähigkeiten erst richtig, wenn sie die Ketten ihres Zuhause brechen. Ich vertrete die Meinung, dass solche Ketten schon gar nicht existieren sollten.

Ich bin fest davon überzeugt, dass, sobald sich eine Tür schliesst, sich irgendwo eine andere öffnet. Gewinner suchen nach dieser neuen Tür und finden sie vielleicht. Verlierer bleiben vor der verschlossenen alten Tür stehen und versuchen, diese immer und immer wieder, vergeblich, zu öffnen. In meinem Beruf habe ich gelernt, schnell weiterzugehen. Niederlagen oder Verluste zu analysieren, abzuhaken und mich vorwärts zu bewegen.

Verletzt sich ein Schlüsselspieler während eines Turniers, ist das schlimm. Ich mache daraus eine positive Herausforderung für das gesamte Team, um so das entstandene Loch zu füllen. Einige Mannschaften werden in solchen Situationen sogar stärker. Vielleicht nicht gerade sofort, jedoch im Laufe des gesamten Prozesses der Verlustaufarbeitung.

Ich werde den Spieler übers Wochenende anrufen, um herauszufinden, wie sein Entschluss lautet. Für das Team ist er nur von Nutzen, wenn er diese private Situation vor der WM irgendwo draussen parkieren kann. Sonst muss er im Interesse der Mannschaft auf die Teilnahme am Turnier verzichten.

Die verbleibenden neunzehn Stunden dieses Tages sind randvoll mit Arbeit. Zum Beispiel Training im Gewichtsraum. Ich halte mit den Spielern mit. Es tut gut, jeden Muskel im Körper zu spüren. Später folgt ein Training auf dem Eis. Fünfundsiebzig Minuten harter Einsatz. Dabei ereignen sich keine besonderen Zwischenfälle.

Zwischen den beiden Trainingseinheiten stehe ich einer deutschen Fernsehstation Rede und Antwort. Sie produzieren einen Bericht über mich und halten sich den ganzen Tag über in meiner Nähe auf. Eine nette, respektvolle Crew. Ein lokaler TV-Sender braucht mich für fünfundzwanzig Minuten. Dann folgt noch ein fünfundvierzig Minuten langes Radiointerview für eine Westschweizer Station. Die Medienarbeit nimmt zu. Wir müssen diese Termine gut organisieren, damit ich nicht zu viel Energie, die für das Team bestimmt ist, verpuffe. Medienarbeit ist Geben, Geben, Geben. Ich mag diese Arbeit. Sie ist sehr wichtig für den Hockeysport, für die Sponsoren und natürlich für die Hockeybegeisterten. Ich muss nur darauf achten, dass ich hier nicht zu viel gebe und schliesslich ausgelaugt vor unserem Team stehe.

Nach dem Nachmittagstraining fahren Köbi und ich nach Lugano, um uns das dritte Play-off-Finalspiel anzusehen. Für die Fahrt, die normalerweise zwei Stunden dauert, benötigen wir weit über drei Stunden. Zu viel Verkehr am San Bernardino und schlechtes Wetter auf der ganzen Strecke. Wir kommen fünf Minuten zu spät an. Während der Pausen gebe ich im Fernsehen Kommentare ab, Köbi spricht während des Spiels den Cokommentar. Ein interessantes Spiel, Lugano gewinnt 4:1 und geht in der Serie 2:1 in Führung. Es macht uns beiden Spass, das Spiel mit unseren Kommentaren zu versehen und in die Stuben der Hockeyfans zu bringen.

Nach dem Spiel gebe ich noch einige Interviews für verschiedene Medien. Das längste Gespräch ist eine Analyse der beiden Trainer.

Um 23.30 Uhr sitzen wir wieder im Auto. Alles geht gut – bis nach dem San-Bernardino-Tunnel. Die Strasse auf der Nordseite ist geschlossen, denn während des Spiels sind dreissig Zentimeter Neuschnee gefallen. Über die ganze Strecke verteilt stecken Last- und Personenwagen fest. Für volle drei Stunden sitzen wir im Stau. Köbi und ich nehmen es gelassen. Wir beschliessen, positiv zu bleiben, und haben Zeit und Ruhe für ein fruchtbares Gespräch. Wir planen das Morgentraining, für halb zehn angesagt. Wir sprechen auch über mögliche Aufstellungen. Zwei Spieler müssen morgen ausscheiden. Wir sind uns einig, welche beiden es sein werden. Einmal mehr analysieren wir die Nationalspieler von Lugano und Zürich. Schliesslich sprechen wir übers Leben und was alles dazugehört. Um halb fünf in der Früh kommen wir in Davos an. Ich stelle fest, dass ich seit einundzwanzigeinhalb Stunden auf den Beinen bin. An Tagen wie diesen bin ich speziell froh darüber, dass ich mich physisch in Form halte.

Der Tag war kein Problem. Aber müde bin ich jetzt schon, good night!

Freitag Tagwache nach drei Stunden Schlaf. Im Trainerraum des Eisstadions teilen wir den beiden Spielern, die uns verlassen müssen, nach dem Frühstück die schlechte Nachricht mit. Sie sind beide Anfang zwanzig, also noch sehr jung. Grosse Zukunftstalente. Sie wissen es, wir wissen es, in den zwei Wochen Trainingslager haben sie viele neue Erfahrungen gesammelt. Die anderen sind alle glücklich, noch dabei zu sein und nächste Woche gegen den amtierenden Weltmeister Tschechien zu spielen. Niemand stellt Fragen zur Abreise des Spielers mit den privaten Problemen. Er sagte ihnen, dass er aus persönlichen Gründen nach Hause muss. Sie respektieren seine Entscheidung und fragen nicht.

Im Anschluss an das Training stehe ich einem grossen Wochenmagazin für eine Stunde zur Verfügung. Die Journalisten wollen eine Titelgeschichte, ungefähr die zehnte in den letzten paar Monaten. Es gab eine Zeit, wo ich mich darüber freute, mein Gesicht auf einer Titelseite zu sehen. Am Anfang der Karriere kämpft man darum. Heute weiss ich, dass jede neue Titelgeschichte über mich meine persönliche Freiheit etwas mehr einschränkt. Im Bewusstsein dessen gebe ich dem Journalisten dennoch das Beste, was ich ihm geben kann. Wie die meisten Medienleute, mit denen ich zu tun habe, respektiert er meinen persönlichen Freiraum. Die Redaktion will ein Foto von meiner ganzen Familie auf der Titelseite. Ich lehne ab. Genug von der Familie, genug von den Kindern, die ihr eigenes Leben haben sollen. Ich will nicht, dass sie das Label «Krueger's kids» tragen. Wann immer möglich, sollen sie Geena und Justin sein. Mein Anliegen wird verstanden und sofort nachgefragt, ob ein Bild zusammen mit meiner Frau, ohne Kinder, möglich ist. Ich werde mit Glenda darüber sprechen, weiss aber jetzt schon, dass sie es eigentlich nicht will. Wir werden sehen. Noch während des Interviews verabschiede ich alle Spieler und Betreuer, die für eine verdiente Wochenend-Ruhepause nach Hause fahren.

Ich freue mich ebenfalls auf meine Familie. Auch wenn ich über das Wochenende viel zu erledigen habe, werde ich genügend Zeit mit ihnen verbringen können. Qualitytime, die für mich unentbehrlich ist.

Auch diese zweite Trainingswoche geht viel versprechend zu Ende. Alle freuen sich bereits auf die nächste Woche, in Tschechien. Noch vier Wochen bis zum WM-Startspiel.

3. Woche Tschechien

Montag

Nach einem Wochenende, gemischt mit Arbeit und Freizeit, geht es mit voll geladenen Batterien zurück in die Welt der Nationalmannschaft.

Zwei wichtige Real-World-Ereignisse an diesem Wochenende, die zwei Spieler betreffen, beweisen mir, dass ich bereits in der Vorbereitungszeit nie ganz aus «der Zone» austreten kann.

Perfektes Wetter erlebt, tolle Zeit mit der Familie verbracht, dann noch am TV Lugano zugeschaut, wie es mit einem meisterlichen 4:0 gegen Zürich die ganze Schweiz überraschte. Die Serie steht nun 3:1 für Lugano. Das Ende scheint zu nahen.

Zwei Spieler rufen mich an, darunter einer mit dem Problem im privaten Bereich. Zu meiner Erleichterung teilt er mir mit, dass die Angelegenheit aufgeklärt und eine Lösung gefunden sei. Er sagt, er werde am Montag voll konzentriert zurück sein. Wie bei wichtigen Dingen üblich, teile ich die diesmal gute Nachricht sofort Köbi und meinem zweiten Assistenten Gus mit. Gus, das ist Bengt-Åke Gustafsson, ein zweifacher Weltmeister und hundertfacher NHL-Spieler, der jetzt von seinem Club ebenfalls zu uns gestossen ist.

Der zweite Anruf ist eher trauriger Natur. Ein Spieler sieht sich mit persönlichen Problemen konfrontiert, die irreparabel scheinen. Wir besprechen eine Weile Lösungsmöglichkeiten. Er tut mir Leid. Er will wirklich kommen, er will es, ich höre es aus seiner Stimme heraus, doch die wirkliche Welt lässt es nicht zu. Er ist draussen. In einem Club können solche Situationen überdeckt und überspielt werden. In der Nati geht das nicht. Ein Nati-Spieler muss fähig sein, sämtliche persönlichen, privaten Dinge zu Hause zu lassen und hundertprozentig in die Nationalmannschaftsfamilie einzusteigen. Ist das nicht möglich, ist er keine Hilfe fürs Team.

Nach dem Anruf denke ich daran, das entstandene Loch im gegenwärtigen Team mit einem neuen Spieler zu füllen. Ich rufe einen derjenigen an, die am Freitag aus dem Team ausgeschieden sind. Nach kurzem Gespräch wird mir klar, dass er sich innerlich bereits von der Nati verabschiedet hat. Wir einigen uns beide darauf, dass es für ihn, so wie es jetzt ist, das Beste ist.

Auf die Tschechien-Reise nehmen wir demzufolge nur dreiundzwanzig Spieler mit. Drei Torhüter, sieben Verteidiger sowie dreizehn Stürmer.

Mir macht es nichts aus, mich mit solchen Problemen oder Herausforderungen zu beschäftigen. Das ist es, was gute Führung ausmacht. Gutes Krisenmanagement. Nie verharren, nie in Panik geraten. Immer kontrolliert bleiben. Jederzeit Lösungen, Lösungen und nochmals Lösungen suchen und anstreben. Lösungen sind die Lösung für alles. An diesem Punkt klinken auch die Medien aus, weil Lösungen meistens keine Schlagzeilen machen. Eigentlich ist es eine recht traurige Tatsache, dass sich der grösste Teil des Lesefutters aus negativen Infos zusammensetzt.

Wir fahren zum Flughafen. Noch sind nicht alle Spieler dabei, da ja die Zürcher und Luganesen noch miteinander beschäftigt sind. Die Hauptbühne werden wir erst dann betreten, wenn wir komplett sind. Ich fühle mich wie ein Regisseur, bevor seine Inszenierung fertig auf die Bühne kommt. Es ist eine sehr intime Zeit, die ich mit den Spielern und dem gesamten Team verbringe. Ich liebe diese Zeiten, und ich liebe dieses Team.

Bei allen herrscht sehr gute Stimmung. Im Flughafenrestaurant gebe ich noch ein Interview. Dann fliegen wir nach Prag. Dort werden wir von unserer Begleitung für diese Woche abgeholt. Nach eineinhalb Stunden Busfahrt kommen wir im Hotel in Mladà Boleslav an. Wir beziehen unsere Zimmer, essen etwas Kleines, dann nehmen wir in der Eishalle unsere Arbeit wieder auf.

Als Erstes richten wir die Kabine ein. Spieler und Betreuer geben gemeinsam ihr Bestes, um die Garderobe zu unserem neuen Heim zu gestalten. Die Flagge wird gehisst, Kabinensprüche werden an die Wand gehängt, Namensschilder mit Nummern und dem Nati-Logo über jedem Platz angebracht. Alle sind beschäftigt. Es wird wenig gesprochen. Eine halbe Stunde später ist alles erledigt, und unsere Garderobe sieht aus, als benutzten wir sie bereits seit Monaten.

Noch vor wenigen Jahren war die Qualität eines Trainings am Reisetag schlecht. Heute ist das nicht mehr so. Die Spieler verstehen es unterdessen, sich sehr schnell in eine neue Situation hineinzuversetzen und ihre Konzentration zu finden. Ein Ansporn für alle. Wir arbeiten hart, für gute achtzig Minuten. Alle sind tolle Athleten. Das freie Wochenende ist kaum wahrnehmbar.

Das Nachtessen ist sehr gut. Ein früher oft unsicherer Faktor während einer Osteuropareise.

Nach dem Essen erwartet mich bereits die nächste Überraschung. Das Baby eines Spielers wurde plötzlich krank, und seine Frau musste mit ihm sofort ins Spital. Er denkt daran, vielleicht nach Hause zu gehen. Teamleiter Jack Eugster und ich suchen sofort nach Möglichkeiten, wie dies machbar wäre. Keine grosse Diskussion. Wir trauen diesem Stammspieler. Er entscheidet sich, die Nacht noch abzuwarten und sich am Morgen berichten zu lassen, wie es seinem Kind geht. Dann will er weitersehen.

Meine Trainerpartner und ich schliessen den Tag immer mit einem Brainstorming ab. Es gibt vieles, worüber wir zusammen laut nachdenken müssen. Gus ist jetzt auch voll dabei. Ab jetzt sind wir immer drei, ein Superteam. Jeder mit anderen Stärken. Als Führungsperson muss man sich mit Leuten umgeben, die auch Dinge in Frage stellen. Nur so kann auch ich mich weiterentwickeln. Endlose Jasager bringen einen nicht weiter. Wir diskutieren oft hart. Am Ende sind wir uns jedoch immer einig and we shake hands.

Weil das Olympische Komitee bereits Ende Mai zu einem Treffen einlädt und dazu Einladungen an die Kandidaten für das Olympische Team 2002 versenden will, müssen wir eine Liste mit den zurzeit in Frage kommenden Spielern erstellen. Ein kompliziertes Unterfangen. Wer weiss denn heute schon, wer in zehn Monaten im Team sein wird? Wir sprechen auch über strategische Fragen der Weltmeisterschaft. Wann sollen wir, mit wie vielen Spielern, Richtung Köln starten? Einige der jetzigen Spieler müssen sich noch stark verbessern. Wir beschliessen, am Ende der Woche zwei Verteidiger und vier bis fünf Stürmer auszuscheiden. Die Entscheidungen, die wir treffen müssen, werden zusehends schwieriger.

Dienstag Wieder früh aufgestanden. Ich spreche als Erstes mit dem Spieler, dessen Baby krank ist. Erleichtert nehme ich zur Kenntnis, dass sich die Situation entspannt hat. Dem Kind geht es besser. Der Spieler entscheidet sich dafür, bei uns zu bleiben. Die Erleichterung gilt natürlich mehr der Tatsache, dass das Kind gesund ist, und nicht dem Verbleiben des Spielers im Lager. The real world bleibt immer das Wichtigste.

Sowohl das Gewichtstraining wie das Training auf dem Eis verlaufen normal. Alle setzen sich ein. Der Konkurrenzkampf ist gross. Überall wird hart gearbeitet. Nach dem Training überraschen wir die Spieler mit einer Planänderung für morgen. Vorgesehen sind eigentlich zwei Trainings. Wir schlagen vor, am Morgen ein sehr hartes zu absolvieren, um dann gemeinsam nach Prag zu fahren und den Rest des Tages dort zu verbringen, zusammen essen zu gehen und erst am späten Abend zurückzukehren. Die Spieler freuen sich nach drei Wochen wirklich harter Arbeit auf eine Abwechslung.

Manchmal bringt eine Trainingsabstinenz, im rechten Moment verordnet, mehr als fünf volle Trainings. Es geht immer um die Balance, um «in der Mitte der Dinge zu stehen». Diese Jungs trainieren wie wild. Ab und zu muss man sie fast schon vor sich selbst schützen.

Nach dem ersten Training joggen meine Assistenten und ich zusammen eine gute Runde. Danach folgt ein zweites Training und erneut ein Brainstorming. Wir verfolgen das fünfte Spiel in Lugano via Internet und Telefon. Ein verrücktes Spiel: Lugano spielt schlecht und gibt das Spiel weg. So gewinnt Zürich 6:3 und erzwingt einen sechsten Match, dann als Heimspiel. Heute gibt es also noch keine Meisterfeier für Lugano. Es passiert immer wieder dasselbe: Immer wieder verlieren Teams viel zu früh ihren Fokus – noch bevor die Arbeit vollends erledigt ist.

Wir sprechen über den Aufbau des Teams, den Prozess der Entwicklung, die Symbolik für die Weltmeisterschaft. Die Metapher. Beim Material denke ich an Holz. Wir können zum Beispiel jedem Spieler einen dünnen Holzstock geben. Natürlich kann jeder diesen brechen. Dann binden wir die Stöcke aller Spieler zu einem Bund und geben diesen einem Spieler, mit der Aufforderung, ihn zu brechen. Er wird ihn nicht brechen können. Das ist die Stärke der Gruppe. Die multiplizierte Energie eines gut funktionierenden Teams, der Begriff Synergie erhält damit ein klares, deutliches Bild. Den nicht brechbaren Bund Holz werden wir später in der Garderobe aufhängen. Als Symbol unserer Stärke. Ich werde noch weiter an dieser Umsetzung arbeiten. Wir sind uns alle einig, dass die Idee grundsätzlich gut ist.

Wir wollen die Aufmerksamkeit des Teams Schritt um Schritt auf die WM richten. Die Frage ist, wie wir das am besten tun können. Wir bombardieren uns gegenseitig mit Ideen und entschliessen uns am Ende dazu, ein Holzhaus zu bauen. Um eine Medaille zu gewinnen, müssen wir in vier Phasen erfolgreich sein. Wir werden uns ein Haus in vier Teilen konstruieren lassen. Nach jedem erfolgreich zurückgelegten Abschnitt legen wir ein weiteres Stück in die Mitte der Umkleidekabine. Gewinnen wir eine Medaille, bauen wir zusammen das ganze Haus. Das Holz für das Haus sollte dasselbe wie das der Holzstöcke sein.

Symbol der Stärke: Das Team als Ganzes ist nicht zu brechen.

Man mag sich fragen, weshalb wir so hoch hinaus wollen. In der Welt der Eishockeyhierarchie liegen wir schliesslich «nur» auf dem achten Rang. In der Vergangenheit haben wir festgestellt: Setzen wir die Ziele zu niedrig an, schaffen wir es in der Folge auch nicht höher hinauf. Die Olympiaqualifikation 1999 ist ein gutes Beispiel dafür. Sie war unser Ziel, und wir erreichten diese im dritten Spiel. In der Folge verloren wir die drei nächsten Spiele. Eine höhere Zielsetzung wäre hier bestimmt von Vorteil gewesen. Auch die WM 2000 kann man so betrachten. Wir nahmen uns Platz sechs oder sieben vor, erreichten diesen in der zweiten Phase und verloren danach.

Man kann nur das erreichen, was man sich als erreichbar vorstellen kann. Dieses Jahr werden wir zum ersten Mal versuchen, das ganze Team zu dem Glauben zu bringen, eine Medaille gewinnen zu können. Wenn wir das erreichen, liegt eine Medaille auch im Bereich des Möglichen.

Alle besonderen Dinge, die man erreicht, beginnen mit dem Glauben daran. Noch vierundzwanzig Tage bis zum Start.

Mittwoch Nach einem intensiven, sehr guten Eistraining am Morgen fahren wir nach Prag, um dort den – gestern versprochenen – freien Nachmittag zu verbringen. Es ist nie leicht festzustellen, inwiefern

Planänderungen für alle wirklich gut sind. Wir versuchen mit Unternehmungen wie Ausflügen, alle zufrieden zu stimmen. Natürlich gelingt das nicht immer. Obwohl die Spieler müde sind, glaube ich, dass es alle begrüssen, von dem hoch angeschlagenen Arbeitstempo der letzten Zeit ein paar Stunden zu pausieren. Nach einer einstündigen Fahrt kommen wir um zwei Uhr nachmittags in Prag an. Die Spieler erhalten den Nachmittag frei. Sie sollen in Prag Touristen spielen. Busse dürfen nicht in die Stadt hineinfahren, deshalb müssen wir alle vom Stadtrand aus zu Fuss gehen. Auch wir Trainer geniessen die paar Stunden im wunderschönen Prag und unternehmen einen ausgedehnten Spaziergang mit Kaffee- und Teepausen. Am Abend treffen wir uns alle zum gemeinsamen Nachtessen in einem Restaurant an der Moldau.

Die Spieler wollen nach dem Essen sofort zurück ins Hotel fahren. Wir wollen sie noch auf einen Drink in Prag einladen. Sie sind der Meinung, entweder eine Tour bis in den nächsten Morgen hinein oder gar nichts. Wir fahren zurück ins Hotel. Solche Pausen sind unumgänglich, auch wenn der genaue Wert, den sie beim Team hinterlassen, nicht festgestellt werden kann. Wichtig für uns ist, dass wir in den nächsten Wochen immer wieder Situationen schaffen, in denen sich die Jungs gehen lassen und für ein paar Stunden die Szenerie wechseln können. Ihre Batterien müssen zwischendurch wieder aufgeladen werden. Geschieht das nicht, werden sie immer angespannter. Wie ein Gummiband, das zu zerreissen droht, wenn es zu fest gespannt wird.

Wir beschliessen den Abend mit einem Coachmeeting. Köbi insistiert, mit den Spielern noch vor dem morgigen Training unsere Spielprinzipien zu rekapitulieren. Ich bin einverstanden damit und bereite die dazu nötigen Papiere mit meinem Computer und Drucker vor. Diese Utensilien wurden in den letzten Jahren feste Bestandteile meiner Trainerarbeit. Die Pläne, die Aufstellungen, die Statistiken, alles ist in meinem Computer bereits vorbereitet. Wo immer ich bin, kann ich ausdrucken, was ich will. Wir haben auch eine Videoausrüstung mit Computeranschluss dabei, und ich verfüge mit dem Mobiltelefon über eine Verbindung zum Internet. Alles sehr high tech und sehr nützlich. Jeder Einsatz dieser elektronischen Geräte soll aber nur dazu dienen, die Qualität der Arbeit zu verbessern. Die Geräte müssen unsere Hilfsmittel und Untertanen bleiben. Sie dürfen uns nicht kontrollieren und bestimmen.

Donnerstag Ein nicht ganz normaler Tag. Gewichts- und Eistraining verlaufen wie üblich. Doch dazwischen berufen wir eine extra Kaffeesitzung ein, bei der wir unsere sämtlichen Prinzipien der «Ausführung auf dem Eis» durchgehen.

Wir benutzen ein Ampelsystem. Rot: Verteidigung! Gelb: Niemand hat die Kontrolle! Grün: Angriff!

Ich will, dass sich die Spieler an der Rekapitulation dieses einfachen Spielsystems aktiv beteiligen. Um dies zu erreichen, ist es wichtig, Fragen an sie zu stellen. Die Jungs werden dadurch zum Zuhören gezwungen, weil sie sich, wenn von mir angesprochen, keine Blösse geben wollen. Fröne ich zu sehr dem Monolog, kann es passieren, dass ich die Aufmerksamkeit und Konzentration einiger Spieler verliere.

Steht die Ampel auf Rot, müssen alle innerhalb des Systems zusammenarbeiten, um die Scheibe zurückzubekommen. Das ist die wirkliche Teamzeit im Sport. Da zählt keine Statistik. Da opfert jeder sich selbst und seine Zeit für das Gesamte. Wir brauchen Spieler, die diesen Teil des Spiels verstehen und sich, wenn immer nötig, dafür verwenden. Die meisten Spiele sind dann entschieden, wenn die Ampel auf Gelb steht. Keine Mannschaft ist im Besitze der Scheibe. Hier ist Härte, Entschlossenheit und Courage gefragt. In diesen Momenten finden die meisten Kämpfe im Hockey statt. Entscheiden wir die Mehrzahl dieser Auseinandersetzungen für uns, gewinnen wir die Mehrzahl der Spiele. Die grüne Ampel öffnet den Spielern gewisse kreative Freiräume. Doch auch wenn sie im Besitze der Scheibe sind und angreifen, sind sie deshalb nicht aus der Verantwortung der Defensive entlassen. Geduld ist gefragt. Je stärker der Widerstand, desto umsichtiger müssen wir vorgehen. Die defensive Arbeit darf nie vergessen werden. Ist die gegnerische Abwehr für einen Moment verunsichert, gelingt es uns, mit einem Mann mehr in ihr Drittel vorzustossen, attackieren wir voll und in gerader Linie. So etwas geht ganz schnell. Die Möglichkeit sehen und sofort drauf los. Solche Momente sind in internationalen Spielen eher rar. Deshalb müssen wir so lange geduldig bleiben, bis es doch dazu kommt. Das ist der Kern unseres Systems. Die Basis. Wir versuchen nicht, Eishockey neu zu erfinden. Wir halten uns an die Basis, an bewährte Prinzipien. Diese werden wir den Spielern in den nächsten Wochen immer wieder einhämmern.

Am Abend entscheidet Zürich das sechste Play-off-Spiel mit 5:1 für sich. Jetzt besteht kein Zweifel mehr darüber, dass elf bis dreizehn Kandidaten für die Nati viel schwieriger ins Gesamtteam zu integrieren sein werden, als wir gehofft hatten. Wäre die Play-off-Serie nach vier, fünf oder sechs Spielen entschieden gewesen, hätten wir in dieser Hinsicht keine Probleme gehabt. Das siebte Spiel Zürich gegen Lugano wird am Samstag ausgetragen.

Einer der schwierigsten Abschnitte in einer WM-Vorbereitung bleibt das jeweilige Zusammenbringen der «alten» Gruppe, die sich als Team bereits sehr gut entwickelt hat, in guter Form ist, frisch und für kommende Spiele gut motiviert ist, mit den Spielern, die später dazukommen. Als Sieger oder Verlierer eines schlussendlich entscheidenden siebten Spiels sind die Spieler physisch und mental müde und einfach noch nicht für weitere Taten bereit.

Zuerst dachte ich, es wäre am besten, wenn die Spieler der beiden Clubs getrennt kommen würden, an je zwei verschiedenen der vier Trainingstage im Tessin. Das war ein Fehler. In erster Linie deswegen, weil die beiden Spielergruppen möglichst schnell zu einer verschmelzen müssen. Gus und Köbi weisen zusätzlich darauf hin, dass es für diese Spieler nicht gut ist, wenn sie sechs der nächsten acht Tage frei haben. Wir müssen sie auf Trab halten. Wir beschliessen, dass alle am Dienstag nach Lugano kommen sollen.

Ich habe die Spieler bereits letzte Woche von Plan A (jede Gruppe zwei Tage) unterrichtet. Jetzt muss ich versuchen, alle noch vor dem siebten Spiel zu erreichen, um ihnen Plan B mitzuteilen. Kein einfaches Unterfangen. Das Letzte, woran die Finalspieler zurzeit wohl denken, ist die Nationalmannschaft. Wie gehe ich am besten vor?

Zu den meisten Spielern habe ich eine gute Beziehung. Ich wähle je einen der Teamleader von Zürich und Lugano aus, den ich dann kontaktiere. Beide sind Vorbilder, starke Persönlichkeiten, die ein Gefühl dafür haben, wie eine solche Information richtig weiterzuleiten ist. Ich rufe beide nach Mitternacht an und hinterlasse ihnen auf ihrer Combox eine entsprechende Nachricht. Ich informiere auch den Teammanager von dieser neuen und sehr delikaten Situation.

Freitag Endlich! Ein Spieltag ist da. Intensität und Konzentration steigen sofort an. Wir fühlen es beim Schlittschuhlaufen vor dem Spiel.

In diesem Punkt verhalte ich mich anders als die meisten anderen Trainer. Viele erlauben den Spielern ein zwanzig- bis fünfundzwanzigminütiges, lockeres Laufen auf dem Eis, meist nur im Trainingsanzug. Ich finde, dass wir auf Eis immer voll gehen müssen. Komplette Ausrüstung, volle Intensität. Wir trainieren so ernsthaft und authentisch, als würden wir ein Spiel spielen. Wir reduzieren vielleicht die Zeit, die wir trainieren, jedoch nie die Qualität. Stelle ich fest, dass die Spieler nicht fit genug sind, um volle Trainingsleistungen zu bringen, gehen wir nicht aufs Eis. Wir fahren Velo oder machen einen leichten Lauf. Wenn wir als Team aufs Eis gehen, tun wir das nur mit vollem Einsatz. Ich bin immer dazu bereit, die Dauer zu kürzen, jedoch nie die Intensität herabzusetzen.

Nach dem Training versuche ich die Jungs mit einer kurzen Ansprache, zum Thema Kämpfen etwas herauszufordern. Ich fordere sie auf, um ihre Position, fürs Team und fürs eigene Land zu kämpfen. Sieben der heute im Einsatz stehenden Spieler tragen das Nationalmannschaftstrikot zum ersten Mal.

Wir gewinnen die Begegnung 4:2. Der erste Sieg der Schweizer Nati in Tschechien seit 1938. Keine schlechte Leistung für eine noch so unerfahrene Gruppe, nach nur drei von sechs Wochen Training, ohne vorher ein Spiel absolviert zu haben. Unser Powerplay hat heute den Unterschied ausgemacht. Ein guter Start.

Nach dem Spiel sitzen Köbi, Gus und ich zusammen und schauen uns das Spiel nochmals auf Video an. Dabei stufen wir die Spieler ein und beurteilen ihre möglichen Chancen für die Zukunft.

Eine ziemlich verrückte Geschichte passierte nach dem Spiel unserem Masseur. Er hat sich in seinem eigenen Badezimmer eingeschlossen und konnte sich, der verklemmten Tür wegen, für längere Zeit nicht befreien. Er geriet in Panik, donnerte mit seinen Fäusten an die Tür und schrie laut um Hilfe. Doch niemand hörte ihn. Wohlverstanden, es handelt sich um einen einmeterneunzig grossen, hundertzehn Kilo schweren Mann, der mit aller Kraft versuchte, die Tür aufzubrechen. Es gelang ihm nicht. Er bekam Platzangst. Schliesslich riss er ein kleines Luftgitter am Boden der Tür weg, und es gelang ihm, mit Fusstritten und Faustschlägen aus einer kleinen Öffnung ein Loch in die Tür zu brechen, aus dem er heraussteigen konnte. Als wir der Hotelleitung das Loch in der Tür zeigten, schien diese wegen der klemmenden Tür nicht besonders überrascht zu sein.

Samstag

Unser letzter Tag in Tschechien. Am Abend das zweite Spiel. Bis jetzt sind noch keine Zeichen eines Lagerkollers zu erkennen. Die Jungs kommen alle gut miteinander aus. Ihre Freizeit verbringen sie mit Karten- und anderen Spielen und schauen DVD-Filme an.

Wie meistens am Morgen begebe ich mich auf eine längere Joggingrunde. Nahe dem Eisstadion fliesst ein kleiner Fluss durch einen Park. Eine sympathische Strecke. Ein wunderschöner, warmer Frühlingstag, die Sonne scheint hell. Wenn immer möglich, nehme ich mir jeden Tag zwischen dreissig und vierzig Minuten Zeit für einen Lauf. Ich kann sehr gut denken, während ich mich bewege. Einige meiner besten Ideen habe ich, während ich renne.

Schon oft besuchte ich, als Hockeyspieler oder als Trainer, osteuropäische Staaten. Die Stadtbilder haben sich in den letzten Jahren zum Teil dramatisch verändert. Die Entwicklung und der Anschluss an Westeuropa sind unaufhaltsam, auch wenn die Unterschiede zwischen Stadt und Land sehr deutlich sind. Auf dem Land scheint die Zeit noch stillzustehen.

Ich beobachte die Gesichter von Spaziergängern und Spaziergängerinnen, die durch den Park gehen. Ein junges Ehepaar, ihr

Kind macht seine ersten Schritte. Spielende und Karate übende Kinder auf einem Feld nahe dem Fluss. Ältere Leute. Die Leute tun, was Leute überall auf der Welt tun. Sie tanken in der Natur auf. Sie verbringen Zeit mit ihrer Familie. Sie rennen im Park, sie spazieren im Park. Es scheint, dass die besten Dinge im Leben nichts kosten. Vielleicht sind sich die Leute hier dieser Tatsache mehr bewusst als bei uns im Westen, wo wir, wie man in Kanada sagt, die Rosen nicht mehr riechen. Diese Joggingrunden sind für mich tief motivierend. Der Tag hat gut angefangen.

Das zweite Spiel gegen Tschechien wird im hundert Kilometer entfernten Pribram stattfinden. Vor dem Spiel absolvieren wir ein sehr gutes Eislauftraining. Alle gehen voll ran.

Das Spiel beginnt gut. Das erste Drittel spielen wir sehr stark. Im zweiten Drittel verlässt die Spieler die Energie, und es passieren zu viele Fehler. Schliesslich verlieren wir 5:3. Dennoch, gesamthaft gesehen, ein gutes Trainingslager.

Nach Spielende fahren wir sofort zurück nach Prag in die grosse, alte Unterkunft der früheren Kommunisten, Hotel Praha. Ein feudaler Palast, aus einer anderen Epoche. Zimmer, Terrassen, das Restaurant, von überall schönste Ausblicke auf die Stadt. Alles in riesigen Dimensionen gebaut. Hier folgen wir dem siebten Play-off-Spiel per Telefon. Nach regulärer Spielzeit steht die Partie 1:1. Eine Verlängerung ist nötig.

Eine verrückte Situation. Die ganze Saison entscheidet sich mit dem nächsten Tor, das fällt. Wie fein doch die Linie zwischen Sieg und Niederlage ist. Niemand wird sich an die Mannschaft, die verliert, erinnern. Nur das Siegerteam wird in die Geschichte eingehen. Zürich gewinnt in der elften Minute der Verlängerung und ist Meister. 1:3 in den Spielen zurückliegend, kommen sie mit drei Siegen in Serie zurück. Zürich ist ein würdiger Meister.

Von jetzt an ist die Nationalmannschaft komplett. Zum ersten Mal in dieser Saison, können wir die in Frage kommenden Spieler von Zürich und Lugano als «unsere Spieler» einbauen. Eine neue Phase beginnt.

Zuerst müssen wir uns noch entscheiden, wie viele und welche Spieler wir in die nächste Woche mitnehmen. Wir malen und malen an unserem Bild der Nationalmannschaft 2001. Schliesslich erstellen wir eine endgültige Liste: drei Torhüter, zehn Verteidiger, achtzehn Stürmer.

Wir nehmen nur einen neuen Spieler mit. Er ist unter zwanzig und ein riesiges Zukunftstalent. Ein weiterer Spieler bleibt noch dabei, obwohl er grosse Schwierigkeiten hat. Er hatte sich den Fuss gebrochen, kommt langsam zurück, weist aber nach wie vor einen grossen Trainingsrückstand auf. Wir behalten ihn noch bei uns, weil er bereits letztes Jahr im Team war. Die anderen Entscheidungen fielen uns nicht schwer.

Wir wählen dreizehn Spieler der Finalisten. Drei von anderen Mannschaften, einen aus einem schwedischen Team und zwei aus nordamerikanischen. Acht werden aus der jetzigen Truppe ausscheiden. Es sind Spieler mit grossen Zukunftschancen, die ihre Grenze aber noch nicht erreicht haben. Keiner von ihnen ist schon bereit für eine WM. Für sie alle waren diese Trainingswochen eine tolle Sache und ein wichtiges Experiment. Um halb zwei in der Früh fassen Köbi, Gus und ich die letzten Entschlüsse bezüglich der ausscheidenden und dazukommenden Spieler.

Twenty days to go.

Sonntag

Unser Flugzeug startet bereits morgens um halb acht. Gegen fünf Uhr stehe ich auf. Am Flughafen spreche ich mit jedem der Spieler, die uns verlassen werden. Ein paar traurige und bewegende Momente. Generell gesehen, sieht jeder von ihnen aber ein, dass er noch nicht so weit ist. Sie verlassen uns mit einer positiven Einstellung und positiven Erfahrungen in der Reisetasche. Ein weiterer Teil des Nationalmannschaft-Bildungsprozesses findet statt.

Während ich mit den ausscheidenden Spielern spreche, versenden Köbi und Gus für mich die SMS an die selektionierten Finalisten. Wir gratulieren den Zürchern zum Titel und den Luganesen für die gute Saison. Wir heissen sie willkommen in der Nationalmannschaft. Alle sind wohlauf und unverletzt – eine wichtige und gar keine selbstverständliche Tatsache nach einer langen und harten Finalrunde. Einige Zürcher mailen sofort zurück, obwohl es sechs Uhr in der Früh ist. Sie sind noch unterwegs, um ihren Meistertitel zu feiern.

Um neun Uhr kommen wir in Zürich an. Alle gehen vom Flughafen aus ihre eigenen Wege. Einige fahren oder fliegen in die Ferien, andere laden ihre Batterien für die vierte Trainingswoche in Lugano auf. Die Nationalmannschaft besteht jetzt aus einunddreissig ausgewählten Spielern. Dreiundzwanzig werden an die WM fliegen. Bis zum ersten Spiel der WM sind es noch neunzehn Tage.

4. Woche Lugano

Dienstag Übers Wochenende kontaktierte ich, direkt oder indirekt, alle Nati-Kandidaten der beiden Finalisten. Insgesamt dreizehn Spieler. Mit Ausnahme von zwei Leuten mit kleineren Blessuren sind alle in Form. Bis jetzt ist nur ein Stammspieler wegen Verletzung ausgefallen. Leider gerade unser Torjäger Nummer eins der letzten WM. Wir können uns aber glücklich schätzen, wenn es bei «nur» einem bleibt. Auf Grund der Geschwindigkeit und physischen Härte besteht im Eishockeysport immer Verletzungsgefahr.

Zusammen mit einem Schreiner entwickeln wir die Holzstock-Theorie weiter. Ich nenne es «circle of strength» oder Ring der Stärke. Aus dem gleichen Holz, wie die dreiunddreissig einzelnen Stücke sind, soll auch das Haus gebaut werden. Vorgesehen sind fünf separate Teile respektive Bauetappen:

1. Die Basis, ungefähr fünf Zentimeter hoch.
   Sie verkörpert das, woran wir in den letzten Monaten gearbeitet haben: Training, Spiele, Besprechungen. Dieses Fundament werden wir mit den wichtigsten Prinzipien versehen.
2. Die erste Hälfte der Wände, in einem Stück.
   Wenn wir die zweite Runde erreichen, wozu wir Platz drei in dieser Vierergruppe schaffen müssen, ziehen wir diesen Teil hoch.
3. Die zweite Hälfte der Wände, in einem Stück.
   Wenn wir die Viertelfinals erreichen, ziehen wir sie hoch.
4. Ein Flachdach.
   Gewinnen wir ein Viertelfinalspiel, setzen wir das Dach auf die Wände.

5. Der Giebel. In den drei Medaillenfarben Bronze, Silber und Gold. Gewinnen wir im ersten oder zweiten Spiel, haben wir eine Medaille, der Giebel wird aufgesetzt, und das Haus ist komplett.

Wir werden den Spielern das ganze Haus an unserem Teambauabend während der letzten Vorbereitungswoche in Biel zeigen. Wenn alle das Schlussbild gesehen haben, nehmen wir das Haus wieder auseinander. Sie werden es in fertiger Form nur dann wieder sehen, wenn wir eine Medaille gewinnen.

Dieses Haus ist ein Werkzeug. Es hilft, den Fokus auf das Turnier – einen Schritt nach dem anderen – zu richten. Ohne Wände kein Dach. Zusätzlich ist das Haus die Metapher unserer Träume. Wenn wir gewinnen, entsteht etwas. Ein einfaches Bild, für alle zugänglich und aussagekräftig.

In der Nacht vor dem ersten Trainingstag dieser vierten Woche fahre ich nach Lugano, um die Garderobe herzurichten. Eine Gewohnheit von mir, die unterdessen ein wichtiges Ritual geworden ist. Die erste Herausforderung für mich in dieser Woche ist die Platzierung der Spieler in der Kabine. Es sind so viele Spieler, dass wir zwei Räume benötigen. Ich setze die Jungs so, wie ich glaube, dass sie sich wohl fühlen. Die direkten Sitznachbarn müssen sich nebeneinander wohl fühlen. So entsteht sofort Harmonie im Raum.

Ich montiere die Fahne, hänge die wichtigsten Teamslogans an die Wände, dazu noch ein paar Kabinensprüche. Pläne, Aufstellungen, Hinweise auf die folgenden Trainings. Die Spieler werden auf diese Art schnell mit den Räumen vertraut sein.

Der erste Trainingstag beginnt sehr positiv. Alle siebenundzwanzig Spieler erscheinen pünktlich um halb elf, obwohl einige Anreisen über drei Stunden dauerten. Eine kurze Versammlung im Presseraum. Ich frage alle, Staff und Spieler, der Reihe nach, ob sie daran glauben, dass dieses Team an der WM eine Medaille gewinnen kann. Alle bejahen. Niemand lacht oder reisst einen Witz. Jeder antwortet ernsthaft und überzeugt.

Mit dieser direkten Frage pflanze ich in jeden einen Keim. Sowohl die Neuankömmlinge als auch die anderen, die bereits seit einiger Zeit in der Vorbereitung dabei sind, müssen sich ein paar Gedanken über die Zukunft machen, um diese Frage beantworten zu können. Wir sprechen über ein zu bauendes Haus. Vom Holzhaus wissen die Spieler noch nichts. Nachdem alle damit «einverstanden» sind, eine Medaille zu gewinnen, weise ich darauf hin, dass viel Arbeit auf uns wartet, wenn wir dieses Ziel erreichen wollen. Ich fordere sie auf, am besten gerade jetzt damit zu beginnen.

Die jetzige Phase im Entstehungsprozess des Teams ist sehr heikel. Es gilt, die Spieler, die bereits seit drei Wochen zusammen trainieren und gemeinsam leben, mit denen, die aus dem Final kommen, wo sie sich zusätzlich noch bis aufs Blut bekämpfen, miteinander zu verschmelzen. In der Vergangenheit lag in solchen Momenten immer viel Spannung in der Luft. Ich hoffe, dieses Jahr Ähnliches ausgrenzen zu können.

Im Gewichtsraum wärmen wir uns zuerst fünfzehn Minuten auf, und dann absolvieren wir den Parcours, von dem ich immer wieder spreche und der sich aus den Erfahrungen der letzten elf Jahre zusammensetzt. Eine ganz einfache Sache, vielleicht gerade deshalb so wirkungsvoll. Der Parcours umfasst acht Stationen. Jede davon gliedert sich in einen A- und einen B-Teil. A ist für den oberen, B für den unteren Körperbereich, für Bauch oder Rücken gedacht. Das Ganze ist auf Schnelligkeit und Krafterhaltung aufgebaut. Wir arbeiten mit eher leichten Gewichten, manchmal sogar nur mit dem eigenen Körpergewicht. Zu Beginn der Vorbereitung werden die Beine härter bearbeitet als in der Schlussphase.

Bis zu vier Spielern können an einer Station arbeiten. Dazu geht jeder für je zwanzig Sekunden zwischen Übung A und Übung B dreimal hin und her, mit je fünfzig Sekunden Pause dazwischen. Die Intensität ist sehr hoch und die Musik, die wir dazu laufen lassen, sehr laut. Einer meiner Assistenten ordnet den Ablauf mit lauten Stop-and-go-Rufen. Alle gehen voll. Die Bewältigung der acht Stationen dauert mit der Dreierrunde sechsundfünfzig Minuten. Gegen Ende der Vorbereitung, wenn das Turnier vor der Tür steht, absolvieren wir nur noch Zweierrunden. Dann dauert der Parcours noch siebenunddreissig Minuten. Ich liebe diese Arbeit sehr. Vielleicht deshalb, weil ich hier zusammen mit den Spielern «den vollen Preis» bezahlen kann. Ich mache für mich das gleiche Programm geltend wie für sie.

Die neu dazugekommenen Spieler beteiligen sich, als ob sie schon die ganze Zeit dabei gewesen wären. Ein ganz toller Start. Plötzlich ist unsere Geschichte als Gruppe zu spüren. Die Spieler erinnern sich an frühere Jahre. Alle zusammen hauchen wir der aktuellen Mannschaft Leben ein. Sofort schwebt ein Teamgefühl in der Luft. Hilfreich dabei ist, dass wir im Gewichtsraum alle genau gleich bekleidet sind. Wir tragen mit unserem Logo versehene weisse Leibchen, rote Shorts und weisse Turnschuhe. Wir sind eine Gruppe, eine Mannschaft, ein Team. Jeder Mensch mag es, Teil von etwas Speziellem zu sein. In einer Gruppe von Menschen akzeptiert zu werden. Ist dieser Ausgangspunkt einmal vorbereitet, entsteht daraus eine Eigendynamik mit unheimlich viel Energie. Diese besondere Energie entwickelt sich durch Kontinuität. Besondere Teams entwickeln sich über eine längere Periode der Zusammenarbeit. Erfolge entstehen nicht über Nacht. Alles braucht seine Zeit.

Nach dem Training gehen wir zurück ins Hotel. Das Mittagessen und die Anproben der neuen Nationalteamanzüge finden gleichzeitig statt. Die Schneider, die die Anprobe vornehmen, sind sehr professionell. Der Schnitt ist klassisch, die Farbe dunkelblau.

Wichtig für uns ist, wo wir nur können, die Besten zu sein. Oder wie Shakespeare sagt: «Die Kleidung kündigt den Mann an.» Wir waren in der Vergangenheit und werden auch in der Zukunft das bestangezogene Team am Turnier sein. Darauf legen wir sehr viel Wert. Gut aussehen, gut fühlen. Ich weiss, dass die Spieler normalerweise keine solchen Kleider tragen. Ich weiss aber auch, dass sie sich, auf Reisen oder vor einem Spiel, in den Anzügen irgendwie besonders fühlen. Auf dem Weg zum Erfolg erachte ich solche Details als sehr wichtig. Sie gehören zum Fundament des Ganzen.

Nach dem Essen geniessen die Spieler für einige Stunden eine Auszeit. Während dieser Zeit bereite ich das erste Training auf Eis vor. Wäge verschiedene Schritte ab, um die neuen Spieler auch auf Eis sofort zu integrieren. Ich suche nach den besten Spielerlinien und Blöcken und stelle mir viele Variationen vor. Dabei versinke ich in Gedanken und sehe die Spieler in ihrer Funktion vor mir.

Das Eistraining verläuft sehr zufrieden stellend. Kein einziger Drückeberger, alle setzen sich voll ein. Die Nationalmannschaft funktioniert. Ich erkenne keine negativen Spannungen. Die neuen Spieler integrieren sich problemlos.

Mittwoch Spieltag in Zürich. Gegner: Schweden.

Nach dem Eistraining, das gut verläuft, packen wir alles zusammen. Martin und Jack, Verantwortliche für unsere Ausrüstung und das Einrichten der neuen Kabine, kümmern sich wie gewohnt bestens darum, dass alles am Zielort eintrifft und bereit steht.

Mittagessen, Pause, ein kurzes Nickerchen, dann mit dem Bus nach Zürich. Wenn die Spieler im Stadion ankommen, können sie direkt in ihre Garderobe gehen. Ein Stück Heimat erwartet sie. Sie fühlen sich nicht fremd. Sie brauchen keine Anpassungszeit. Sie können sich voll auf das Spiel konzentrieren.

Das Spiel läuft wirklich gut, bis zur zweitletzten Minute im letzten Drittel. Schweden erzielt das 1:0. Wir können nicht mehr antworten. Wir verlieren, vor zwölftausend Zuschauern, im ausverkauften Hallenstadion. Ich denke kurz zurück an mein erstes Spiel mit dieser Nati im November 1997 in Rapperswil vor einer Zuschauerkulisse von eintausendzweihundert Leuten. Wir haben einen langen Weg hinter uns und einen ebensolchen vor uns. Einfach wunderbar, wie die Spieler wirklich versuchen, das abgemachte System zu spielen. Noch sind ein paar schlechte Gewohnheiten zu erkennen. Doch alle bemühen sich und sind voll bei der Sache. Die Basis stimmt. Vielleicht macht uns diese Niederlage stärker und hilft mit, den Fokus nur auf die wichtigen Dinge zu richten.

Nach dem Spiel stösst noch ein anderer Spieler von Zürich zu uns. Er hatte eine Grippe und musste kurz pausieren. Jetzt ist er wieder voll einsatzfähig. Die Busfahrt zurück ins Tessin dauert wegen eines Staus – wie fast schon gewohnt – weit länger als drei Stunden. Gegen drei Uhr in der Früh kommen wir alle endlich zur Ruhe. Ein schwerer, harter Tag geht zu Ende.

Donnerstag

Einer der beiden in den USA engagierten Spieler ist heute dazugekommen.

Gewichts- und Eistraining, dazwischen nur fünfundvierzig Minuten Pause. Niemand beschwert sich, auch wenn gestern alle spät ins Bett gekommen sind. Im Unterbewusstsein wissen es alle: Wir müssen den Preis jetzt und nicht erst später bezahlen.

Wir geben den Spielern den Nachmittag und Abend frei. Sie können sich mit Massagen, Filmen, Kartenspielen regenerieren. Genauso wichtig wie die körperliche ist dabei die geistige Erholung. Für die körperliche Erholung ist unser wichtigster Mann – unser go to guy – Klaus Schrempf. Er massiert immer mehrere Spieler hintereinander und balanciert dabei auf hervorragende Weise Kraft und Gefühl. Der Wert dieser Off-ice-Leistung ist nicht messbar und nicht wegzudenken. Sie gehört zum Lebensblut einer erfolgreichen Mannschaft.

Einige Trainer bevorzugen es, ihre Spieler mit Videoaufzeichnungen und endlos vielen Versammlungen zu bombardieren. Ich reduziere solches auf ein Minimum. In den Köpfen der Spieler muss immer etwas Platz frei sein, damit sie natürlich bleiben und spielen. Zu viel Coaching kann zu Instinktverlusten führen. Es ist nicht immer einfach, die gesunde Mischung und Balance zu finden. In einer Zeit, wo sich Maschinen immer mehr in unsere Umgebungen drängen, muss besonders vorsichtig mit deren Anwendung und Einsatz umgegangen werden. Es wäre ein Einfaches, Maschinen wie Videos und Computer das persönliche Coaching übernehmen zu lassen. Natürlich kann ich ein Video von irgendeinem Nati-Match nehmen, es den Spielern abspielen und sie auf alle gemachten Fehler hinweisen und mich dabei als allwissenden Trainer hinstellen. Kein Problem. Für mich ist so etwas aber kontraproduktiv. Wenn ich schon Videos verwende, dann, um zu zeigen, was richtig gemacht wurde. Wann immer möglich, hebe ich gute Dinge hervor. Das baut das Selbstvertrauen und die Selbstachtung der Spieler auf. Die Maschinen, ja, die sind schon okay. Allerdings nur dann, wenn ich sie und nicht sie mich kontrollieren!

Heute ist es ein schwieriger Abend für uns Trainer. Wir müssen die Spieler bewerten und einige ausscheiden. In meinem Hotelzimmer steht ein grosses Flipchart. Wir skizzieren darauf das ideale Bild des Teams. Auch die beiden Stürmer aus Schweden und den USA, die nächste Woche anreisen, werden berücksichtigt.

Sehr schnell kristallisieren sich vier Kandidaten für nur zwei Positionen heraus. Der Erste ist seit Beginn dabei. Der Zweite war bereits einmal Nati-Kapitän und hat alles für sein Comeback gegeben. Der Dritte spielte bereits 1999 mit. Der vierte Spieler ist neu im Team.

Wir begutachten Statistiken und Verhalten, körperliche Fitness und eine Reihe anderer Faktoren. Wir malen und malen, immer das «grosse Bild» vor unseren Augen. Wir bewegen und justieren, bis das Bild uns nicht nur gefällt, bis wir es fühlen, bis wir uns beim Betrachten wirklich gut fühlen. Ich will eine möglichst perfekte Konstruktion. Das Bild hat Balance, hat ausgeprägte, schöne Konturen und Formen und ist harmonisch, weil sich alles an seinem Platz befindet. Dieser Prozess ist sehr schwierig mit Worten zu be- oder umschreiben. Ich weiss, dass man mich fragen wird, weshalb es gerade dieses Bild ist. Als Antwort kann ich nur sagen, es ist ein Bild, das wir ständig entwickeln, an dem wir Trainer bereits seit vier Jahren malen. Wir sind überzeugt, mit dem vorgegebenen Material das bestmögliche Bild gemalt zu haben.

Den endgültigen Entscheid vertagen wir auf morgen. Er wird nach dem Spiel gegen Schweden anstehen und aus dem Bauch heraus gefällt werden. So weit haben wir bereits entschieden.

Freitag Spieltag in Lugano. Die Aussentemperatur beträgt fünfundzwanzig Grad. Kein wirkliches Eishockeywetter. Ich überlege mir, wie ich die Spieler für den Match auf Trab bringe.

Während des Eistrainings vor dem Spiel informiere ich alle darüber, dass ich ihnen heute noch mitteilen werde, wer das Trainingslager verlassen muss. Die Luft ist geladen mit Intensität. Ich erkläre ihnen, dass wir ein sehr gutes Team haben und dass sich das Schweizer Eishockey ständig weiterentwickelt. Die Leute, die uns verlassen müssen, wären in der Vergangenheit vermutlich nicht ausgeschieden. Doch das Team verbessert sich ständig, dadurch wird die Latte immer höher gelegt. Die Qualitätsansprüche steigen mit jedem Jahr.

Das Spiel verläuft nicht gerade sehr gut. Die Stimmung in der Garderobe gefällt mir nicht besonders. Doch gerade in dieser Phase der Vorbereitung macht es wenig Sinn, bereits zu viel zu motivieren. Noch muss die Grundmotivation vom Team selbst kommen oder überhaupt nicht. Wir können uns während der gesamten Spielzeit nie richtig konzentrieren und verlieren 6:2. Resultatmässig werden wir klar geschlagen, doch auf dem Eis sieht es etwas anders aus. Die Schweden machen wenig Fehler und spielen mit Leidenschaft. Deshalb gewinnen sie. Eine gute Lektion für uns.

Niederlagen wie diese haben auch den Vorteil, dass die Spieler einem danach aufmerksamer zuhören. Wichtig ist, dass solche Ausrutscher nicht zum falschen Zeitpunkt passieren.

Jetzt ist es an mir, die Axt zu schwingen. Ich rekapituliere kurz jedes Drittel. Dann warte ich auf den richtigen Moment, um mit den Spielern zu sprechen. Alle sind angespannt, wie schussbereite Pfeilbogen. Einer, der schlecht gespielt hat, lässt seinen Kopf hängen. Sein Blick ist auf den Boden gerichtet. Köbi fragt ihn, was los ist. Er antwortet, dass er Angst hat aufzuschauen, falls ich in der Nähe bin. Es gibt Momente, wo die Spieler lieber nicht mit mir sprechen wollen. Das ist einer davon.

Zwei Spielern muss ich noch erklären, weshalb sie nächste Woche nicht mehr dabei sein werden. Als ich mit dem einen aus der Garderobe hinauskomme, um mit ihm in einer ruhigen Kabine sprechen zu können, warten am Ende des Ganges mehrere Medienleute. Wir gehen in die andere Richtung und finden einen leeren Raum.

Vor zwei Jahren hat besagter Spieler bereits mit uns an einer WM teilgenommen. Sein Charakter stimmt. Fürs internationale Niveau verfügt er aber im Moment nicht über das nötige Gesamtspiel. Ich glaube, er weiss das. Ich entschuldige mich nicht, spreche mit ihm aber über seine Zukunft. Wie er sich weiterentwickeln kann. Er versteht mich. Ich weiss, dass er im Trainingslager einiges gelernt hat, was er auf seinen Weg mitnehmen kann. Er fühlt mein schweres Herz, weiss aber gleichzeitig, dass ich das tun muss, was für das Team am besten ist. Mehrmals sagt er, it is okay, so als wollte er mich von einer Last befreien. It is okay, ein guter Kommentar. Zum ersten Mal höre ich diese Worte von einem Spieler in einer solchen Situation. Sie gefallen mir.

Der Zweite, dem ich die schlechte Nachricht mitteilen muss, ist ein älterer Spieler, der unbedingt ins Nati-Team zurückkehren will. Vor meiner Zeit war er Nati-Kapitän, mit mir hat er noch nie an einer WM gespielt. Er hat in den letzten vier Wochen alles gegeben, was er zu geben hat, und sich vollständig ins Team eingefügt. Ein sehr talentierter Offensivspieler in der Liga. Seine Spielart funktioniert aber auf internationaler Ebene noch nicht so richtig. Er ist der lebendige Beweis für den Unterschied zwischen nationalem und internationalem Hockey. Ihn nach Haus zu schicken, ist für uns Trainer nicht einfach. Wir sind jedoch davon überzeugt, dass für ihn im Moment im Puzzle kein Platz ist. Unsere Entscheide beziehen sich immer auf das Gesamte. Um international mitmischen zu können, braucht ein Spieler vor allem Schnelligkeit, mentale und physische Fitness, Sinn für sehr einfache Spielweise und die Disziplin, immer im System zu verbleiben. Wildheit und Soloaktionen haben im internationalen Eishockey selten Platz. Das macht das Erreichen der Nationalmannschaft für viele Spieler so schwierig.

Meine Familie ist zum Spiel gekommen, und nach einer langen Pressekonferenz bin ich froh, mit allen ins Auto steigen und nach Hause fahren zu können, um dort gemeinsam zwei Tage Qualitätszeit zu verbringen.

Fünfzehn Tage verbleiben noch bis zur WM.

5. Woche Kreuzlingen

Montag Super Energie für den ersten Trainingstag dieser Woche. Es hat sich wieder als gut erwiesen, den Spielern zwei Tage hintereinander freizugeben. Wir haben das diese Saison zum ersten Mal regelmässig getan. Ich lerne, dass die richtige Menge Freizeit eine bessere Balance herstellt. Dadurch steigt die Qualität der Arbeit und des mentalen Verhaltens.

Zuerst Gewichtstraining, dann einen aufwärmenden Jog am Bodensee. Es nieselt. Niemand spricht ein Wort. Nach fünfzehn Minuten begeben wir uns in einen nahe gelegenen Fitnessraum. Vor dem Krafttraining laufen wir immer, um gut aufgewärmt an die Gewichte zu gehen. Ohne Aufwärmen wäre die Verletzungsgefahr, besonders nach einem freien Wochenende, sehr gross.

Wie üblich habe ich vor vier Monaten auch diesen Ort besucht, die Leute, die ihn leiten, kennen gelernt und mir die Geräte und Einrichtungen angesehen. Da überlassen wir nichts dem Zufall. Eines dieser wichtigen Details, die ich zusammen mit meinem Manager Peter Monate im Voraus gewissenhaft abkläre. Der Besitzer heisst uns herzlich willkommen. Wir absolvieren unsere üblichen acht Stationen, sechsundfünfzig Minuten Parcours, den wir drei Coaches eine Stunde zuvor eingerichtet haben. Danach eine Serie intensiver Bauch- und Rückenübungen. Ausstrecken und zurück ins Eisstadion.

Zum ersten Mal während dieser Vorbereitung verfügen wir über einen Bus, der uns zwischen Stadion und Hotel hin- und herfährt. Ein weiterer Schritt Richtung WM, wo wir alle nicht zu Fuss machbaren Distanzen in einem Bus zurücklegen werden. Buszeit ist gute Teamzeit. Auf dem Weg ins Eisstadion, zu den Spielen. Sie schmiedet am Bündnis des Unterbewusstseins mit.

Lunch. Ausruhen. Zurück ins Stadion. Zum ersten Mal heute füllt sich die Luft mit Spannung. Ich habe soeben die Aufstellung für die Trainingsformationen ausgehängt. Jeder will sofort sehen, in welchem Block er spielt. Vier Spieler müssen noch ausscheiden. Keiner will gehen. Ich stelle die Blöcke so zusammen, dass mögliche Vorentscheidungen kaum lesbar sind. Niemand ist chancenlos. Die Spannung bleibt erhalten. Der Konkurrenzkampf nimmt zu. Im Trainingsspiel sind die zwei Tage Freizeit deutlich zu sehen. Der Blues geht um. Ich habe das erwartet. Es ist nicht einfach nach zwei Tagen Eisabsenz sofort zur vollen Geschwindigkeit zurückzufinden. Sowohl mental wie physisch.

Ein Spieler will mit mir über Persönliches sprechen. Für einen Moment erschrecke ich. Wir mussten auf diesen Spieler bereits früher einmal wegen persönlicher Probleme verzichten. Doch er will mir nur mitteilen, dass alles okay ist. Ich bin erleichtert. Wir reden gut miteinander. Er ist an seinen früheren Problemen gewachsen und fühlt sich stärker als früher. Bereit für grosse Herausforderungen. Solche Unterhaltungen sind unüblich. Spieler kommen in der Regel nur dann mit persönlichen Anliegen zum Coach, wenn etwas schief läuft.

Die Spieler wissen, dass ich ass-kissers nicht mag. Als Resultat höre ich wenig darüber, was gut ist. Ich neige zur Annahme, dass, wenn ich nichts höre, alles gut ist. Das kann gefährlich sein. Ich darf den Herzschlag des Teams nicht überhören. Leader, die den Puls der Gruppe nicht mehr fühlen, verlieren die Gruppe.

Die Tage vergehen mit viel Routine. Die Erwartungen sind überall klar. Die Spieler benehmen sich sowohl während der Arbeit als auch in der Freizeit super.

Die Medien verhalten sich sehr korrekt und berichten ausnahmslos positiv. Diese Woche sind mehrere längere Interviews mit mir geplant. Das verschlingt Zeit und Energie, die ich, wie bereits erwähnt, auf keinen Fall bei den Spielern einsparen will. Ich werde unseren Pressesprecher Patrick Reber bitten, nächste Woche die Interviews zu stoppen und dafür regelmässige Pressekonferenzen abzuhalten.

Noch zwölf Tage bis zum Turnier.

Dienstag Vor Trainingsbeginn spreche ich mit den Spielern über unsere Prinzipien auf Eis sowie über die Gewohnheiten, die wir beibehalten und noch mehr verbessern wollen. Dieses Gespräch habe ich nicht geplant. Es kommt aus einem spontanen Bedürfnis. Ich fühle, wie sich in mir eine neue Energie entwickelt. Die Spieler fühlen es auch. Das Wichtigste jetzt ist, die Spieler darauf zu fokussieren, unser Spiel mit den nötigen Gewohnheiten zu spielen.

Gutes Training. Alle kämpfen hart um einen Platz im Team.

Jemand hat ein paar Matten mitgebracht. Sie sollen ein magnetisches Feld kreieren, in dem sich die Regeneration der Zellen in den sechzehn Minuten der Entspannung beschleunigt. In einigen Clubs wird dieses Verfahren angewendet. Wenn die Spieler davon profitieren können, habe ich nichts dagegen. Persönlich habe ich Schwierigkeiten, daran zu glauben, dass abstrakte Methoden die körperliche Verfassung verbessern. Vielleicht bin ich da etwas konservativ und altmodisch, aber ich glaube an klassische Werte wie «winning habits». Wie wir essen, trainieren, atmen, schlafen. Gute Gewohnheiten. Gute Balance. Viel mehr sollte es eigentlich nicht brauchen.

Nach dem Training machen wir eine Schifffahrt auf dem Bodensee. Eine Reise mit viel symbolischem Charakter. Wir fahren über den See zum deutschen Ufer und schauen kurz auf das Land, in dem die WM stattfindet. Für ein paar Minuten übernehme ich das Steuerrad des Schiffes. Für mich ein Symbol für die Verantwortung, die ich in den nächsten Wochen übernehmen muss. Nach einem angenehmen Mittagessen mit einigen lokalen Sponsoren geht es wieder zurück ins Hotel. Wie es ab jetzt bis zur WM oft der Fall sein wird, hat uns ein Fernsehteam begleitet. Die Medien suchen nach ungewöhnlichen Situationen, um uns den Zuschauern von einer anderen Seite zu präsentieren.

Die Spieler haben den Nachmittag und Abend frei. Auf meine Frage, wann sie wieder zurück sein wollen, meinen sie, Mitternacht wäre gut. Ich wünsche ihnen viel Spass, erinnere sie aber an die beiden Spiele am kommenden Wochenende.

Gus, Köbi und ich ziehen uns für den restlichen Tag zu Beratungen zurück. Wir sprechen über das Motivationsmeeting von nächster Woche. Ein sehr wichtiges Treffen. Wir werden dort die Basis für das mentale Befinden vor und während der WM legen. Teambuilding durch Teamlife nennen wir das. Wir entwickeln ein paar gute Ideen für diesen Abend.

Später schauen wir uns Videos von Spielen an, die Deutschland diese Saison ausgetragen hat. Morgen werden wir sie live in Freiburg sehen. In einem Vorbereitungsspiel gegen die Ukraine. Wir studieren unsere Gegner immer ausführlich. Video ist dabei sehr hilfreich, weil sich darauf niemand verstecken kann. Noch elf Tage.

Mittwoch

Doppeltes Training. Fünfundsiebzig Minuten Kraftraum, fünfundvierzig Minuten auf dem Eis. Wir arbeiten, als fände morgen kein Spiel statt. I push the players to their limits, ich führe die Spieler an ihre Grenzen. Die beiden letzten Spieler kommen heute dazu: einer aus Schweden und einer aus Detroit. Jetzt sind wir komplett. D-Day kommt näher. Das Bild muss bald fertig gemalt sein. Die kommenden beiden Spiele gegen Norwegen sollten definitive Klarheit schaffen und bei den letzten Pinselstrichen assistieren.

Die beiden neuen Spieler sind positiv orientiert, aber noch etwas unsicher, was normal ist, wenn man so spät in eine Gruppe kommt, die schon für eine Weile zusammengearbeitet hat. Beide spielten bereits bei der letzten WM mit. Sie sollten schnell integriert sein.

Nach dem Training teile ich den vier Spielern, die gegen Norwegen nicht spielen werden, unseren Entscheid mit. Es betrifft zwei Stürmer und zwei Verteidiger. Sie sind natürlich nicht glücklich darüber. Ihre Körpersprache zeigt mir, dass sie sich der sinkenden Chance, an der WM zu spielen, bewusst sind. Zwei von ihnen waren im letzten Jahr dabei. Das ist der Anfang eines schwierigen, harten Prozesses.

Später fahren wir, das Coaching Team, nach Freiburg zum Spiel Deutschland gegen Ukraine. Die zweieinhalbstündige Fahrt lässt uns Zeit für ein gutes Brainstorming. Das Spiel ist nicht gut. 3:3. Ein Unentschieden auf niedrigem Niveau. Bei den Deutschen schien nichts zu klappen. Doch sie zeigten gute Moral und starken Einsatz. Wir dürfen sie nicht unterschätzen. Sie werden sich bestimmt noch verbessern.

Ten days to go.

Donnerstag Das erste von zwei Spielen gegen Norwegen, in Herisau. Eislaufen am Morgen. Lunch. Etwas Ruhe. Dann ab nach Herisau.

Die Betreuer haben für die Spieler bereits alles vorbereitet. Sie können nur in ihre Garderobe kommen und sich aufs Spiel konzentrieren. Ihre Ausrüstung liegt parat und hängt bereit. Der Raum ist eingerichtet wie immer.

Die vier Spieler, die heute nicht auf dem Eis stehen werden, sollen statistische Notizen machen. Alle müssen mit einbezogen werden. Wir wollen keine Touristen im Team.

Das Spiel verläuft sehr gut. Es ist ausverkauft, und im Team herrscht eine gute Moral, attraktiv und toll für die Fans. Wir dominieren die Norweger den ganzen Match über. Es gelingt uns aber erst im letzten Drittel, eine Entscheidung herbeizuführen. Wir zeigen viel Geduld und halten uns an unseren Spielplan, auch wenn die Tore zuerst nicht kommen wollen. Wir gewinnen 3:1. Das Team ist gut balanciert und ausgewogen.

Die Medien versuchen, die definitive WM-Aufstellung herauszufinden. Das Norwegen-Spiel interessiert sie weniger. Doch sie müssen sich bis morgen gedulden.

Um ein Uhr sind wir Coaches zurück im Hotel und schauen uns die Aufzeichnung des Spiels an. Wir konzentrieren uns dabei speziell auf jene Spieler, die noch Fragezeichen sind. Um drei Uhr gehen wir schlafen. Das Bild präsentiert sich ziemlich klar. Noch neun Tage.

Freitag

Das zweite Spiel gegen Norwegen. Vor dem Trainingsspiel am Morgen gebe ich die Aufstellung für das Abendspiel bekannt.

Zwei Verteidigern teile ich noch vor dem Training mit, dass sie nicht im WM-Team sind. Der erste war bereits letztes Jahr dabei. Er hat sich nach einer schweren Verletzung in den Play-off grossartig zurückgekämpft, aber ganz hat es ihm leider nicht gereicht. Er ist enttäuscht und will sofort nach Hause. Ich habe Verständnis dafür und verabschiede ihn in der Hoffnung, dass er im nächsten Jahr wieder dazukommen wird. Beim zweiten Spieler liegt die Sache anders. Er ist immer noch ein Junior und hat letzte Weihnachten bei den Junioren-WM mitgespielt. Er bleibt positiv und bedankt sich für die Zeit bei uns. Er weiss, dass die Zukunft für ihn gut aussieht. Er kann im nächsten Jahr dabei sein, wenn er in den kommenden Monaten weiter so hart an sich arbeitet, wie er es zurzeit tut. Jeder Spieler und jede Situation ist eben anders. Es bleiben zweiundzwanzig Spieler. Zwei weitere Spieler scheiden heute Abend aus: zwei Stürmer.

Die beiden Stürmer, die gestern nicht zum Einsatz gekommen sind, erhalten heute Abend noch eine Chance, sich zu beweisen. Die Entscheidung über die Stürmer ist in diesem Jahr härter zu treffen als in anderen.

Spieltage sind normalerweise einfachere, ruhigere Tage als die anderen. Viel Routine. Das Training ist immer das gleiche. Keine

Ablenkungen. Die Medien lassen uns bis zum Abend in Ruhe. Jeder gestaltet den Nachmittag auf seine Weise. Ich gehe joggen. Die Teammeetings vor den Spielen gehören ebenfalls zur Routine. Nur meine Motivationsrede verändert sich von Spiel zu Spiel. Jeder Match muss in seiner Wichtigkeit und Bedeutung aufgebaut werden. Heute hebe ich hervor, dass die WM jetzt nur noch eine Woche entfernt ist. Das Team muss in sämtlichen Bereichen bereit sein. Die richtigen, guten Gewohnheiten müssen vorhanden und zum Einsatz bereit sein.

Das zweite Spiel ist, nicht nur im Resultat, ein Spiegelbild des ersten. Wieder spielen wir mit Geduld und entscheiden es erst in der zweiten Spielhälfte. Ein paar Fehler treten auf. Zwischendurch wird mit dem Puck etwas arrogant umgegangen. So etwas passiert natürlicherweise, wenn man einen Gegner für zwei Spiele dominiert. Trotzdem; es gefällt mir nicht.

Während des letzten Drittels spreche ich mit Gus und Köbi über die letzten beiden Ausscheidungen, die wir vornehmen müssen. Wir sind uns einig darüber, wer gehen muss. Dann passieren zwei unglaubliche Dinge. Der Spieler, den wir ausgeschieden haben, donnert in die Bande und verletzt sich am Knie. Es sieht nach einer schweren Kreuzbandverletzung aus, die ihn für gute sechs Monate ausser Gefecht setzen kann. Noch ist nichts sicher. Ausser unserem bereits getroffenen Entscheid. Nur wenige Minuten später erzielt der andere – von uns im Team belassene – Spieler ein wunderbares Tor. Uns kommt es vor, als hätten die beiden Spieler im Unterbewusstsein von unserem Entscheid gewusst. Die Höhen und Tiefen des Sports.

Nach dem Spiel spreche ich zuerst mit dem verletzten Spieler. Er hat während der letzten fünf Wochen unglaublich gekämpft und ist bestimmt ein Zukunftstalent. Er spielt ein sehr internationales Spiel und wird sicher in die Nationalmannschaft zurückkommen. Das zweite Gespräch gehört zu den schwersten, die ich als Trainer je zu führen hatte. Ich muss dem zweiten Spieler, einem, der von mir innerhalb von vier Jahren sechsundsiebzig Mal und an drei Weltmeisterschaften eingesetzt worden ist, seine Nichtaufstellung bekannt geben. Ein Spieler, der immer ein gutes Beispiel ist, auf oder neben dem Eis. Aber wir Coaches haben beim besten Willen keine Rolle für ihn gefunden. Er passt dieses Jahr einfach nicht ins Bild hinein. Er wird nächstes Jahr bestimmt wieder im Kreis dabei sein und eine gute Chance haben, das WM-Team zu erreichen. Natürlich ist er schwer enttäuscht. Auch von mir. Er kritisiert ein paar Dinge. Ich hoffe sehr, dass er da jetzt einfach durchgeht und im nächsten Jahr noch besser zurückkommen wird. Ich tue mich äusserst schwer mit der Entscheidung, weil mir gerade dieser Spieler sehr am Herzen liegt. Doch ich muss Entscheidungen treffen, die für das Team gut sind. Ohne Emotionen. Das habe ich hier getan.

Endlich. Nach fünf schweren Wochen steht das Team fest. Nach dem Spiel berufen wir sofort ein Meeting mit dem kompletten WM-Team ein. Wir gratulieren den Spielern und geben ihnen ein paar Informationen für die letzte Vorbereitungswoche. Sie erhalten ihre Anzüge und sonstige WM-Ausstaffierung. Natürlich sind alle glücklich und zufrieden. Irgendwie bedrückt sind wir aber alle etwas, wegen der Spieler, die praktisch in letzter Minute ausscheiden müssen.

Das Bild wird den Medien präsentiert. Alle reagieren recht positiv. Eine lange Prozedur ist zu Ende. Achtundvierzig Spieler kamen in der Vorbereitung zum Einsatz. Dreiundzwanzig fahren an die WM. Ein harter Entscheidungsprozess also. Ich bin überzeugt, dass dieses Team ein grösseres Potenzial aufweist als jedes bisherige Nationalteam unter meiner Leitung. Jetzt müssen wir es noch ausschöpfen und unter Beweis stellen. Aber hier ist es bestimmt.

Einige Fans bestehen darauf, dass ich nach dem Spiel mit ihnen ins Restaurant gehe. Sie können ja nicht wissen, welches emotionale Wechselbad ich während des Spiels wegen der letzten Entscheidungen durchlebte. Sie können auch nicht wissen, wie viel Energie entscheidende Pressetermine verschlingen. Ich will eigentlich nur eines: nach Hause zu meiner Familie. Für ein paar Minuten setze ich mich zu den Fans ins Restaurant. Ich lehne die offerierten Drinks ab, bin aber froh darüber, etwas Zeit mit einigen Fans zu verbringen und ihnen, stellvertretend für alle andern, persönlich für ihre grossartige Unterstützung zu danken. Das Spiel war wiederum ausverkauft. Die Fans sind wieder super gewesen. Leider habe ich viel zu wenig Gelegenheit, ihnen persönlich zu danken. Thanks for the great support, Nati-Fans!

Das Bild ist gemalt. Off I go, homeward bound. Die letzte Vorbereitungsphase beginnt. Wir setzen zum Sprung ins Turnier an. Es wird immer aufregender.

Es verbleiben noch acht Tage.

6. Woche Biel

Montag Am Sonntagabend war ich Gast im «Sportpanorama» von SF DRS. Meine Familie hat mich begleitet. Anschliessend übernachteten wir zusammen in einem Hotel in Zürich.

Heute Morgen treffen sich in Zürich 13 Spieler aus der Ost- und Zentralschweiz und dem Tessin. Autos sind nicht mehr erlaubt. Die Mannschaft fährt ab jetzt nur noch gemeinsam mit dem Bus. Die Fahrt geht nach Biel in unser Hotel. Die anderen Spieler, die aus der übrigen Schweiz anreisen, sind ebenfalls pünktlich.

Der erste Tag mit dem «real team». Immer ein ganz spezieller Tag. Die Energie, die zu spüren ist, unterscheidet sich von der Zeit vorher, denn der innere Konkurrenzkampf existiert nicht mehr. Dafür beginnt der Konkurrenzkampf nach aussen. Wir sind entspannter und relaxter. Diese neue Atmosphäre birgt potenzielle Gefahren in sich. Zum Beispiel könnte es passieren, dass einige Spieler ihren Schutz vernachlässigen. Wie ein Boxer, der seiner Deckung zu wenig Beachtung schenkt. Etwas Angst wäre nicht schlecht. Ich will in dieser Saison etwas anderes probieren: Im Gegensatz zu den letzten Jahren habe ich diese angenehme Stimmung vier bis sechs Tage früher als sonst entstehen lassen. Meine Antennen müssen deshalb ständig auf Empfang für Veränderungen bei den Spielern stehen. Benehmen ändern, Fokus verlieren. Einigen der Spieler passiert dies immer wieder. Ich nehme mir vor, schnell darauf zu reagieren.

Erstes Training im Bieler Kraftraum. Unser Parcours. Praktisch und angenehm ist, dass sich der Kraftraum im Hotel selbst befindet. Ohne viel zu diskutieren, steigen wir nach einem 15-minütigen Waldlauf gleich in den Parcours ein. Ich merke sofort, dass einige Spieler die Ausführungserwartungen nicht ganz erfüllen. Etwas rostig nach dem Wochenende. In meinem Kopf leuchtet ein rotes Licht auf. Nach dem Training gehen wir in den Dehnraum, absolvieren das normale Bauch- und Rückendehnprogramm. Dann ordne ich an, die Journalisten hinauszubitten und die Tür zu schliessen. Time for a team speech. Während des Trainings hat mich ein paar Mal die Wut gepackt. Ich finde es jedoch unpassend, gleich beim ersten Training hart durchzugreifen. Mein Instinkt warnt mich davor. Nach dem langen, freien Wochenende muss ich sehr aufmerksam sein. Ich spreche darüber, wie wichtig und gleichzeitig gefährlich diese Phase der Vorbereitung und wie alles entscheidend es ist, fokussiert zu bleiben und auch nicht für einen Augenblick nachzulassen. In diesem Moment habe ich für mich eine Entscheidung getroffen: Wenn es wieder so ein Nachlassen im Training gibt, werde ich härter durchgreifen!

Man spürt die Nähe der WM auch an der immer stärker werdenden Präsenz der Medien, deren Vertreter überall lauern. Die Kameras haben unsere Busabfahrt gefilmt und sind jetzt immer irgendwie dabei. Auch die schreibenden Journalisten folgen uns treu. Die Spieler sind davon etwas weniger betroffen. Ich muss bis weit in die Essenszeit hinein Gespräche mit den Medienleuten führen. Bis zum Ende der WM wird diese Arbeit einen festen Teil meines Tagesablaufes darstellen. Durch die Vielsprachigkeit der Medien in diesem Land entsteht bei mir manchmal das Gefühl, die Schweiz habe pro Einwohner mehr Medienleute als irgendein anderes Land auf der ganzen Welt. Ich muss diese wichtige Arbeit zeitlich gut einteilen, damit ich nichts an Zeit und Energie für die eishockeyspezifischen Aufgaben als Coach verliere.

Ich erwarte während des Trainings grosse Konzentration von den anderen und von mir. Gute Vorbereitung auf jedes Training ist Voraussetzung, damit der richtige Fokus zum richtigen Zeitpunkt da ist. Ich bin schon eine Stunde vor dem Training mit dem Kopf dabei, bin konzentriert und bereite mich darauf vor.

Wir fahren mit dem Bus ins Stadion. Das Training geht sehr, sehr gut. Wir spielen mit einem Vierblocksystem, das bedeutet, dass immer dieselben fünf Feldspieler als Einheit zusammen spielen. Zum ersten Mal trainieren wir nur in diesen vier Fünfergruppen. So werden sie immer mehr zu Teams im Team.

Interessante Rollenentwicklung in den einzelnen Blocks. Jeder dieser vier Blocks hat seinen eigenen Charakter. Wie verschiedene Menschen sind die Blocks verschiedene Einheiten. Jeder Block hat andere Schwerpunkte. Einer ist kreativer, einer ist gradliniger, einer am ausgewogensten, und ein Block ist vom Grundcharakter her eher defensiv. Ein neuer Konkurrenzkampf unter den verschiedenen Blocks beginnt. Es ist ein gesunder Konkurrenzkampf. Jeder will versuchen, mit seinem Block mehr Verantwortung zu übernehmen als die anderen. Ich habe das Gefühl, dass es hier noch nie eine Nati gab, die über so viele Möglichkeiten im defensiven und offensiven Bereich verfügte. Das vorhandene Potenzial ist sehr aufregend, es garantiert jedoch keine Siege.

Die Blocks der vergangenen Jahre hatten bis anhin klar getrennte Aufgaben. Dieses Jahr ist das Bild nicht mehr so klar. Die Ausgewogenheit der vier Blocks erlaubt es, die Aufgaben anders zu verteilen als früher.

Nach jedem Training holt einer der Assistenten einen Medienwunschzettel ab, auf dem vermerkt ist, welcher Journalist welchen Spieler oder Trainer zu befragen wünscht. Unser Pressesprecher bereitet diese Liste stets während des Trainings vor. Nach dem heutigen Training befinden sich fünfundzwanzig verschiedene Medienvertreter auf der Liste. Ich selbst gebe nach dem Training noch fünf TV-Interviews. Für TSI, TSR, DRS und zwei private Sender.

Nach dem Abendessen startet die Vorbereitung für das Teambuilding am nächsten Abend. Ich stelle die von mir zusammengesetzten Arbeitsgruppen vor: sechs Spieler- und drei Staffgruppen. Jede Gruppe bekommt für morgen Hausaufgaben. Das Spielsystem wird in sechs Teile aufgeteilt. Jede Gruppe muss einen Teil und eine Siegergewohnheit vorstellen. Wie sie das präsentiert, steht ihr frei. Wichtig dabei ist, dass ein Prozess entsteht, der sie zwingt, über die notwendige Spielweise und ihre Gewohnheiten nachzudenken und darüber zu sprechen. Eigentlich mögen die Spieler diese Präsentationen nicht. Doch gerade diese Form von Stress zwingt sie, intensiver über unseren Teambuildingprozess nachzudenken. Sie erzeugt eine gesunde Spannung.

Am Abend des ersten Trainingstages einer neuen Woche erkenne ich die Müdigkeit, gleichzeitig spüre ich aber auch die Freude im Team, wieder aufeinander einsteigen zu können. Die Spieler haben sich in den Vorbereitungswochen gut aneinander gewöhnt. Was immer sie zusammen tun, sie tun es als passiver Nati-Lifestyle. Dieser Lebensstil hat sich im Vergleich zu früher ziemlich verändert. Zu meiner Zeit als Spieler standen zur Abwechslung einfache Kartenspiele und Bücher zur Verfügung. Jetzt ist praktisch jedes Zimmer ein Hightech-Studio. DVD, Computer, Stereo, Gameboy, Playstation. Das gute alte Kartenspiel hat aber dennoch überlebt. Auch einige Leseratten gibt es noch.

Parallel zum Ganzen hatte unser Arzt, Franz Lauener, einen seiner vielen und wichtigen Einsätze der nächsten Wochen. Mehrere Spieler erhielten Vitamininfusionen. Gerade in dieser Schlussphase wird alles Mögliche von sämtlichen Staffmitgliedern getan, damit die Spieler das Gefühl, bereit zu sein, mit an die WM nehmen.

Zum Schluss dieses Tages muss ich noch mit einem Teil des Staffs die grosse morgige Überraschung vorbereiten. Ein langer Tag. Jetzt bin ich so richtig müde. Fünf Tage.

Dienstag

Ein ganz wichtiger Tag auf dem Weg zur WM ist der heutige teambuilding day, der Tag des Teamaufbaus. Vor unserem Training im Eisstadion ist die Energie aufgeregt, weil der morgige Gegner USA trainiert. Was unsere Spieler dabei immer fasziniert: eine ganze Mannschaft zu erleben, die – von wenigen Ausnahmen abgesehen – nur aus NHL-Spielern besteht.

Wie immer starten wir unser Eistraining mit einer Aufwärmphase von fünfzehn Minuten. Zuerst laufen wir ohne Scheiben. Dann folgt eine technische Übung, um die Torhüter aufzuwärmen. Heute entscheide ich mich für ein Spiel drei gegen drei in der neutralen Zone. Nach drei Minuten entwickelt sich eine sehr kritische Situation. Einer unserer Torhüter, der Held der WM 2000, prallt mit einem Feldspieler zusammen und verletzt sich am Knie. Es sieht nicht so schlimm aus. Er steht auf und geht vom Eis, um den Arzt aufzusuchen. Wir trainieren weiter. Nach einigen Minuten kommt er während einer Übung für die Torhüter zurück aufs

Eis, um sein Knie auszuprobieren. Ich schaue sehr gespannt zu, wie sich die Sache weiterentwickelt: Sein Knie hält nicht. Er geht wieder vom Eis, und mein Instinkt sagt mir, dass wir gerade unseren erfahrensten Spieler (er hat die meisten Länderspiele gespielt) und sicher einen der besten Schweizer Torhüter aller Zeiten für diese WM verloren haben.

Bei der Besprechung am Ende des Trainings informiere ich die Spieler, dass unser Torhüter im Spital ist. Dann spreche ich das USA-Spiel und seine Bedeutung an. Ich verlange von ihnen, dass sie dabei bereits WM-Qualitäten zeigen. Ich fordere sie auf, sich gut auf den Abend vorzubereiten und ihre Vorträge gut zu gestalten.

Nach den normalen Mediengesprächen greife ich sofort zum Telefon. Noch bevor ich meine Schlittschuhe ausziehe, befinde ich mich im Gespräch mit einem in Frage kommenden Ersatztorhüter. Meine erste Wahl ist ein einundzwanzigjähriger Zukunftsspieler. Ich erreiche ihn im Auto auf dem Weg ins Sommertraining. Ich bin froh darüber, dass ich diesen Spieler vor zwei Wochen in Alarmbereitschaft gesetzt habe und ihn darüber informierte, dass er bei einem eventuellen Zwischenfall meine erste Wahl sein wird. Er ist bereit, alles fallen zu lassen und so schnell wie möglich in die Nationalmannschaft einzurücken. In fünf Stunden wird er da sein.

Beim Mittagessen im Hotel kommt aus dem Krankenhaus die befürchtete Bestätigung: Unser Torhüter hat eine ernsthafte Bänderdehnung, was eine zumindest zweiwöchige Pause bedeutet. Der Start der WM ist für ihn mit Bestimmtheit nicht zu machen.

Ich bespreche mit den beiden andern Torhütern die neue Konstellation. Einer von ihnen weiss, dass er die WM beginnen wird, weil sein grösster Konkurrent ausfällt. Der andere weiss, dass er bestimmt die Nummer zwei ist und sehr nahe an Einsätzen ist. Wir haben noch nie einen Torhüter wegen einer Verletzung verloren. Wieder ein Beispiel für einen meiner Lieblingssätze: Erwarte das Unerwartete. Unser Bild hat einen Klecks abbekommen. Wichtig ist, dass ich diese Situation parkiere, und noch wichtiger, mit den Spielern darüber keine grossen Worte verliere.

Der verletzte Torhüter will unbedingt für den Teambuildingprozess bleiben, was uns alle freut. Er besteht ja auch die Hoffnung auf einen späteren Einsatz im Turnier.

Ich habe vier Stunden für die Vorbereitungen des heutigen Abends. Papiere und Skizzen sind anzufertigen. Die Gedanken und Arbeit vieler Monate kommen in diesem Moment zusammen. Technische Dinge müssen eingerichtet werden. Gestern telefonierte ich überall herum, um ein gutes Soundsystem zu bekommen. Pünktlich zu unserem Meeting ist alles vorhanden, was wir brauchen. Video- und DVD-Einspielungen, alles haben wir mehrmals getestet, damit ein perfekter Ablauf garantiert ist.

Der Abend beginnt um sieben Uhr mit einem eher formalen Essen. Wir tragen alle die gleichen Kleider. Schwarze Jeans mit einem schwarzen Swiss-Hockey-Polohemd. Das Essen geht, wie immer, schnell vorbei. Das Essen in unserer Nati ist kein eigentliches Vergnügen. Die durchschnittliche Essenszeit für ein Menü mit vier Gängen beträgt 20 Minuten. Es gibt immer Suppe, eine Salatbar mit viel Auswahl, Hauptgang mit Fleisch, Fisch oder Geflügel, dazu zwei verschiedene Sorten von Kohlehydraten, Gemüse und verschiedene Arten Nachtisch. Ein Grund, weshalb ich jeden Tag jogge, ist der Genuss dieser Buffets. Die Hotels, in denen wir absteigen, sind anfangs immer etwas entsetzt ob dieser Essgeschwindigkeit, die unsere Spieler an den Tag legen. Sie gewöhnen sich jedoch schnell daran.

Die Spieler sind gespannt, weil sie erstens ihre Präsentationen machen müssen und weil wir zweitens für solche Momente immer Überraschungen bereit halten. So auch heute.

Wir begeben uns zusammen in den Meetingraum. Dort liegen für die Spieler je ein spezielles WM-Jacket, ein Pullover und ein T-Shirt mit dem WM-Logo bereit. Ein weiteres Zeichen, dass die WM näher rückt. Nach einer kurzen Einführung stelle ich ihnen, begleitet von einem vierminütigen Video auf einer Grossleinwand, unseren ersten WM-Ort Köln, die Stadt und das Stadion, vor. Dieses Video bringt uns alle noch mehr in WM-Stimmung.

Nachher präsentiere ich den ersten Teil unseres Hauses: die Plattform. Dieses Fundament, symbolisch unsere Basis, wird auf einen Tisch in der Mitte des Raumes hingestellt. Um die Stärke dieses Fundaments zu bestätigen, fordere ich die Spieler auf, ihre vorbereiteten Präsentationen zu machen. Sie tun es der Reihe nach und demonstrieren mit verschiedenen originellen Mitteln ihre winning habits: Einander respektieren. Bescheidenheit leben. Ausgezeichnet kommunizieren. Verantwortung übernehmen. Aufopfernde Disziplin. Konzentration im Moment. Intensiv und bissig ausführen. Geduld und Ausdauer im Tun. Tempo als Werkzeug. Einfach und konsequent entscheiden. Diese Prinzipien haben sich in den letzten vier Jahren als die wichtigsten auf dem Weg zum Erfolg herauskristallisiert. Das Ganze unter dem Motto: Erfolg bringt Freude.

Am Ende kleben alle Spieler ihre Prinzipien auf die Plattform, von der wir zur WM starten werden, und unterschreiben mit ihrem Namen, einer Bürgschaft gleich. Dieser Prozess ist sehr wichtig, weil wir damit noch einmal alle Erwartungen der Spieler und des Staffs sowie die Spielregeln bestätigen. Damit steht der erste Teil unseres WM-Hauses. Das Wichtige dabei ist, dass die Spieler sich mit dem beschlossenen Lebensstil der Nationalmannschaft identifizieren.

Nachdem diese Präsentationen vorüber sind, verteile ich an alle Spieler einen dünnen Holzstock und spreche darüber, wie wichtig es ist, dass zuerst jeder Einzelne so stark wie möglich ist. Ich spreche über die Gefahren an einer WM, wenn einer ganz alleine etwas unternimmt, wie schnell er daran zerbrechen kann. Ich demonstriere es mit dem Zerbrechen eines einzelnen Holzstockes. Dann fordere ich sie auf zu prüfen, ob sie ihren Stock brechen können. Alle können es. Dann verteile ich neue Stöcke. Bilden wir mit unseren Stärken und Schwächen eine Einheit, haben wir die Möglichkeit, viel stärker mit den WM-Herausforderungen umzugehen. Symbolisch haben wir alle Stöcke in der Mitte des Raumes zusammengebunden, um zu zeigen, dass sie so nicht mehr gebrochen werden können.

Danach drückt Gus auf einen Knopf am Projektor, Köbi dreht das Licht aus, und eine Szene aus dem Film «Gladiator» wird abgespielt. In dieser Szene kommen über zwanzig schwer bewaffnete Gladiatoren aus den Katakomben des Kolosseums. Durch das Coaching eines der Gladiatoren, der auf die Zusammenarbeit und das Team baut, gewinnen sie. Ein äusserst emotionaler Clip, der einen sehr starken «Team zuerst»-Eindruck hinterlässt.

Nach dem Film verteile ich an die Spieler ein Papier mit zwei Fragen: 1. Auf welchen Platz gehört unser Team in der Weltrangliste? 2. Wozu ist die Mannschaft fähig, wenn alles optimal läuft? Patrick sammelt die Bögen ein und rechnet die verschiedenen Zahlen hoch. Bei der ersten Frage kommt der sechste Rang heraus. Bei der zweiten der dritte Platz. Die Spieler glauben also zum ersten Mal an einen Medaillenrang. A big step towards winning one!

Ich zeige und erkläre den Spielern unsere zweite Metapher. Das Haus. Die fünf Elemente: das Fundament, zwei Seitenwände, einen oberen Abschluss und schliesslich das Dach.

Das Fundament bringen wir an die WM mit: unser körperliches und geistiges Rüstzeug. Unsere seriöse Vorbereitung. Unser Können.

Die erste Seitenwand wird aufgebaut, wenn wir die Vorrunde überstehen.

Die zweite Seitenwand wird aufgebaut, wenn wir die Viertelfinals erreichen.

Der obere Abschluss wird aufgesetzt, wenn wir es in die Halbfinals schaffen.

Das dreieckige, silbern-, bronze- und goldfarbene Dach ist die Krönung, wenn wir eine der drei Medaillen erringen.

Zum Schluss meiner Präsentation ertönt Whitney Houstons «step by step». Mit dem DVD dieses Lieds schlossen wir bekanntlich bereits das Finale am Kick-off-Tag im letzten Oktober. Gute Erinnerungen kommen zurück. Alle fühlen sich gut. Ein Symbol ist vorhanden. Die Erwartungen sind überall klar. Eine gewisse Euphorie entsteht.

In der Zwischenzeit ist die Überraschung in Biel angekommen. Sie haben Wort gehalten. Steve Lee und seine Freunde Mandy Meyer, Leo Leoni, Marc Lynn und Hena Habegger. Die Topforma-

Fünf separate Teile: Die Etappen zum Haus der Sieger.

Das Fundament: Training und Prinzipien.

Die Hälfte der Wände: Start zur 2. Runde.

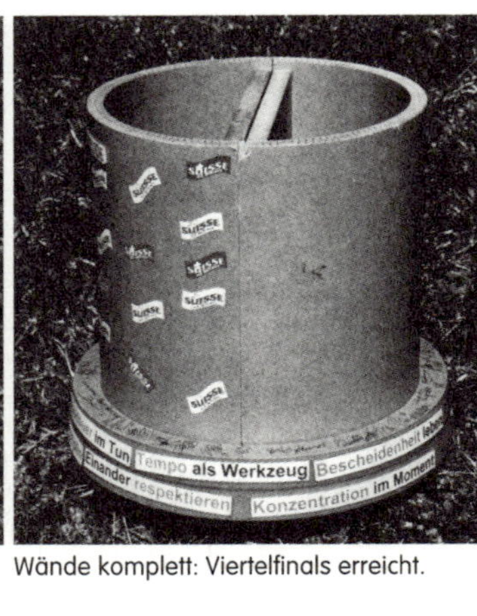

Wände komplett: Viertelfinals erreicht.

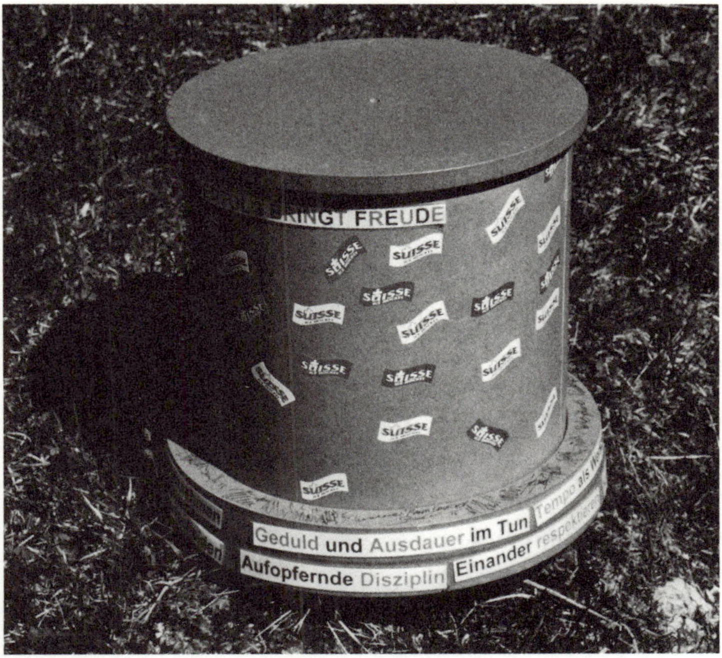

Das Flachdach: Sieg in einem Viertelfinalspiel.

Der Gipfel in Bronze, Silber und Gold: Das Team hat eine Medaille erreicht, das Haus ist komplett.

tion Gotthard jammed, unplugged, nur für die Eishockey-National-

mannschaft. Ein unglaubliches Erlebnis. Dargeboten von einem unglaublichen Team. Eine richtige Superband. Unsere Spieler sind ausser sich vor Freude. Eine knappe Stunde lang bieten sie uns ein einmaliges Erlebnis. Wir sehen, wie schön es ist, ein ausgezeichnetes Team bei der Arbeit zu geniessen. Thanks Gotthard.

Schliesslich kommen wir am Ende der Teambuildingnacht an. Der Sinn der Sache ist jetzt der ganzen Mannschaft klar. Wir wollen unser Haus bauen. Jetzt kommen die kleinen Schritte zur Umsetzung unserer Idee und unserer Vorstellung.

Mittwoch Spieltag gegen die USA.

Wie die meisten Spieltage verläuft auch dieser ruhig. Alle sind konzentriert, sie wissen, was zu tun ist. Grosse Routine macht sich hier bemerkbar. Das Eistraining läuft sehr gut. Alle freuen sich auf das anstehende Spiel.

Es ist auch Packtag. Ein Lastwagen steht bereit, um das gesamte Ausrüstungsmaterial der Spieler und unser Gepäck nach Köln zu transportieren. Der Transporter fährt sofort nach dem Spiel ab.

Unglaubliche Atmosphäre, ausverkauft, das Team spielt erschreckend gut.

Eines der besten Spiele dieser Mannschaft in der letzten Zeit. Alle vier Blocks beteiligen sich wie erhofft in allen Formen am Spielgeschehen. Die Balance scheint zu stimmen. Der 6:2-Sieg gegen eine nordamerikanische Mannschaft ist ein Ergebnis, das in die Schweizer Hockeygeschichte eingeht. Grosse Euphorie in den Medien und bei den Spielern.

So schön dieser Tag ist, weiss ich auch, dass heute leider keine WM-Punkte zu holen waren. Dass dieses Spiel für die Weltmeisterschaft bedeutungslos ist. Es ist nur eine Bestätigung dafür, dass wir über ein ausgezeichnetes Potenzial verfügen. Heute haben wir gezeigt, dass diese Mannschaft zu allem fähig ist.

Donnerstag Vier Leute unseres Staffs fliegen bereits um neun Uhr nach Köln, um im Hotel und im Eisstadion unser nächstes Zuhause vorzubereiten. Die Kabine wird von unserem Materialwart Martin und

Teamleader/Masseur Jack sowie einmal mehr Gus und Köbi ausgezeichnet eingerichtet. Die Spieler werden am Abend sofort den Eindruck bekommen, zu Hause zu sein.

Der Rest von uns fährt von Biel mit dem Bus zum Flughafen und fliegt um Viertel nach zwei Uhr Richtung WM ab. Alle Spieler tragen den gleichen Anzug und das gleiche Polohemd.

Ab jetzt gibt es für mich keine exklusive Medienarbeit mehr. Nur noch Pressekonferenzen für sämtliche Medienleute zusammen. Die Spieler verstreuen sich am Flughafen. Wir treffen uns zum Abflug SR 3582.

Bei unserer Ankunft in Köln empfängt uns ein Host der WM und bringt uns direkt in die Kölner Arena. Jeder sucht als Erstes den direkten Weg zur Garderobe. Ich kenne die Situation bereits, weil ich schon Ende Januar zusammen mit Peter Zahner alle Stadien, Hotels, Garderoben ausgecheckt habe. Jedes Staffmitglied, jeder Verteidiger, Stürmer und Torhüter sucht sofort seinen Platz und nimmt die persönliche Lagebeurteilung vor. Jeder Teil der Ausrüstung ist an seinem Ort, jeder Spieler hat eine eigene Privatsphäre, alles ist angeschrieben und zugeordnet. Alle fühlen sich wohl. Die Flagge hängt über dem Eingang, die zusammengebundenen Holzstöcke ebenfalls, die Plattform unseres Hauses steht in der Mitte der Garderobe. Über der Plattform hängt, unserer gegenüber, auch eine kleine deutsche Flagge. Die Flagge unseres nächsten Gegners hängt immer in der Kabine. Dies fördert den Fokus auf das unmittelbar Bevorstehende. On the task at hand. An der Wand befinden sich die winning habits, mehrere Teamstatistiken und die Aufstellung mit den entsprechenden Blockfarben für das heutige Training. Auf dem Tisch steht noch eine grosse Platte mit Sandwiches, Früchten und Kuchen. Die Spieler hauen tüchtig rein.

Der Chef der Organisation in Köln kontaktiert mich und bittet, unser Training um eine dreiviertel Stunde zu verschieben, weil die USA in ihre Planung unsere Zeit eingetragen haben. Dafür sollen wir jetzt büssen. Ich verlange sofort nach dem Chef der Organisation des amerikanischen Teams, um die Sache mit ihm zu besprechen. Innerlich koche ich. Da planen unser Manager und ich alle Details Monate im Voraus, und nur weil andere nicht gut organisiert sind, sollen wir uns umstellen. An Turnieren ist eben immer Flexibilität gefragt. Schliesslich finden wir einen Kompromiss und verteilen die Trainingszeit. So gelassen wie möglich informiere ich die Spieler von der Planänderung, ohne dass sie unruhig werden.

Ihr nächster Weg führt die Spieler ins Stadion. Obwohl wir es alle bereits auf Video gesehen haben, ist es sehr imposant, beeindruckend. Die Dimensionen dieses Eispalastes sind enorm. Die Spieler sind überwältigt. Jeder denkt für sich: Wow, I am going to play here in a few days. Wir bereiten uns vor, indem wir die Bühne einmal betreten. Vorerst ohne Publikum. Wir absolvieren ein Eistraining.

Nach dem Training werden zum zweiten Mal organisatorische Probleme sichtbar: Der Bus steht nicht rechtzeitig bereit. Wir müssen über eine halbe Stunde auf ihn warten, bis wir endlich ins Hotel fahren können. Die zweite Situation, die uns zeigt, dass die Organisation der WM ausserhalb unserer Kontrollzone liegt. Bei einem solchen Anlass geben wir viel an die Organisation ab. Damit ist man gebunden. Wenn es dann nicht optimal läuft, ist man ziemlich hilflos.

Endlich kommen wir im Hotel an, beziehen unsere Zimmer und gehen dann gleich zu unserem zweiten gemeinsamen Ort: einem Raum im Dachgeschoss, den wir bereits vor Monaten ausgewählt und reserviert haben. Hier, mit wunderbarer Aussicht über Köln, essen wir und tun alles Gemeinsame. Besprechungen, Sitzungen, alles halten wir dort ab. Nur eine weitere Mannschaft hält sich in unserer Nähe auf. Unser erster WM-Gegner, die deutsche Nati, tagt im Raum nebenan. Die Spieler haben Freizeit. Wir Trainer richten den «war room» ein. Aus einer grossen Alukiste nehmen wir ein TV-Video, ein Zusatzvideo, ein Videoschneidegerät, einen Drucker, einen Kopierer, zwei Laptops. Diese Utensilien werden ab jetzt in jedem «war room» aufgebaut. Der «war room» wird unser zweites Zuhause. Dort verbringen wir demnächst am meisten Zeit. Dort erstellen wir die Zeitpläne, entwickeln Strategien, analysieren unsere Gegner und unsere eigenen Spiele und Spieler, schneiden Videos zusammen, erstellen Trainingspläne und verbringen, viele Stunden, miteinander diskutierend.

Wir erstellen den Zeitplan für Teil 1 der WM, was nicht einfach ist. Wie immer vor dem Schlafengehen besprechen wir uns noch einmal, um festzustellen und zu beschliessen, was die Mannschaft am nächsten Tag am meisten benötigt.

Freitag

Von elf bis zwölf Uhr dreissig ist unser letztes Eistraining vor dem Eröffnungsspiel geplant. Doch wieder kommt der Bus zu spät, und wir müssen ihn teilen mit den Ukrainern. Schon wieder werden Erwartungen und Abmachungen vom Organisator nicht erfüllt. Die Spieler bleiben relativ gelassen. Doch ich bin langsam, aber sicher verärgert und nehme sofort Kontakt mit unserem Delegationsleiter Peter Zahner auf. Ich bitte ihn, einen offiziellen Protest einzulegen. Peter und Jack sind im Moment in den Hotelzimmern der Spieler und hängen die Zeitpläne mit den in Farbe gedruckten Flaggen der nächsten Gegner auf, für Teil 1 der WM. Eine weitere Steigerung. Mit dieser Aktion wollen wir den Spielern einen Rahmen für die nächsten Tage setzen.

Wir kommen zwanzig Minuten zu spät im Eisstadion an. In der Hektik kommt die Ruhe der Trainingsvorbereitung etwas zu kurz. Doch das Training selbst verläuft sehr gut. Die Konzentration, die Konsequenz der Spieler und ihre Ausführungen geben uns ein sicheres Gefühl.

Erstaunlich an diesem Tag: Zum ersten Mal kümmern sich die Medien nicht um meine Meinung zum bevorstehenden Spiel. Ein finnischer Journalist setzt sich als Einziger auf die Wunschliste, um mit mir zu sprechen. Ich komme gar nicht dazu, dem Gegner Deutschland gebührenden Respekt zu bezeugen und davor zu warnen, ihn nicht ernst genug zu nehmen. Positiv ist das unerwartete Loch in meinem Zeitplan, das ich sehr zu meinem Vergnügen mit einem fünfzigminütigen Lauf fülle.

Der Nachmittag gehört uns Coaches zur Vorbesprechung. Wir schneiden ein achtminütiges Video vom letzten Vorbereitungsspiel der Deutschen gegen Italien zusammen. Videos und Statistiken kann man immer so oder so auswerten. Man kann den Gegner stärker oder schwächer darstellen. Diesmal schneiden wir, um den Gegner sehr stark aussehen zu lassen. Eine äusserst zeitaufwändige und sehr wichtige Arbeit, die zum grössten Teil von Köbi erledigt wird. Besonders wenn im Bewusstsein der Spieler der Gegner wegen der schlechten Vorbereitungsspiele zu wenig ernst genommen wird. Zusätzlich muss Deutschland auf seinen besten Torhüter, einen der Weltbesten überhaupt, wegen dessen Knieverletzung verzichten. Dadurch entsteht die Gefahr, dass unsere Spieler den Gegner zu sehr unterschätzen.

Gus, Köbi und ich gehen nach dem Meeting zurück ins Stadion. Um achtzehn Uhr beobachten wir das Abschlusstraining der Deutschen. Mit solchen Beobachtungen erhoffen wir uns noch kleine Vorteile vor dem Match zu holen. Man notiert die Zusammenstellung der Mannschaft, sieht taktische Tendenzen in den Übungen, die sie machen, und analysiert einzelne Spieler speziell. Zum Beispiel der Torhüter, der morgen spielen wird, oder der neue Stürmer, der erst gestern aus Nordamerika angereist ist. Ich werde aber zum grössten Teil abgelenkt, weil die deutschen Medien mich nicht in Ruhe lassen. Meine eigenen Beobachtungen kommen deshalb zu kurz.

Gegen meine inneren Gefühle erfülle ich meine Aufgabe für den Hockeysport und spreche mit den Medienleuten, auch weil mir zum jetzigen Zeitpunkt nichts anderes übrig bleibt. In der Vorbereitung wimmelte Patrick bis zu zwanzig Anfragen deutscher Journalisten ab. Jetzt kann ich mich ihnen nicht mehr entziehen.

Auf der Fahrt zurück ins Hotel sammeln wir nochmals unsere Gedanken und treffen dann die Mannschaft um halb acht im Meetingraum, um ihnen die deutsche Mannschaft möglichst detailliert vorzustellen. Eine Art Zusammenfassung der Stärken der Deutschen. Nachher fragen wir die Spieler, was sie vom deutschen Team halten und was sie für das morgige Spiel als wichtig erachten. Es kommen sehr starke Inputs von den Spielern. Bereitschaft, Fokus, alles stimmt.

Danach gehen wir alle unseren eigenen Weg. Ich lese noch etwas, entspanne mich und gehe frühzeitig in dem Gefühl schlafen, alles getan zu haben, um physisch und psychisch, taktisch und technisch für das erste WM-Spiel bereit zu sein.

Tomorrow is D-Day!

D-Day: Tag 1

Ab jetzt hat alles einen klaren Grund. Auf jedes Detail wird geachtet. Nichts ist ohne Bedeutung, nichts ist Zufall.

Eine Stunde vor dem Weckruf gehe ich in der Gegend unseres Hotels joggen, um dabei nach der besten Route für einen Spaziergang mit der Mannschaft Ausschau zu halten. Die Mannschaft trifft sich – alle in Trainingsanzügen – um 9.30 Uhr vor dem Hotel.

Ich entscheide, diesen Tag eher ruhig anzugehen. Wir gehen in einen Park, den ich vorher entdeckt habe, und bleiben vor einem grossen Baum stehen. Ich spreche kurz über die potenzielle Stärke unserer Einheit. Jeder soll die nächsten Stunden auf seine Art und Weise gestalten. Danach lasse ich die Spieler in Ruhe. Nächster Treff ist um 12.30 Uhr im Meetingraum. Wir sind bereit, denn wir haben uns gut vorbereitet. Ich versuche, ganz ruhig, zu bleiben, will bewusst viel Ruhe ausstrahlen, um einer eventuellen Übermotivation vorzubeugen.

Bei der Besprechung halte ich mich an diese Linie. Sie sitzen in den Fünfergruppen. Alle sind mit Tafeln beschäftigt und kommunizieren miteinander. Ich resümiere noch einmal den Gegner und spreche zwei, drei taktische Punkte an, die entscheidend sein werden. Dabei erwähne ich auch die nötige Geduld, da die Deutschen in der Startphase bestimmt über ihre Verhältnisse stürmen werden, und rede über die nötige Disziplin, die von uns gefordert ist. Der Sieg muss über die Zeit wachsen. Wir dürfen ihn nicht erzwingen wollen. Ich halte mich emotional zurück, weil ich denke, dass die Medien und die Fans bereits genügend Emotionen schüren.

Der Bus ist pünktlich; die Organisation funktioniert. Wir sind rechtzeitig im Stadion. Zwei Stunden vor dem Spiel steigt jeder für sich selbst ein. Jeder trifft seine eigenen Vorbereitungen. Das

Material jedes Einzelnen wird noch abgestimmt. Die Spieler verbringen viel Zeit damit, ihre Stöcke zu präparieren. Keine zwei sind identisch. Jeder hat seine eigenen kleinen Tricks und Macken, wie er mit dem Klebeband und dem Stockbogen umgeht. Die Schlittschuhe werden noch einmal überprüft. Einige brauchen noch einen neuen Schliff. Martin Keller, unser Materialwart, hat die letzten Stunden vor einem Spiel immer sehr viel zu tun. Klaus und Jack, die beiden Masseure, sind ebenfalls vollauf beschäftigt. Jeder Spieler hat sein eigenes Vorbereitungsprogramm. Einige spielen Fussball, einige machen Dehnungsübungen, andere laufen sich ein, die Musik läuft während dieser Zeit sehr laut.

Für uns Trainer ist diese Stunde und zwanzig Minuten vor dem Aufwärmen eine eigentlich tote Zeit. Wir lassen die Spieler in Ruhe und sprechen wenig. Fünfzehn Minuten vor dem Aufwärmen wird die Musik ausgeschaltet; die Konzentrationsphase beginnt. Inzwischen sind alle Spieler in der Garderobe. Die allerletzten Vorbereitungen und das Anziehen der Ausrüstung verlaufen sehr ruhig. Ich fühle eine gute, gesunde Spannung in der Luft.

Beim Aufwärmen ist die Stimmung überraschend gedrückt. Die übermächtige Präsenz von achtzehntausend Zuschauern, des deutschen Publikums, wird bestimmt auf irgendeine Art auf die Spieler eine Wirkung haben. Wegen der Eröffnungszeremonie müssen wir nach dem Aufwärmen eine doppelt so lange Wartezeit bis zum Spielbeginn in Kauf nehmen als normalerweise. Aus zwanzig Minuten werden so fünfunddreissig. Nach dem üblichen Countdown zum Spielbeginn halte ich noch eine kurze Ansprache und versuche, die Spieler mutig und gesund motiviert hinauszuschicken.

Die erste Scheibe wird eingeworfen. Die Weltmeisterschaft 2001 beginnt.

In der Startphase bleibt der von uns erwartete grosse deutsche Angriff aus. Es kommt zu einer längeren Phase gegenseitigen Abtastens. Erst mit dem Geschenk des ersten Gegentors lösen wir eine Stimmungslawine im Stadion aus, die uns in der Folge auf seltsame Weise blockiert. Weder der Ausgleich noch die lange Phase der Überlegenheit bringt uns so richtig ins Spiel. Und die beiden späten Gegentore schockieren uns. 1:3 gehen wir unter. Nach langer Vorbereitung fallen wir innerhalb Stunden in ein tiefes Loch. So schnell geht es im Sport, so schnell geht es im Leben. Wir verlassen das Eisfeld mit dem eigenartigen, für mich erstmaligen Gefühl, überhaupt nicht mitgespielt zu haben.

Vermutlich gab es noch nie ein Startspiel, das so hochstilisiert wurde wie dieses. Bis zu diesem Datum ein Zuschauerrekord für eine WM-Eröffnung. Das Spiel wurde bereits seit vergangenem November angekündigt und von den Medien zu einer Grösse aufgebauscht, die das Eröffnungsspiel einer WM nie erreichen darf.

Auch unsere Reaktion auf diese Niederlage ist, leider im negativen Sinn, entsprechend gross. In der Garderobe herrscht fast schon tödliche Stille. Ich verliere keine zehn Worte über dieses Spiel. Es schmerzt. Ich analysiere die Situation und versuche sofort, die Mannschaft in ihren Gedanken vorwärts zu orientieren. Entscheidende Momente, in denen ich als Führungsperson nicht noch mehr Energie aus der Mannschaft holen kann. Es wäre kontraproduktiv. Symbolisch wechsle ich die Flaggen aus, um die Spieler auf den nächsten Gegner einzustellen. Die deutsche Flagge wird eingezogen und die Weissrusslands gehisst. Ich informiere möglichst sachlich über den Ablauf des verbleibenden Tages und spreche darüber, dass gerade diese Zeiten Tests für uns sind, mit denen immer wieder unser Teamcharakter geprüft wird. Ich erinnere die Spieler daran, dass wir in der Vergangenheit genau in solchen Situationen über uns hinausgewachsen sind.

Die folgende Pressekonferenz verläuft sachlich und ruhig. Ich gratuliere dem Gegner und weise auf das nächste Spiel hin. Ich sage nicht viel und werde auch nicht viel gefragt. Die Medienvertreter scheinen enttäuscht, ruhig und nachdenklich zu sein. Vielleicht stehen auch sie unter Schock.

Auf dem Weg zum Bus erhalte ich von Fernsehleuten eine Kassette der Begegnung zwischen Weissrussland und Tschechien, die gleichzeitig mit unserem Spiel gegen Deutschland stattfand. Wir fahren ins Hotel zum Essen, danach ziehe ich mich in den «war room», unsere Kommandozentrale, zurück. Hier holt mich die Realität ein. Ich realisiere, wie schwierig die Ausgangslage mit dieser Niederlage geworden ist, und weiss, dass die vierundvierzig Stunden bis zum nächsten Spiel kein Zuckerschlecken sein werden. Schön öfter in meiner Karriere stand ich vor einer schwierigen Aufgabe. Diese gehört zu den ganz schwierigen. Bei einer Niederlage gegen den nächsten Gegner würden wir unerwarteterweise in den Abstiegsstrudel geraten.

Köbi, Gus und ich schauen das ganze Spiel nochmals an und fühlen uns danach etwas besser, weil wir sehen konnten, dass wir klar die bessere Mannschaft waren, was aber nur ein schwacher Trost ist. Am Ende zählen im Sport nur die nackten Zahlen. Wir schneiden das Weissrussland-Tschechien-Video um und stellen ein Achtminutenband zusammen, das die Stärken und Schwächen unseres nächsten Gegners hervorhebt. Wir beschliessen, morgen, gleich nach dem Frühstück, ein Meeting einzuberufen, um die Vergangenheit sofort zu bereinigen und neue Freude für das Spiel gegen Weissrussland zu wecken. Die Nacht wird kurz sein.

Tag 2

Neuer Tag, neue Hoffnung, neue Freude auf neue Aufgaben. Beim Teammeeting fordere ich die Spieler auf, über die Situation aus ihrer Sicht zu sprechen. Überraschenderweise meldet sich über die halbe Mannschaft mit ehrlichen, offenen und selbstkritischen Analysen. Von unserer Seite ist zu diesen Analysen nicht viel zu sagen. Mit dem letzte Nacht zusammengeschnittenen Video stellen wir den kommenden Gegner vor und machen die Spieler mit der Strategie bekannt, die uns Erfolg bringen kann.

Wir absolvieren ein hartes Training. Alle sind konzentriert. Die Pressegespräche nach dem Training sind relativ unangenehm, weil uns viele der Journalisten bereits in der Abstiegsrunde sehen. Mir macht das nicht viel aus. Ich bleibe konzentriert und fokussiere mich auf die nächste Begegnung.

Nach dem Training geben wir den Spielern für den Rest des Sonntags frei. Ich selbst ziehe mich für ein paar Stunden zurück und versuche, Energie für die morgen bevorstehende riesige Aufgabe zu sammeln.

Gegen Abend wohnen Köbi, Gus und ich dem Training der Weissrussen bei. Wie stark diese Mannschaft ist, wird uns dabei bestätigt. Auch der Unterschied, den die Medien zwischen den einzelnen Mannschaften machen, wird uns deutlich. Sind bei unseren Trainings Dutzende Journalisten anwesend, schauen beim Weissrussland-Training gerade mal zwei zu.

Um 19 Uhr legt SF DRS eine Liveschaltung mit mir aus dem Stadion direkt ins «Sportpanorama» nach Zürich. Ich versuche, zum Glauben der Mannschaft an das Weiterkommen im Turnier eine deutliche Botschaft zu hinterlassen.

Nachdem ich Gast bei einem deutschen Sender gewesen bin, sehen wir Coaches uns das Spiel Tschechien gegen Deutschland an. Beim Zuschauen nehme ich diese enorme Energie im Stadion wahr. Es ist dieselbe, die uns am Vortag zum Verhängnis wurde.

Während dieses Spiels habe ich zum ersten Mal Zeit, meine Nachrichten auf meinem Handy zu überprüfen. Meine Combox weist eigentlich alle Leute ab. Dieses Telefon nutze ich grundsätzlich nur für organisatorische Einsätze oder um mit meiner Familie zu sprechen. Während einer WM oder den direkten Vorbereitungen dazu versuche ich, mich von den Meinungen der Aussenwelt so gut wie möglich abzuschirmen. Ich sehe, höre und erfahre nichts von den Medienberichten, weil ich dadurch meine Neutralität verlieren würde. Neutralität gegenüber Spielern, Journalisten und Staff. In irgendeiner Form beeindrucken äussere Meinungen einen Menschen immer. Deshalb ist es sehr wichtig, hier einen Riegel vorzuschieben. Durch die modernen Telekommunikationsmittel gibt es aber immer eine Lücke. Diesmal ist es eine SMS-Botschaft, die mich sehr stört und sehr viel Energie kostet und mich aus der «Zone» wirft. Sie besagt, dass eine Zeitung mich als unsicher und verzweifelt darstellt. Verärgert bin ich deshalb, weil ich nie das Gefühl gehabt habe, die Übersicht zu verlieren. Wenn ich eine harte, selbstkritische Analyse über ein Spiel mache, ist das überhaupt keine Verzweiflung, sondern ein Teil des Lösungsfindungsprozesses. Ich realisiere immer mehr, wie wichtig es für mich ist, Berichterstattungen zu ignorieren, um mich voll in der Erfolgszone aufhalten zu können. Was die Medien publizieren – kann ich nicht ändern. Alles, was ich tun kann: mich auf die nächste Herausforderung gut vorbereiten. Ich lösche die störende Nachricht auf meinem Telefon und in meinem Kopf und freue mich jetzt umso mehr auf die morgige schwierige Aufgabe.

Schliesslich nehme ich sehr gute Erkenntnisse über das Spiel der Tschechen, die unser übernächster Gegner sind, mit in die Nachtruhe. Für die morgige Aufgabe motiviere ich mich mit einem meiner Kabinensprüche: «Hasse nicht das Verlieren, liebe das Siegen.»

Tag 3

Wieder stehe ich eine Stunde früher auf, ziehe meine Turnschuhe an und entscheide mich dafür, in eine andere Richtung als vor dem Deutschland-Spiel zu laufen. Ich laufe Richtung Rhein und Dom. Während des Laufens wird mir bewusst, dass ich heute noch zusätzliche Mittel finden muss, um die Mannschaft für diese schwere Aufgabe entsprechend gut zu motivieren. Beim Laufen steige ich in eine aktive Meditationsphase hinein. Ich laufe am Dom vorbei. Ich laufe am Rhein entlang. Und plötzlich kommt mir eine Idee in den Sinn. Ich laufe wieder zum Dom zurück und einmal um ihn herum. Ich bin auf der Suche nach einer geeigneten Stelle, wo ich nachher zusammen mit den Spielern meine Idee umsetzen kann.

Bevor ich zurück ins Hotel gehe, gehe ich in den Dom und sammle dort nochmals Energie.

Punkt halb zehn trifft sich die ganze Mannschaft vor dem Hotel. An der ersten Kreuzung erwartet sie wieder ein Spaziergang durch den Park. Sie sind überrascht, weil ich eine andere Richtung wähle. Ein Fernsehteam will uns mit der Kamera begleiten. Ich weise die Leute streng zurück. Wir spazieren zum Rhein hinunter, am Dom vorbei. Dort bilden wir einen Kreis und absolvieren eine Dehnrunde. Dies gilt als starke Teamaktion. Jeder muss eine Übung vormachen. Nachher spazieren wir zurück zum Hotel. Ich führe die Mannschaft zur anderen Seite des Doms, wo ein Zaun steht. Ich überspringe ihn, und die anderen kommen mir nach. Ich stelle mich gegen die Wand und weiss, dass die folgenden Worte entscheidend sein werden. Ich schaue den Dom hinauf und sage, um diese Kirche zu bauen, brauchte man bereits vor Hunderten von Jahren viel Geduld. Dann weise ich auf einen Stein ganz unten und sage: Derjenige, der diesen Stein gelegt hat, sorgte sich in diesem Moment nicht um das Endprodukt. Vielleicht war er für einen Moment sogar mit diesem Stein verbunden. Seine Konzentration und seine ganze Aufmerksamkeit gehörte für einen Moment diesem Stein. Er nahm diesen Stein, der schwer sein muss, in die Hände und platzierte ihn. Er machte sich keine Sorgen um die Spitze des Doms, sondern nur um den Stein als Teil des Fundamentes. Er legte ihn dorthin, wo wir ihn noch heute sehen können. Heute wird es entscheidend sein, dass wir nicht eine Sekunde an das grosse Bild denken. Wir dürfen uns nur auf diesen Stein konzentrieren. Und wir brauchen heute jeden, um diesen schweren Stein an die richtige Stelle zu legen. Löschen wir alle anderen Gedanken an dieser Stelle, packen wir diese Sache gemeinsam und mit Freude an und setzen wir heute gegen Weissrussland diesen wichtigen Stein. Now let's go and do it. Und wir alle springen wieder über den Zaun. Beim Weggehen schaut jeder noch einmal schweigend und für sich alleine den Dom an. Von ganz unten bis nach ganz oben.

Auf dem Weg zurück ins Hotel überlege ich mir, wie ich noch einen draufsetzen kann. Ich will die volle Motivation erreichen. Ich beauftrage Jack, die CD «Step by step» von Whitney Houston zu kaufen, die ich später einsetzen will.

Wir packen den «war room» zusammen, die Spieler stellen ihre Taschen vors Zimmer. Sie sollen sich nicht um ihr Gepäck kümmern müssen, sondern sich nur aufs Hockeyspielen konzentrieren können. Wir organisieren einen Lastwagen, der das ganze Gepäck noch während des Spiels in unser Hotel nach Nürnberg fährt, wo wir morgen gegen Tschechien spielen werden.

Wir treffen uns alle um Viertel nach eins für eine ganz wichtige Besprechung. Ich entscheide mich, keine taktische Rede zu halten. Ich zwinge sämtliche Spieler, an der Besprechung aktiv teilzunehmen, indem ich sie mit schnell gestellten spielspezifischen Fragen bombardiere.

Die Atmosphäre ist auf gute Weise gespannt. Alle sind geladen, leidenschaftlich, wollen aufs Eis und gewinnen. Die Vorbereitung ist Routine wie immer. Fünf Minuten bevor wir hinaus müssen, bitte ich die Spieler, sich nochmals einige Minuten Zeit zu nehmen, um im Kopf ein genaues Bild davon herzustellen, was sie heute persönlich in die Mannschaft hineinbringen wollen. Dann drücke ich, für die Spieler überraschend, auf den Knopf der Stereoanlage. Für die nächsten vier Minuten läuft das Lied «Step by step» von Whitney Houston. In der Garderobe bildet sich eine unheimlich starke Energie. Gedanken an unseren Kick-off, an den Teamabend mit Gotthard, viele gute Erinnerungen werden durch dieses Lied geweckt. Mit genau dieser Energie beginnen wir das Spiel, und ich zweifle nicht einen Moment am Sieg.

Den 5:2-Sieg erreichen wir deshalb, weil wir es einfach mehr wollen als die Weissrussen, die uns als Hockeyteam in jeder Beziehung ebenbürtig sind.

Nach dem Spiel hole ich aus dem Trainerraum die erste Wand für unser Haus und baue sie auf das Fundament. Wir haben die Zwischenrunde erreicht.

So gross der Schmerz nach der Deutschland-Niederlage war, so gross ist die Erleichterung heute. Die emotionalen Wechselbäder der letzten achtundvierzig Stunden sind unglaublich. Und etwas wird mir einmal mehr klar: Ich liebe diesen Job so sehr, weil ich dabei in vollen Zügen leben kann, wie ich es wohl kaum in einem andern Beruf könnte.

Gleich nach dem Spiel essen wir im Stadion und schauen noch ein Drittel des Abendspiels USA gegen Lettland an. Dann fliegen wir mit einer Chartermaschine nach Nürnberg. Während des Flugs spreche ich mit mehreren Spielern und stelle fest, dass die bisherigen Spiele uns nicht so viel physisch Kraft gekostet, mental aber sehr viel Energie verbraucht haben. Deshalb kommt über den Weissrussland-Sieg keine wirkliche Freude auf. Nur Erleichterung darüber, etwas furchtbar Bedrohliches gerade noch abgewendet zu haben.

In Nürnberg kommt der Bus für die Spieler direkt zum Flugzeug. Die Spieler fahren zum Hotel, wo ihr Privatgepäck bereits auf sie wartet. Sie essen noch eine Kleinigkeit, räumen ihre Zimmer ein und gehen bald schlafen. Vier Staffleute warten im Stadion auf den Lastwagen mit dem zwei Tonnen schweren Ausrüstungsmaterial. Sie richten die Garderobe ein und kommen schliesslich gegen drei Uhr endlich zu ihrem verdienten Schlaf.

Tag 4

Ich kann vor lauter Aufregung nicht lange schlafen und gehe bereits um sechs Uhr eine Runde joggen. Im Wald gelingt es mir endlich, wieder einen Überblick zu erhalten über das, was war, und das, was sein wird.

Um elf Uhr findet ein Eistraining statt. Wir versuchen, den Spielern möglichst viel Ruhe zu gönnen. Nach dem Mittagessen legen sich die meisten hin und schlafen, weil das heutige Spiel ja erst um 20 Uhr beginnt.

Gegen halb sechs treffen wir uns alle zu einer Besprechung, bei der wir uns mehr mit unseren Stärken und Schwächen als mit denen unseres Gegners, des amtierenden Weltmeisters, auseinander setzen. Die Stimmung ist wieder gut.

Ausverkauftes Haus, ausgezeichnete Atmosphäre. Das Spiel gegen Tschechien findet auf sehr hohem Niveau statt. Zum ersten Mal in diesem Turnier spielen wir wirklich frei und unbeschwert auf. Nichts ist verkrampft. Wir gehen zweimal in Führung. Das zweite Tor wird uns ungerechterweise aberkannt. Ein neuer emotionaler Schlag, über den man nicht lange nachdenken darf. Es scheint, als ob wir den Erfolg an dieser WM nicht verdient hätten. Doch die Mannschaft zeigt Charakter. Kurz vor Schluss, beim Stande von 1:2, riskieren wir noch einmal alles und nehmen den Torwart heraus, um ihn mit einem zusätzlichen Feldspieler zu ersetzen. Die routinierten Tschechen lassen uns aber keine Chance mehr und gewinnen schliesslich 3:1. Die knappe Niederlage gegen die Tschechen beweist, welche Spielweise am besten für uns ist. Für viele Spieler ist dieses Spiel das schnellste, das sie je gespielt haben. Einmal mehr haben wir durch eine Erfahrung einen dieser wichtigen und nicht wirklich messbaren Schritte getan.

Und wieder müssen wir nach dem Spiel ans Packen denken. Wir freuen uns, für die nächste Runde nach Hannover zu reisen, auch wenn die Realität vor allem uns, den Staff, einholt, weil wir uns um die ganzen Gepäckverschiebungen kümmern müssen. Alle sind müde. Beim Essen halten wir noch eine Besprechung ab, in der wir den zweiten Turnierteil organisieren.

Um Mitternacht besammeln wir die ganze Mannschaft. Ich zeige ihnen auf, was noch alles passieren muss, damit wir in die Viertelfinals kommen. Das Meeting ist eine Art Neuorientierung. Es ist bisher nicht alles nach Wunsch gelaufen, wir haben aber dennoch, mit der sehr guten Leistung gegen Weissrussland, die Zwischenrunde erreicht. Noch steht die Tür für die Viertelfinals offen. Es wird schwierig, aber möglich sein. Dazu brauchen wir aus den nächsten drei Spielen mindestens vier Punkte. Solange noch Möglichkeiten bestehen, müssen wir alles investieren, um diese zu nutzen. Ich weise auch darauf hin, dass einige Spieler bisher ihre Leistungsgrenze noch nicht erreicht haben, ihnen aber jetzt noch viel Zeit im Turnier zur Verfügung stehen wird, um dort anzukommen. Die Mannschaft braucht jetzt die vollen Fähigkeiten jedes einzelnen Spielers.

Tag 5

Die Spieler haben heute eisfrei. Wir sind überzeugt, dass ein Tag ohne Eistraining wieder neue Energien freisetzen wird. Wir fordern sie aber auf, etwas zu tun, um zu schwitzen. Sie organisieren einen Fussballmatch.

Zwischen Frühstück und meiner Abreise am Mittag führe ich noch mit sechs Spielern, mit deren Leistungen wir nicht zufrieden waren, ziemlich harte Einzelgespräche. Das ist nichts Besonderes. Es kommt selten vor, dass alle Spieler zur gleichen Zeit auf dem gleichen Niveau sind. Solche Situationen ergeben sich während einer Weltmeisterschaft praktisch täglich. Nach guten wie auch nach schwächeren Spielen.

Um elf Uhr haben wir in der Garderobe ein Meeting mit der Mannschaft. Sie erhalten heute Ausgang und können die Uhrzeit vorschlagen, zu der sie wieder im Hotel sein wollen. Sie entschliessen sich für Mitternacht. Wir willigen ein, weil das nächste Spiel erst in zwei Tagen stattfindet.

Das Coaching Team springt in ein Auto und fährt nach Hannover. Vor Ort wollen wir alles für die Mannschaft vorbereiten und die nächsten Gegner, Russland und Kanada, beim Abendspiel beobachten.

Bei der Ankunft in Hannover scheint zunächst alles gut zu verlaufen. Wir sollen unsere Garderobe um sieben Uhr beziehen können. Und dann kommt der grosse Schock: In der Kabine gibt es eine Anzahl Stühle und ein paar Haken an den Wänden, sonst nichts. Eine Garderobe, die eher einem Plauschmatchteam entspricht als einem WM-Teilnehmer. Die Situation ist unentschuldbar. Doch das nützt uns nichts. Tatsache ist, dass unsere Spieler morgen hier sein werden und von der Organisation niemand die Verantwortung für diese untragbare Situation übernehmen will. Es bleibt uns nichts anderes übrig, als selbst zuzupacken. Zusammen mit dem Organisator werden drei Schreiner beauftragt, entsprechend viele Spielerkästen anzufertigen.

Während wir uns um die Einrichtung der Garderobe kümmern, spielen Russland und Kanada gegeneinander. Gus und Köbi schauen sich das Spiel an, ich wirble zwischen Spiel und Garderobe hin und her. Das sind Momente, wo man weder unnötige Energie verschwenden darf noch sich über die Situation aufregen soll. Nur lösungsorientiertes Handeln führt hier zum Ziel. Auch unser Manager Peter Zahner muss sehr aktiv werden und an oberster Stelle des internationalen Eishockeyverbandes Druck machen.

Tag 6

Schon früh sind wir Trainer wieder zurück im Stadion und richten zusammen mit den Schreinern die Garderobe ein. Martin, unser Materialwart, ist inzwischen mit der ganzen Ausrüstung der Spieler angekommen. Auch er hilft mit. Es ist die dritte Kabine, die wir während dieser WM einrichten.

Nachdem wir endlich mit dem Einrichten fertig sind, schaut der Staff des amtierenden Weltmeisters vorbei und findet unsere Kabine viel besser als ihre eigene. Sie wollen darauf einen Anspruch geltend machen, weil diese Kabine eher dem Weltmeister entspricht. Natürlich wissen sie nichts von all unseren Mühen, die wir mit dieser Garderobe bereits hatten. Trotzdem weisen wir sie barsch zurück.

Die Mannschaft bezieht eine gute Stunde vor dem Eistraining die Kabine und findet keine Anzeichen mehr davon, dass hier gestern noch ein leerer Raum war, der jetzt zu unserer besten Kabine an diesem Turnier geworden ist.

Nach dem gestrigen freien Tag absolvieren wir heute ein hartes Eistraining. Danach erhalten die Spieler immer etwa sechzig bis fünfundsiebzig Minuten Zeit, in der sie sich in verschiedenen Formen regenerieren oder die Ausrüstung für das nächste Spiel vorbereiten können. In unserer Kabine stehen immer zwei Fahrräder. Velofahren, Auslaufen, Dehnen und Massieren sind Teile dieses Regenerationsprozesses.

Während dieser Zeitphasen können die Medienleute in Absprache mit Patrick Reber Gespräche mit Spielern und Staff führen. Für mich persönlich gibt es in den letzten Tagen eine angenehme Dosierung von Anfragen seitens der Medien. Während dieser WM hat sich meine Medienarbeit bis jetzt im gesunden Rahmen gehalten. Es ergeben sich immer wieder regelmässige Einsätze vor Kameras oder Gespräche mit Printjournalisten. Obwohl wir nebst Deutschland die zweitgrösste Zahl Journalisten an der WM haben, bewegen sich diese Leute sehr diskret und zeugen meinem Freiraum viel Respekt.

Nach dem Abendessen besammeln wir die Mannschaft für ein kurzes Motivationsmeeting. Wir sprechen wenig und lassen ein Video der guten Leistungen gegen Kanada und Russland bei der letzten WM laufen. Damit sollen Erinnerungen geweckt und den Spielern Mut gemacht werden. Dann folgt noch eine kurze Videozusammenfassung des Russland-Kanada-Spiels vom Vorabend. Tatsache bleibt, dass wir in den folgenden drei Spielen mindestens vier Punkte gewinnen müssen, um unser nächstes Ziel, die Viertelfinals, zu erreichen.

Auch wenn ich wenig Zeit habe, freut es mich sehr, dass meine Familie für drei Tage nach Hannover gekommen ist. Hie und da finde ich kleine zeitliche Lücken, um mit ihnen kurz zusammen zu sein.

Tag 7

Morgenspaziergang, in einem Waldstück in der Nähe des Hotels. Das Kanada-Spiel findet bereits um Viertel nach drei statt. Wir gehen es sehr zuversichtlich an. Die Spieler zeigen gute Bereitschaft. Und so beginnen wir auch das Spiel. Wir dominieren sogar die Startphase und werden erst zu Ende des ersten Drittels durch ein regelwidriges Tor aus dem Gleis geworfen. Es gelingt uns nicht mehr zurückzukommen, und Kanada fegt uns schliesslich mit ihrer aggressiven, gradlinigen Spielweise 2:6 vom Eis. Die einzige Spielweise, mit der wir noch nicht so gut umgehen können. Wir betrachten das als eine grosse Herausforderung für die Zukunft. Für den Laien ist die nordamerikanische Spielweise mit ihrer aggressiven Basis bei kleinerer Eisfläche vom technischen und läuferischen Hockey der internationalen Ebene auf der mit dreihundertsechzig Quadratmetern in der Breite grösseren Eisfläche nicht zu unterscheiden. Die Kanadier bringen uns aus dem Konzept, weil sie uns ihre Spielart auf unserer Eisflächengrösse aufdrängen. Die Spitzen der europäischen Länder können mit dieser Tatsache gut umgehen, weil sie in ihren Reihen inzwischen viele Spieler der NHL haben. Uns jedoch fehlen diese Leaderspieler noch. Auch eine Phase mit umgestellten Blockformationen hat nicht mehr die gewünschte Änderung bringen können.

Der Mensch allgemein, im Sport oder im Normalleben, braucht immer eine gewisse Zeit, um bei unerwarteten Umständen zu Bestleistungen auflaufen zu können.

Nach dem Spiel schauen wir sofort die Videoaufzeichnung an und entscheiden uns, die Grundaufstellung der Mannschaft nur wenig zu verändern. Auch der Torhüter bleibt derselbe.

Später gehen wir zurück ins Stadion, um dem Match Deutschland – Italien beizuwohnen. Als Trainer muss man sich immer wieder auch auf die übernächste Begegnung vorbereiten. Die Spieler selbst sollen sich nur gerade auf das nächste Spiel konzentrieren.

Tag 8

Wir beginnen den Tag nach dem Frühstück wieder mit einer Vorstellung unseres nächsten Gegners, diesmal der Russen. Damit wollen wir Klarheit erhalten. Was wird uns genau erwarten? Wie sollen wir darauf am besten reagieren? Das versuchen wir immer schon vorher herauszufinden. Aber heute geht es hauptsächlich um unsere eigene Spielweise. Nach den Unsicherheiten gegen Kanada fordern wir die Spieler auf, die eigenen Stärken wieder in den Vordergrund zu rücken. Zunächst müssen immer die eigenen Stärken stimmen. Erst dann können wir uns auf die Eigenschaften des Gegners konzentrieren.

Die Eistrainings in diesem Zeitpunkt eines Turniers haben eher regenerierenden Charakter. Für eine halbe Stunde sind Intensität und Tempo sehr hoch. Einige Spieler bleiben etwas länger auf dem Eis und arbeiten noch mit einem Assistenten an Details.

Den ganzen Vormittag über werden die Spieler informiert, massiert und trainieren für sich. Der Nachmittag ist für sie frei.

Nach einer kurzen Pause gehen wir Trainer ins Stadion und schauen uns Teile zweier Spiele an. Den Tag schliessen wir mit einem Brainstorming über unseren nächsten Gegner ab.

Tag 9

Alle sind hochkonzentriert. Gestern haben wir uns entschlossen, den heutigen Sonntag etwas umzugestalten, um den Rhythmus zu verändern. Wir setzen ein nicht geplantes Eistraining aufs Programm, um die Spieler aufzulockern. Einmal mehr ist kein Krisenmanagement nötig. Die Situation ist jederzeit unter Kontrolle. Die Spieler können sich voll auf das bevorstehende Spiel konzentrieren. Solche Umstände sind nur mit dem vollen Einsatz des ganzen Staffs möglich. Im Teamgefüge braucht es viel Planung, und die Kommunikation muss wirklich stimmen. Das Ziel des Staffs einer WM muss sein, dass die Spieler voll und ganz in die Erfolgszone einsteigen können. Also jene Zone, wo man sich nur um die Sachen kümmert, die man ändern und beeinflussen kann. Ich bin überzeugt, dass wir alle das heute wieder geschafft haben.

Nach den Blockbesprechungen wollte ich auf der Fahrt im Bus zum Stadion die Whitney-Houston-CD einspielen. Vier Tage lang hatten wir immer einen Bus zur Verfügung, der mit einem CD-Player ausgerüstet war. Heute ist der Bus gewechselt worden. Kein gutes Omen. Das zeigt einmal mehr, wie wichtig es ist, immer wieder auf die Details zu achten und sich um sie zu kümmern. Man darf nie etwas als selbstverständlich annehmen.

Vor dem Spiel sprechen wir über die grosse Ehre für jeden Einzelnen von uns, eine ganze Nation zu vertreten. Ich fordere alle auf, die Flagge ihres Landes auf unser Haus zu kleben und betone nochmals, wie dringend wir heute den Einsatz eines jeden Einzelnen benötigen. Ich halte die zusammengebundenen Holzstöcke in die Luft und erinnere an die Kraft der Gemeinsamkeit. Alle scheinen bereit zu sein. Das Spiel kann beginnen.

Das Spiel gegen die Russen steht permanent auf Messers Schneide. Ein sehr spannendes Spiel. Die Russen sind zu schlagen. Doch irgendwie bringen wir diese aussergewöhnlich grosse Leidenschaft auf dem Eis nicht auf, die für einen solchen Erfolg Voraussetzung ist. Der Wille und die Einsatzbereitschaft sind da. Um die Russen zu schlagen, ist aber diese ganz besondere Energie nötig. Und die ist einfach nicht vorhanden. Mit der 1:2-Niederlage gegen sie erreichen wir unser Ziel, die Viertelfinals, nicht.

Wiederum habe ich keine Zeit, einem verpassten Ziel nachzutrauern. Ich muss darauf achten, dass die Spieler jetzt nicht innerlich aus der WM aussteigen. Ich tue alles, um das Italien-Spiel aufzuwerten. Das Spiel ist ja auch nicht bedeutungslos. Erstens wird uns ein Sieg gegen Italien an der nächsten WM in eine leichtere Gruppe bringen. Zweitens geht es darum, einen guten Eindruck für die Zukunft zu hinterlassen. Letztendlich können wir mit dieser Begegnung auch sportlich neues Selbstvertrauen holen. Ich stelle diese Herausforderung auch als Charaktertest in den Raum.

Wichtig ist nun, nichts anders zu machen, als wir es immer getan haben. So fortfahren, wie wir es gewohnt sind. Bis zur letzten Szene des Films professionell bleiben. Auch wenn es dieses Jahr kein Siegesfilm ist. We just have to go on. Von Köbi und Gus, eigentlich bereits videomüde, verlange ich einen letzten Videozusammenschnitt unseres nächsten Gegners. Ich möchte, dass die Italiener darauf sehr stark aussehen, damit der Respekt vor ihnen nicht verloren geht.

Am Abend sehen wir uns noch Italien gegen Tschechien an und ziehen unsere letzten Schlüsse.

Tag 10

Heute ist für uns der letzte Tag der Saison. Vor dem Spaziergang am Morgen erklären wir den Spielern noch einmal den grossen Unterschied zwischen dem neunten Platz, bei einem Sieg, oder dem zwölften Platz, bei einer Niederlage. Wir müssen in die Zukunft denken. Wegen der einfacheren Gruppe erhöht ein Sieg unsere Chancen an der nächsten WM.

Das Video mit den Ausschnitten aus dem Italien-Spiel zeigen wir den Spielern erst am Nachmittag, kurz vor der Busabfahrt. Wir beziehen uns aber hauptsächlich auf unsere Stärken und appellieren noch einmal an die Ehre jedes Einzelnen.

Im Spiel explodiert die Mannschaft förmlich vor Spielfreude, zeigt grossen Charakter und beendet das Turnier mit einer Gewinnereinstellung und Gewinnerausführung: einem 8:1-Sieg. Ein weiterer Schritt zum «grossen Erfolg».

Die Abreise ist für den morgigen Abend vorgesehen. Ich gebe jedem Spieler einen Tagesplan und einen Termin für ein Vieraugengespräch mit mir.

Wir lassen die Spieler los. Viele von ihnen stürzen sich ins Nachtleben von Hannover. Was immer sie tun, sie haben es verdient. Eine sehr lange Saison mit bis zu neunzig Spielen geht für sie zu Ende.

Den Abend verbringe ich in besinnlicher Stimmung im Hotel. Eine Reise ist zu Ende gegangen. Ich fühle mich leer. Für acht Wochen lebte ich jede Minute mit dem Wissen, jedes Detail, jede Kleinigkeit ist wichtig. Die Verantwortung, die ich als Führungsperson für diese Expedition übernehmen musste, lastete oft schwer auf mir. Und plötzlich ist alles vorbei. Ich fühle mich federleicht. Die Last ist abgelegt. Das Gefühl von Befreiung kommt auf. Am Ende eines Turniers, egal, ob man einen Pokal oder eine Medaille gewonnen oder einen fünften oder neunten Platz belegt hat, ist die Platzierung gleich nach dem letzten Pfiff nicht mehr wichtig. Nur die gemachte Reise zählt. Ihre Höhen und Tiefen, die Freude und das Leid. Die Intensität, mit der jeder Moment gelebt wurde. Jetzt heisst es loslassen! Das Bild, an dem ich so lange gemalt habe, fliegt davon und ist Geschichte. Für eine gewisse Zeit wird in der Öffentlichkeit und privat noch darüber diskutiert, geschrieben und gesprochen werden. Doch für mich hat die Zukunft bereits angefangen. Ein neues Bild will entstehen.

Ich schlafe mit ruhigem und gutem Gewissen ein. Wir haben viel gelernt und werden einiges ändern. Wir haben für diese Reise alles gegeben, was wir geben konnten. Ich akzeptiere, was passiert ist, und übernehme dafür die Verantwortung.

Tag 11

Ich stehe früh auf und packe alles zusammen. Baue den «war room» ab. Als die Spieler zu den Einzelgesprächen ins Zimmer kommen, ist alles Gepäck bereits weg. Die Operation ist beendet.

Um elf Uhr beginnen die über sechs Stunden dauernden Einzelgespräche mit allen Spielern. Diese Gespräche sind systematisch aufgebaut. Ich will die Spieler zwingen, über alles zu reden, will Informationen aus ihnen herausholen, die mir helfen werden, uns für die Zukunft zu stärken. Heute muss ich ein sehr guter Zuhörer sein. Die Gespräche dauern durchschnittlich fünfzehn Minuten. Ich achte darauf, dass die Spieler mindestens zehn Minuten sprechen und ich nur zuhöre. Gute Kommunikation bedeutet, dass die Teamspieler über ein Forum verfügen, in dem sie ihre Meinung kundtun können. Am wertvollsten für uns ist es, diese Informationen von ihnen zu bekommen, solange sie noch frisch sind.

Die Spieler sollen den Staff, ihre eigene und die Leistung des Teams einschätzen. Ich möchte eine ehrliche Analyse über unsere Vorbereitung hören, etwas darüber, wie sie zu unserem Spielsystem stehen, und bin an Verbesserungsvorschlägen interessiert. Die ehrlichen und offenen Einschätzungen und die Kommunikationsbereitschaft, alles zusammen stimmt mich für unsere Zukunft sehr positiv. Ich bedanke mich bei jedem Spieler für seinen Einsatz und säe bei allen den olympischen Traum aus.

Vor der Abreise renne ich noch schnell ins Stadion, um an der die WM abschliessenden Pressekonferenz teilzunehmen. Es ist eine angenehme Schlusskonferenz. Ich beende sie mit dem Gedanken, dass einer, der nie sein Ziel verfehlt, einer, der immer gewinnt, der jeden Tag alles erreicht, was er sich vornimmt, für mich der eigentliche Verlierer ist, weil er seine Ziele zu wenig hoch steckt. Man braucht Niederlagen und Rückschläge, um sich weiterzuentwickeln und den wirklichen Erfolg zu erleben.

Die Weltmeisterschaft geht zu Ende. Wir fliegen nach Hause. Noch im Flugzeug grundiere ich die Leinwand für das nächste grosse Bild. Die Olympischen Winterspiele haben für mich bereits angefangen.

Teil III

•

TEAMLIFE
ABSCHLUSS

Das Autorenteam

Georges Winter

Feuerbaum und Eis

Über Ralph Krueger zu schreiben, ist ganz einfach, aber insofern schwierig, weil einem oft kritische und eher negative Betrachtungen leichter fallen als andersrum. Sich positiv über einen Menschen oder eine Sache zu äussern, wird gerne als Schwärmerei abgetan und weckt schnell den Verdacht der Befangenheit.

Nach seinem Amtsantritt als Coach der Eishockey-Nationalmannschaft beschuldigten einzelne Journalisten Krueger schon bald, mit den Spielern Gehirnwäsche betrieben und ihnen Maulkörbe umgehängt zu haben. Die häufig geäusserten positiven Worte oder auch das Nichtbedürfnis, sich überhaupt zu ihrem neuen Trainer zu äussern, trieb sie in diesen Glauben. Krueger ein Guru? Er selbst mag diese Bezeichnung nicht. Doch wenn ein Guru einer ist, dem die Leute glauben und vertrauen, für den sie schwärmen, dem sie zuhören, dessen Theorien sie nachleben möchten, dann ist Krueger ein Guru, ein Vorbild. Einer dieser Gurus, die sich ihrer Verantwortung bewusst sind und ständig nach Vollkommenheit streben, obwohl sie wissen, dass diese für uns Menschen nicht wirklich erreichbar ist!

Medienleute nannten Krueger auch schon ein Phänomen des personifizierten Erfolgs, den neuen Messias des Schweizer Sports, Motivator mit Herz, Philosoph der Insel, Wundermann, König, Halbgott, Egozentriker, den Dichter an der Bande, Zauberer, Motivationskünstler, den Unantastbaren, Magier, Miraculix von Feldkirch, Lichtgestalt und so weiter.

Ich erweitere diese Liste um einen neuen Namen: Feuerbaum. So nannten die Kelten Bäume der Kiefernfamilie. Urwuchs Nadelbäume. In Nordamerika werden sie meist pine trees genannt. Dort stehen die ältesten dieser Art, die 5000 Jahre alten Grannenkiefern. In der Schweiz sind es die Föhren. Sie haben als einzige nordeuropäische Kiefernart die letzte Eiszeit überlebt.

Im keltischen Baumkreis, dem vorrömischen Gegenstück zur Astrologie, steht für Ralph Kruegers Geburtsdatum eben diese Kiefer, die deshalb Feuerbaum genannt wird, weil die Kelten ihre Späne zum Anzünden offener Feuer benutzten und aus ihrem Harz nächtliche Lichtquellen und Fackeln herstellten.

Ähnlich den Tierkreiszeichen werden den Menschen im Baumkreis Eigenschaften von Bäumen übertragen. Beim Feuerbaum ist es vor allem seine Bescheidenheit und die Aufrichtigkeit seines furchtlosen Etagenwuchses. Er kommt mit wenig aus und gedeiht problemlos auf sandigem oder felsigem Boden.

Auf ähnlich kargem Boden pflanzte Ralph Krueger seine aussergewöhnliche Karriere als Hockeycoach an. Als Nobody, auf zweitklassigem, europäisch unwichtigem Eishockeyboden, mit äusserst beschränkten Mitteln, im kleinen Vorarlberger Städtchen Feldkirch. Dort passierte das Aussergewöhnliche, das ihn zu dieser aussergewöhnlichen Figur werden liess. Aus einem Provinzverein schuf er einen mehrfachen österreichischen, Alpenliga- und Europameister. Sein eiserner Wille, sein Durchhaltevermögen und andere Eigenschaften Kiefergeborener, haben ihn dabei unterstützt: Gleich viel Interesse an der Gemeinschaft, in der sie leben, wie für sich selbst aufbringen. Gewinnen sie einen Vorteil, profitieren davon auch ihre Partner. Sie haben wohl Theorien, sind jedoch beileibe keine Theoretiker. Theorien taugen nur, wenn sie in der Praxis des Lebens bestehen. In ihnen ringt die Vernunft, Triebe und Gefühle zu balancieren, ohne die natürlichen Kräfte zu übergehen. Sie lieben Ordnung, Stimmung, Selbstkontrolle. Aber auch die Inszenierung und Auskostung des Selbstrausches liegt ihnen sehr. Im Bewusstsein, dass es sie in ganzer Konsequenz nicht gibt, streben sie nach Vollkommenheit. Doch was schlussendlich für sie zählt, ist das gesunde Mass der Dinge.

In seiner Verwandtschaft mit den Kiefern grundsätzlich mit diesen Eigenschaften ausgestattet, machte sich der kleine Ralph 1963, im Alter von vier Jahren, auf und fast schon davon, um sein äusseres Pendant zum inneren Feuerbaum zu suchen. Er fand es schnell. Eine Eisfläche. Gelegen in der Nähe des Hauses seiner Familie in Steinbach, einer kleinen Mennonitenkolonie, in der sein Vater als

Arzt praktizierte, südlich von Winnipeg, der Hauptstadt der kanadischen Prärieprovinz Manitoba.

Seither hat ihn das Eis nicht mehr losgelassen. Nicht während seiner Kindheit, die er grösstenteils in Internaten verbrachte, noch in der Highschool, die er problemlos abschloss. Das vor allem von väterlicher Seite vorgesehene Studium trat er aber nicht an. Mit achtzehn entschloss er sich, professioneller Eishockeyspieler zu werden. Er reiste nach Deutschland. Elf Jahre stürmte er in deutschen Bundesligavereinen, vorwiegend in Düsseldorf. Zwischen 1989 und 1991 holte er sich in der zweiten deutschen Liga die ersten Coaching-Erfahrungen als Spieler-Trainer in Duisburg. Neunundzwanzig Mal spielte Ralph in der deutschen Nationalmannschaft. Dazu hatte er seine kanadische Staatsbürgerschaft aufgegeben und die deutsche wieder angenommen, welche die ursprüngliche seiner Eltern ist, die nach dem Krieg nach Kanada auswanderten.

Seine Mutter war eine Schauspielerin, von der er wohl die theatralischen Fähigkeiten und seinen Sinn für Poesie geerbt hat. Nachdem sie nach längerem Leiden verstorben war, verlor Ralph innert kurzer Zeit den Spass am Eishockeyspielen. Er beendete seine aktive Karriere als Spieler bereits im ungewöhnlich jungen Alter von einunddreissig Jahren. Zusammen mit Glenda, seiner Lebensgefährtin, mit der er seit Mitte der Achtzigerjahre verheiratet ist, sowie den damaligen Kleinkindern Justin und Geena zog er nach Texas. Seit jeher hatte er eine Neigung zum Hotelgewerbe, deshalb kaufte er sich mit dem Ersparten als Hockeyprofi einen Anteil an einem Hotel. Seine Zukunft sah er als Hotelier und Manager. Doch bereits nach wenigen Monaten vermisste der Feuerbaum in der Hitze von Texas seine alte Leidenschaft, das Eis. Auch Glenda schien sich im Erdölstaat nicht besonders wohl zu fühlen. Sie unterstützte Ralph darin, nach Europa zu fliegen, um einen Job als Eishockeycoach zu suchen. Er wurde fündig und konnte zwischen Bozen in Trentino-Südtirol und besagtem Feldkirch in Vorarlberg wählen. Die Kruegers zogen nach Österreich – der Rest ist Eishockeygeschichte.

Doch Geschichte schreibt nie einer allein. Ralph konnte von Anfang an auf Leute zählen, die auch in schwierigen Zeiten hinter ihm standen und die seiner Persönlichkeit und seinen Theorien vertrauten. In den Feldkirch-Anfängen ging man nach dem ersten Titelgewinn sogar den äusserst ungewöhnlichen Weg, das Präsidium umzubesetzen, damit Krueger mit voller Unterstützung weiterarbeiten konnte.

Ralph kommuniziert, wie selten jemand, seine Visionen, Vorstellungen und seine langfristigen Ziele. Er versteht es auch sehr gut, die Leute für sich und seine Ideen einzunehmen und sie zu überzeugen. Auch scheut er keine Hindernisse, sofern bei deren Überwindung nicht einzelne Menschen verletzt werden. Obwohl er grundsätzlich hierarchisch ausgerichtet ist und auch gerne die Spitze der Pyramide verkörpert, vergisst er nie das Fundament, das ihn trägt. Das Team. Mitbestimmung und vor allem grösstmögliche Miteinbringung ist für ihn unumgänglich.

Er fordert viel Einsatz und gegenseitigen Respekt. Noch so gerne geht Ralph mit erhobenem Haupt voraus, immer bereit, noch etwas mehr als die anderen zu geben. Einzige Bedingung: Die anderen müssen ihm vertrauen. Im Kollektiv gefasste Entschlüsse oder getroffene Entscheide sind seine Basis und die Gesetze, an die sich die ganze Gruppe halten muss. Krueger ist der Boss, darüber lässt er keinen Zweifel aufkommen, auch wenn dies selten bis gar nicht erwähnt wird. Man erkennt es vor allem daran, dass ihm in jedem Moment das Wohl «seiner Leute» am Herzen liegt. Unter «seinen Leuten» verstehe ich das jeweilige Team, in welches er gerade einsteigt. Seine Familie, die Eishockey-Nati, die Crew, die einen Anlass organisiert, an dem er als Referent auftritt, ein Hotel, in dem er absteigt, den Laden, wo er einen Anzug kauft. Leicht satirisch angeregt könnte sich folgende Situation problemlos abspielen: Krueger steigt in irgendeiner Stadt in ein Tram ein. Vielleicht in seiner neuen Tätigkeit als «Motivator im öffentlichen Verkehr». Zuerst unterhält er sich, kurz, aber intensiv und sehr positiv, mit dem Tramführer, vermutlich darüber, was sie alle im Tram, natürlich zusammen als Team, jetzt dann gerade unternehmen werden. Nämlich eine Fahrt von A nach B, die nicht nur eine einfache Fahrt bleiben muss, sondern, nach Abklärung der gegenseitigen Erwartungen, zu einer kleinen, wundervollen und erfüllten Reise werden kann. Was erwartet der Tramführer von den Fahrgästen während dieser Reise? Hat dieser seine Erwartungen definiert, wendet sich Ralph an die Fahrgäste und fragt sie nach ihren Erwartungen an den Tramführer und die bevorstehende kleine Reise. Mit seiner ausgeprägten Stimme und den deutlich klaren Handzeichen eines Coaches schafft er es problemlos, bis zur hintersten Sitzreihe im Tram durchzudringen und die Aufmerksamkeit aller Fahrgäste zu erlangen. Plötzlich werden für den einzelnen Fahrgast der Moment des Erlebens und die guten Gefühle im Tram wichtiger als das schnelle Fortkommen von einem Ort zum nächsten. Setzt sich das Tram schliesslich in Bewegung, hat sich beim Tramführer und bei den Fahrgästen etwas verändert. Eine Bewusstmachung hat stattgefunden. Teamlife. Bei einigen gar eine Bewusstseinserweiterung.

Ralph ist ein positiv aktiver Mensch. Wo immer er hinkommt, will er etwas zum Gutgehen beitragen. Er will fühlen, dass die Gruppe von Menschen, egal, welches «Team» es gerade ist, «an Wert zulegt», wenn er dabei ist. Es genügt ihm aber nicht, wenn nur er sich selbst diese Frage stellt. Er fordert jede und jeden auf, sich solche Gedanken zu machen. Die Philosophie des Ralph Krueger ist grundsätzlich ganz einfach. Alle geben, bei allem, was sie tun, immer ihr Bestes. Das fängt bei der einfachsten Konversation zwischen zwei Menschen an und geht bis zu den Höchstleistungen ganzer Mannschaften im Sport oder der Geschäftswelt. Erst wenn alle Individuen ihr Bestes geben, kann das Gesamte an seine Grenzen stossen und sein Potenzial ausschöpfen. In diesen Glauben, bei weitem nicht nur auf den Sport bezogen, würde Ralph Krueger wohl alles investieren. Er handelt auch in der Praxis danach. Frag nicht, was das Team für dich tun kann, frag, was du für das Team tun kannst. Dieses abgeänderte John-F.-Kennedy-Zitat, dieser sprach bekanntlich vom Bezug Nation und Individuum, kann man Krueger ohne weiteres in den Mund legen.

Positive thinking bedeutet für Ralph nicht etwa, Negatives einfach zu ignorieren. Er glaubt an die Kraft positiver Gedanken, denen aber positive Handlungen folgen müssen, um Negatives zu überwinden. Positive Handlungen sind oft auch mit sofort zu fällenden, harten Entscheiden verbunden. Als Coach geht ihm kaum etwas tiefer als der Ausschluss respektive die Ausladung eines charakterlich und spielerisch gut passenden Teammitgliedes aus numerischen Gründen. Andererseits fällt ihm Gleiches nicht besonders schwer, wenn das Team von einer Person in seiner Gesamtleistung blockiert wird.

Man kann hundert Artikel über ihn als Coach oder als Referenten lesen, keiner wird der Person Krueger wirklich gerecht. Auch ich pirsche mich mit meinen Zeilen nur an ihn heran. Man muss ihn in seiner Vielseitigkeit erleben. Als ghostman habe ich die Möglichkeit und das Vergnügen, viel mehr Zeit mit ihm zu verbringen, als dies der Journalist eines Tages- oder Wochenmagazins zwangsläufig tun kann. Meine Hauptaufgabe besteht zum grossen Teil darin, mich so gut wie möglich in ihn hineinzuversetzen, um ihn bestmöglich zu verstehen.

Im Dezember haben wir uns zum ersten Mal getroffen. Im Januar begannen wir mit der Arbeit und traten damit eine höchst interessante Reise an, die beim Schreiben dieser Betrachtung bereits sechs Monate andauert.

Vor drei Monaten steckte Coach Krueger mit der Eishockey-Nati mitten in einer Turniervorbereitung. Trotz seiner Vollbeschäftigung führte er seit Beginn des ersten Trainingslagers ein ausführliches Tagebuch, dessen Einträge er mir regelmässig per E-Mail zukommen liess und die ich dann bearbeitete. Sechs Wochen Vorbereitung und zwei Wochen Turnier. Während dieser zwei Monate beschränkte sich unser Kontakt vorwiegend auf elektronische Korrespondenz und wenige, aber lange Telefongespräche. Die notwendige psychische Nähe der beiden Schreibpartner, die bei dieser Art Buchprojekt unumgänglich ist, war dennoch zu jeder Zeit gesichert. Nicht zuletzt deswegen, weil es Ralph auch im Bereich elektronischer Kommunikation versteht, Authentizität und zwischenmenschliche Intensität zu erzeugen oder, wenn sie von der anderen Seite angeboten wird, unmittelbar aufzunehmen und zu erwidern. Mit anderen Worten, was immer er tut, er tut es hundertprozentig, immer auf den Moment der Ausführung konzentriert.

Drückt er vor Beginn eines Tagesseminars einhundertzwanzig Leuten die Hand zur Begrüssung, peilt er in diesen Momenten auch die Augen der Gegenüber an. Damit stellt er innerhalb weniger Sekunden einen persönlichen Kontakt her und sichert sich gleichzeitig die Aufmerksamkeit der Teilnehmerinnen und Teilnehmer für seine späteren Ausführungen.

Seine Referate beginnt Krueger meistens mit einem anonym in Englisch verfassten Gedicht, von ihm selbst ins Deutsche übersetzt und bearbeitet. Die erste Zeile daraus: «Die Mannschaft allein entscheidet, ob sie es schafft oder nicht schafft.» Danach wird ein Videozusammenschnitt der packendsten Szenen seiner Eishockeyaner während des letzten internationalen Turniers eingespielt, unterlegt mit höchst emotionalen Rock-Klassikern wie Springsteen, Queen oder Dire Straits. Nach dem kurzen Abspann wird es für einen Moment dunkel. Dann erfasst ein Spotlicht Ralph Krueger und lässt ihn für die nächsten fünfundsiebzig Minuten, in denen er praktisch am gleichen Ort stehen bleibt, nicht mehr los. Er spricht laut, mit oder ohne Mikrofon, dabei benutzt er weder ein Manuskript, noch macht er Ausweichschritte, um seine Gedanken zu sammeln. Seine Sprache ist einfach, klar, deutlich und richtet sich vor allem direkt an die Zuhörerinnen und Zuhörer. Sein sympathischer Akzent hat Charme. Sein Körper ist gut im Schuss. Seine Ausstrahlung ist stark. Zusätzlich zu seinen Worten benutzt er die prägnante Handzeichensprache eines Coaches, der sich gewohnt ist, mit seinen Teammitgliedern über weitere Distanzen nonverbal zu kommunizieren, damit er jederzeit, an allen Ecken der Veranstaltung, in Bruchteilen von Sekunden verstanden wird.

Ralph hätte bildender Künstler, Rockstar, Schauspieler oder weshalb nicht auch Politiker werden können. Einfach etwas, womit er vortreten, etwas vortragen und damit das gesamte Publikum faszinieren kann, um die einzelnen Individuen mit dem Inhalt seiner Darbietung gleichzeitig dazu zu inspirieren, nach vorne zu sehen und den guten Dingen im Leben den Vorzug zu lassen. Am besten fühlt sich Ralph, wenn andere sich wohl fühlen. Am allerbesten, wenn er zu diesem Wohlbefinden etwas beigetragen hat. Eine treibende Kraft in ihm ist sein Harmoniebedürfnis. Um Harmonie herzustellen, scheut er sich aber auch nicht vor Auseinandersetzungen, die er lösungsorientiert und mit dem nötigen Respekt führt.

Respekt und Kommunikation. Diese beiden Worte sind in den magischen Stab eingeritzt, mit dem Krueger die Menschen, wenn auch nur kurz, dennoch leidenschaftlich berührt. Um Referate gebeten wird er meistens vom oberen Kader einer Firma. Es wäre ein Leichtes für ihn, sich bei solchen Anlässen die jeweilige Firmenhierarchie zu Nutzen zu machen, den Schulterschluss mit der Direktion zu demonstrieren und von «oben nach unten» zu kommunizieren. Weit gefehlt. Zu den «kleinen Schritten» seines Erfolgsplanes gehört für ihn nämlich wie selbstverständlich, als Erstes mit der Basis direkten, persönlichen Kontakt herzustellen, mit den Leuten, die für die technischen Abläufe und für die Logistik verantwortlich sind. Bereits Stunden vor einer Veranstaltung besucht er den Ort und probt den Ablauf seines Auftrittes. Mikrofoncheck! Videocheck! Lichtcheck! Von wo aus betritt Krueger die Bühne, wo geht er ab? Wer sagt ihn an, wer verabschiedet ihn? Bis ins kleinste Detail genau soll auf jeder Position Klarheit herrschen. Jede Person muss genau wissen, was sie in welchem Moment zu tun hat. Erst wenn das richtige Licht im richtigen Moment erscheint, die richtige Stelle beim Videoband zum richtigen Moment abgefahren wird, wenn die Schnittstellen seines Programmes reibungslos klappen, wenn er sicher ist, dass jede Person sich ihrer persönlichen Verantwortung am Gelingen des Gesamten bewusst ist, verlässt er den Saal mit sportlichen Handschlägen und sammelt sich in Ruhe, meist verbunden mit ein paar Dehn- und Atmungsübungen. Von da an läuft seine Uhr rückwärts zum Zeitpunkt seines Auftrittes. Und nichts ärgert ihn mehr, als wenn ein Vorredner oder eine Vorrednerin zeitlich überziehen. Nicht zuletzt deshalb, weil sich die Leute oft zu wenig Gedanken darüber machen, in welch einem engen Zeitplan er überhaupt lebt und wie viele Referate er aus Zeitgründen ausschlagen muss. Was wiederum daher kommen mag, dass, auch wenn man nur kurz mit ihm spricht, der gefühlsmässige Eindruck entsteht, Krueger habe alle Zeit der Welt für einen. Doch seine Zeit ist immer knapp berechnet. Eine begrenzte Energiequelle. Auch seine Tage haben nur vierundzwanzig Stunden. Deshalb steht für ihn, wie für andere Zeitknappe, das managen seiner verfügbaren Zeit ganz oben. Niemand soll zu kurz kommen. Schon gar nicht seine Familie. Ein gewaltiger Spagat ist vonnöten. Wobei Spagat nicht die richtige Beschreibung ist, weil er ja nicht versucht, private und geschäftliche Dinge miteinander zu verbinden. Nein, es ist eher ein Limbotanz, bei dem die Zeitlatte sehr niedrig liegt, den er, wenn er unterwegs ist, täglich vollzieht. Wie die meisten Leute, die von Zeitnot geplagt sind, muss er leider auch, trotz grössten Bemühungen, fast tatenlos mit ansehen, wie schnell ihm seine geliebten Kinder davonwachsen. Den Kindern macht dies vermutlich weniger aus als dem Vater. Dank Glenda, der allzeit verfügbaren Mutter, hängt der Familiensegen nicht schief. Es ist der persönliche Preis, den Ralph für den Glanz um sich herum und die Visionen, denen er nachlebt, zu bezahlen hat. Löst man so viel Positives aus, wird man mehr als nur viergeteilt. Da wollen alle ein Stück von einem abbekommen. Krueger ist sich dieses Umstandes bewusst. Die familiäre Situation ist geklärt. Emotionale Entbehrungen im Alltag bleiben dennoch Realität. Auch Glenda bezahlt ihren Preis. Als Frau an der Seite dieses beliebten und umschwärmten Mannes gibt sie einen guten Teil der Zeit, die sie bestimmt gerne selbst mit Ralph verbringen möchte, an andere Menschen und an die Öffentlichkeit ab.

Ralph Krueger betrachtet sich als weit gehend europäisiert. Er mag Kultur und Tradition. Einige nordamerikanische Eigenschaften sind ihm dennoch geblieben: Den langen, in Europa üblichen Weg zwischen dem Sie und dem Du erspart er sich liebend gern, weil dieser für ihn einen Zeitverlust darstellt. Er ist Ralph. Damit überrascht er viele Leute. An seinen Tagesseminaren lässt er Teilnehmer und Teilnehmerinnen ihre jeweiligen Vornamen auf ein Schild schreiben und dieses vor sich hinstellen. Danach spricht er die Leute den ganzen Tag über mit Vornamen an. Nicht alle tun sich damit leicht.

Auch die Bedeutung, die sein Automobil für ihn hat, ist eher angelsächsischer Natur. Sein Wagen ist wohl seine Burg, erfüllt aber nur den Zweck. Pro Jahr fährt er in ihm an die vierzigtausend Kilometer. Grob überschlagen, verbringt er zwischen vier- bis fünfhundert Stunden in seinem Fahrzeug, auf etwa zehn Monate verteilt, denn zwei Sommermonate lebt er immer auf einer kleinen kanadischen Insel. Sein Auto ist gleichzeitig ein Büro, eine Gesprächskabine, eine Garderobe, eine Schnellverpflegungsstätte – in seinem Wagen befinden sich immer ein paar Früchte und etwas zu trinken – und eine Telefonkabine. Vor allem Letzteres bekommt auf einer längeren Fahrt grössere Bedeutung, weil sich auf seiner Combox immer ein paar Mitteilungen befinden. Kanadische Agenten, die ihn, mit Blankochecks, nach irgendwo auf der Welt als Hockeycoach abwerben wollen, über Medienleute, die mit ihm dringend ein Interview machen müssen, Firmen, die ihn als Redner umwerben, bis zum japanischen Sportmagazin, das, selbstverständlich dringend, eine Coverstory braucht. Sofort zurück ruft er seine Trainerassistenten, seinen Manager, seinen Pressesprecher und Terminplaner und natürlich seine Familie. Die anderen müssen sich gedulden oder bekommen nächstens einen Anruf einer Mitarbeiterin oder eines Mitarbeiters. Krueger versteht es zu delegieren. Weil er gerne die Übersicht behält, fällt ihm das nicht immer leicht. Er tut es dennoch, weil er Realist ist. Einmal übertragen, den Aufgaben- und Kompetenzbereich abgesteckt, lässt er den Leuten und den Projekten ihren Lauf. Er ist kein Kontrolleur, schätzt es aber sehr, wenn er regelmässig auf dem Laufenden gehalten wird.

«Ein gesunder Geist in einem gesunden Körper». Gesunde Balance und Gleichgewicht sind ihm sehr wichtig. Selten habe ich mit jemandem so genüsslich und gediegen kännchenweise Kräutertee oder flaschenweise Wasser getrunken. Ralph tut gerne «healthy things». Er achtet auf ausgeglichene Ernährung und gute Erholung, ist ein leidenschaftlicher Jogger, hebt Gewichte, liebt Skifahren auf Wasser und Schnee, fährt Velo, spielt Tennis und Golf und wandert gerne. Am liebsten betreibt er, zusammen mit seiner Familie, Sport zur Erholung.

Gleich zu Beginn unserer Zusammenarbeit vereinbarten wir, uns nach Ende der Hockeysaison für ein paar Tage irgendwohin zurückzuziehen, um in Abgeschiedenheit, ohne Störungen von aussen, einen Endspurt hinzulegen. Ralph fand eine mit Solarenergie eingerichtete Alphütte im Bündnerland, ein Maiensäss oberhalb Serneus. Am Mittag holte er mich am Bahnhof ab. In einem Supermarkt in Klosters deckten wir uns mit genügend Lebensmitteln für die nächsten paar Tage ein, holten bei den Vermietern die Schlüssel und machten uns auf den Weg hinauf zum Maiensäss, wo wir uns einrichteten und zwei Stunden nach unserer Ankunft bereits mit der Arbeit begannen. Für die angestrebten zweihundert Buchseiten benötigten wir gut vierhunderttausend Anschläge. Ausgehend von den zweihundertsechzigtausend mitgebrachten Schriftzeichen und Leerschlägen, mussten wir also noch mindestens einhundertfünfzigtausend Mal, Sinn machend, die Tasten unserer portablen Computer anschlagen. Dafür standen uns zehn Tage zur Verfügung. Danach würden die Kruegers ihren Sommeraufenthalt in Kanada antreten. Daran konnte und wollte niemand rütteln.

Nach einer zehnstündigen Startphase wussten wir, was es brauchte, um unsere Vorgabe zu erfüllen, vier bis sechs ausgearbei-

Teamlife der Autoren: Wir besprachen, ergänzten …

… kreierten, lasen, besprachen.

tete Buchseiten pro Tag abzuspeichern. Die Teamlife-Pfeiler hatten wir in den letzten Monaten gut verankert, die standen stabil. Jetzt folgte der Aufbau. Es fehlte nie an Worten. Wir lasen, wir besprachen, ergänzten und kreierten und lasen, besprachen, ergänzten und kreierten. Spätestens hier, bei schönstem Frühsommerwetter, in Bermudas und mit nacktem Oberkörper, trat Coach Krueger definitiv den Beweis an, dass seine Theorien und Philosophien kein Schnellschuss sind. Er ist überzeugt von dem, was er sagt. Ich spürte in jedem Moment seiner Ausführungen deren lange gedankliche und praxisbezogene Erprobung. Es gab praktisch keinen Abschnitt, bei dem er nicht noch Ergänzungen und weitere Überlegungen hinzuzufügen hatte. Zwischendurch kümmerte sich einer von uns, meist Ralph, ums Essen, während der andere etwas ausarbeitete oder ordnete. Wir assen mehrmals über Tag und Nacht verteilte kleine Mengen, damit uns die Verdauung nicht zu sehr abschlaffte. Auf der Holzfeuer-betriebenen Kochstelle wärmten wir auch unser Tee- und Kaffeewasser.

Die erste Nacht schliefen wir nicht sehr gut. In der umgebauten Alphütte herrschte spirituelle Unruhe. Vielleicht hatten wir schlafende Eindrücke von Erlebnissen früherer Zeiten aufgeweckt. Ich bin auf so etwas immer vorbereitet. Während meines mehrjährigen Zusammenlebens mit nordamerikanischen Indianern gewöhnte ich mir an, unruhige Orte auszuräuchern. Dazu senden mir meine Navajo- und Sioux-Freunde regelmässig die entsprechenden Kräuter. Ich wollte eventuell vorhandenen bad old spirits den Garaus machen. Wichtig dabei ist es, den Rauch auch ums Haus herum zu tragen, damit sich diese bad spirits nicht an den Aussenwänden festhalten können. Während Ralph die Parsenn hinaufjoggte, räucherte ich mit Zedern, Salbei und sweet grass den Ort grossflächig aus. Das überstand kein Geist. Danach schliefen wir wunderbar.

Damit das Solarsystem unseren wichtigsten Computer andauernd betreiben konnte, verzichteten wir auf Eiskasten, elektrisches Licht und weit gehend auch auf fliessendes Wasser, weil die Quellpumpe ebenfalls elektrisch betrieben wird.

Als ich am Morgen des dritten Tages einen Eimer Wasser zum Haus trug, um es für Morgentoilette und Geschirrwasch aufzuwärmen, passierte mich Feuerbaum, fröhlich hüpfend, ein Badetuch um die Hüften geschwungen, Van Morrisons Zeilen «If my heart could do the thinking and my head began to feel» singend, und versenkte seinen ganzen Körper an der tiefsten Stelle des eiskalten Bergbachs. Ich glaube, es zischte sogar.

Plötzlich herrschte auf dem Maiensäss grosse Unruhe. Die Bauern brachten an die zwanzig Rinder auf die bereits grünen Weiden. Wir genossen das Schauspiel der vor Freude herumtollenden Jungtiere. Die vorherige Stille wurde ab jetzt durch die unregelmässig regelmässigen Kuhglocken bereichert.

Unser Teamlife funktionierte bestens. Die Erwartungen waren geklärt, die Spielregeln festgelegt und die Sinnfrage beantwortet. Wir taten jetzt die vielen kleinen Schritte, schlugen die vielen einzelnen Anschläge, die am Schluss zu einem zusammenhängenden Text führen sollten. Die Tage und Nächte verflogen nur so. Wir lachten viel. Und einmal, nach einer Neunzehnstundenschicht, gerieten wir auch leicht genervt aneinander und trugen eine emotionsgeladene und intensive Auseinandersetzung über die Notwendigkeit oder Nichtnotwendigkeit von Strukturen aus. Aufgewühlt gingen wir danach schlafen. Beim Frühstück sprachen wir, frisch aufgeladen, kurz und sachlich darüber. Dann lachten wir und zogen uns, in durchaus konzilianter Manier, bereits wieder auf. Wir hatten beide etwas dazugelernt. Die Reise verlief unbehindert weiter.

Nur um etwas mehr als eine Stunde lagen wir beim Verlassen des Maiensässes hinter unserem Zehntageplan zurück. Nicht ganz perfekt. Doch auch Ralph konnte gut damit leben. Dann passierte trotzdem noch etwas, das unseren Zeitplan um mindestens eine weitere Stunde durcheinander brachte. Am Mittag bei der Schlüsselrückgabe in dem kleinen Dorf erkannten einige Kinder den Coach Krueger. Nur wenig später wurde er von mehreren Dutzend Jungen umringt, die alle eine Autogrammkarte mit persönlicher Widmung für sich und andere wollten. Er sucht diese Gelegenheiten nicht. Doch einmal erwischt, erledigt Ralph solche Pflichten voll konzentriert und mit persönlichem Kontakt zu jedem einzelnen Kind oder sonstigem Autogrammjäger.

Aus jeder interessanten und packenden Projektreise wird im Laufe der Monate auch eine persönliche Entdeckungsreise, die, je länger sie dauert, von den Beteiligten immer grössere gegenseitige Offenheit fordert und – soll Ehrlichkeit sie bestimmen – einiges an Selbstkritik abverlangt. Es entsteht Freundschaft. Man erlebt Momente, die zu unvergesslichen Erinnerungen werden. Es findet ein Entwicklungsprozess statt, der im zukünftigen Leben Spuren hinterlassen wird.

An dem Buch eines anderen mitzuschreiben, bedeutet, einen Monolog mitzuverfassen, der nicht der eigene ist. Es bedeutet auch, sich auf den anderen, der zum Partner und Freund wird, vollständig einzulassen. Jeden Gedanken, den er hat, so zu behandeln, als wäre es ein eigener. Eine ständige Nivellierung zwischen Ich und Ich sowie Ich und dem anderen ist unumgänglich. Im besten Fall gelingt es mir, auf die Gedanken des Partners aufzuspringen, auf ihnen zu reiten, sie weiterzuspinnen, mit ihnen in einen inneren und äusseren Dialog zu treten, von meinen eigenen Gedanken dazuzufügen und schliesslich einen Absatz in fester Überzeugung so niederzuschreiben, dass der Partner aus tiefem Herzen heraus sagen kann: Genau so wollte ich es.

Eine solche Zusammenarbeit steht und fällt mit der Art der Motivation der Person, die das Buch herausbringen will. Bei Ralph herrscht darüber Klarheit. Er will seine über Jahre gemachten Erfahrungen weitergeben. Er ist ein Perfektionist und würde gern alle Menschen erfolgreich leben sehen. Mit Erfolg meint er in erster Linie den persönlichen Erfolg eines jedes Einzelnen im Umgang mit sich selbst und seinem Umfeld. Mit seinem Buch dazu beizutragen, würde ihm schmeicheln und ihn ehren. Sofern es so etwas wie Kruegers Lehren gibt, setzen sie nämlich genau dort an, wo jeder Mensch zuerst etwas an sich und nicht am Umfeld oder der Umwelt verändern kann. Ralph Krueger ist ein von Visionen und Emotionen geleiteter Realist. Ein disziplinierter, gut balancierter Träumer mit viel Sinn für die Wirklichkeit, der immer wieder unmöglich scheinende Ziele anvisiert.

Ralph Krueger

Overtime – Nachspielzeit

Die Arbeit an diesem Buch war eine wunderschöne und äusserst interessante Entdeckungsreise, auf der ich – in jedem Moment – viel investierte und viel zurückbekam. Um diese Expedition erfolgreich abzuschliessen, die über Jahre angehäuften Worte und Sätze in meinem Kopf auf Papier zu bringen, empfahl sich ein Zweierteam. In Georges Winter fand ich den geeigneten Reisepartner. Er hat es verstanden, für ein halbes Jahr Teil von mir zu werden, immer verfügbar, immer ansprechbar. Die Route war kompliziert und schwierig. Sie wies auch einige gefährliche Stellen auf, die wir jedoch meist problemlos umschifften. Wir kommunizierten in Deutsch und Englisch und mit Händen und Füssen. Manchmal hielten wir den Augenkontakt, und weitere Worte wurden überflüssig. Er verstand es immer, meine Gedanken und Worte genau so zu formulieren, wie sie mir am besten gefielen. Zwei grundverschiedene Menschen mit zwei grundverschiedenen Biografien wurden zu einem Muster-Teamlife-Team und zu Freunden.

In der Schlussphase nannte er mich Hangout Kanu, weil ich mich in der Natur Kanadas, an einem der unzähligen Seen, vom Saisonstress erholte. Ich nannte ihn Ghostman, weil er der beste Ghostwriter ist, den ich mir vorstellen kann. Thank you Ghostman, for giving this piece of your life to me. Alles hat einen Anfang, und alles hat ein Ende. Auch meine Arbeit an diesem Projekt mit Ghostman geht jetzt zu Ende. Selbst wenn niemand das Buch kaufen würde, hätte ich nichts zu bereuen. Was ich zwischen Anfang und Ende dieser Reise alles erlebt und durchlebt habe, ist von unbezahlbarem Wert.

Auch Sie, liebe Leserin und lieber Leser, haben sich mit mir auf ein besonderes Abenteuer eingelassen. Eine Reise zwischen Träumen und Erwartungen, die jetzt ebenfalls zu einem Ende kommt. Entscheidend bei jeder Reise ist das, was sich zwischen dem Anfang und dem Ende ereignet. Wurden die Erwartungen erfüllt? Sind Sie jetzt besser gerüstet für die Jagd nach Ihren Träumen? Waren Sie bereit, sich selbst offen und ehrlich zu analysieren? Haben Sie dabei neue Werkzeuge und Hilfsmittel für die Gestaltung Ihrer eigenen Lebensreise gefunden? Ich hoffe, dass Sie Teamlife für sich selbst umsetzen können und in der Anwendung sich die Qualität ihres alltäglichen Lebens verbessert und sich der Genuss im Moment steigert.

Wie schwierig es ist, andauernd nach dieser einfachen Philosophie zu leben, weiss niemand besser als ich. Wir legen im Teamlife die Latte sehr hoch. Ausserordentlich grosse Disziplin und ebenso grosser Respekt vor den Mitmenschen stehen dabei im Vordergrund. Die Philosophie beruht auf der eher unangenehmen Tatsache, dass man mit sich selbst hart umgehen muss. Dass wir bei unserem Tun kurzfristig oft Schmerzen akzeptieren müssen, um vom Leben langfristig keine chronischen Leiden präsentiert zu bekommen. Teamlife hält fest: Unsere Schwächen werden immer wieder versuchen, uns zurückzuhalten. Entscheidend ist dabei die Fähigkeit, aus diesen Rückschlägen Lehren zu ziehen, um für die Bewältigung der Zukunft noch besser gerüstet zu sein, den ganz grossen persönlichen Erfolg mit vielen kleinen Siegen – aber auch über Niederlagen – aufzubauen.

Stellen Sie sich Folgendes vor: Zu Beginn der gemeinsamen Teamlife-Reise setzte jemand Sie und mich zusammen in einem Kanu an einem dieser kanadischen Seen aus. Auf unseren Wunsch, versteht sich. Sie und ich hatten ein Bild davon, wie diese Reise verlaufen sollte. Sie hegten Ihre Erwartungen und ich meine. Ich wollte Informationen geben, und Sie wollten Informationen nehmen. Die Spielregeln waren für beide auch unausgesprochen klar. Ich durfte viel kommunizieren, und Sie wollten konzentriert zuhören. Sie waren aus irgendwelchen Gründen motiviert für diese Reise. Vielleicht wollten Sie besser ausgerüstet durchs Leben fliegen und mehr Freude am Moment finden. Oder Sie wollten langfristig in Gewinnerteams einsteigen und Ihr persönliches Potenzial besser kennen lernen. Vielleicht wollten Sie auch nur hören, was ich so zu erzählen habe. An Motivation fehlte es nicht, sonst wäre diese Paddeltour nie zu Stande gekommen.

Je nach Teilnehmerin und Teilnehmer dauerte eine Reise länger oder kürzer. Einige paddelten nur für ein paar Stunden mit mir. Andere für mehrere Tage. Und wieder andere paddelten sogar für einige Monate auf den wilden, unbekannten Seen. Einige gaben eine hohe Schlagzahl an. Sie wollten möglichst schnell möglichst viele Informationen zusammentragen, um danach auf eine andere Reise zu gehen. Andere gingen es gemütlicher an. Sie nahmen sich Zeit, wiederholten einige Reiseetappen und wollten das Erkannte vertiefen. Alle entdeckten etwas anderes und gewannen verschiedene Erkenntnisse.

Wir sahen nicht nur schöne Dinge. Wir hatten nicht nur Freude. Einiges tat sogar weh. Dann jubelten wir wieder laut. Schrien durch den vom frischen Regen glänzenden Wald und sangen zum faszinierenden Sonnenuntergang über dem See. Unsere Stimmen hallten zurück. Wir waren im Einklang mit der Natur. An verschiedenen Stellen blieben wir stehen und inhalierten tief. Wir bestaunten die kräftigen und gesunden Bäume und das glasklare Wasser. Wir hörten die Geräusche der Tiere. Wir lebten. Wir analysierten und meditierten und gingen tief in uns hinein. Wir lernten, unser Denken und Tun noch besser zu gestalten. Dann paddelten wir mit kräftigen Zügen weiter. Wir taten auch viele kleine Schritte zu Fuss über die Portagen zwischen den Seen, die uns mit neuen Gewässern und neuen Informationen bekannt machten. Um neue Erfahrungen zu sammeln, trugen wir unser Kanu auch über steile Hänge und durch dichte Wälder. All dies mit dem Wissen, dass langfristig wertvolle Auszahlung nur mit kurzfristig ertragenen Schmerzen möglich wird.

Ein Abschnitt ein Fluss, eine Seite ein See. Wir erweiterten unser Denken. Wir wurden reifer. Das tief in jedem See und Fluss liegende Wissen berührte uns. Wir wurden bestätigt und lernten dazu. Hie und da diskutierten wir hart und vertraten verschiedene Meinungen. Ab und zu wollten Sie gegen meine Empfehlungen in einem anderen Rhythmus paddeln oder eine andere Strecke wählen. Ich betonte immer, dass es nicht nur meine Art zu paddeln oder meinen Stil oder die eine Route gibt, der ich folgte. Ich habe ja nichts davon erfunden. Meine eigenen Paddelerfahrungen und Beobachtungen in allen möglichen Lebenssituationen liessen mich meine Schlüsse ziehen. Das Paddeln mussten wir nicht neu erfinden. Die erfolgreichsten Paddelmethoden existieren schon seit vielen Jahren. Entscheidend ist schlussendlich einzig und allein, dass jede einzelne Person, mit ihren Stärken und Schwächen, ihren eigenen Paddelstil entwickelt und ihre eigene Route verfolgt, also nicht versucht, andere zu imitieren oder von anderen zurückgelegte Streckenteile zu kopieren. Jeder Mensch sollte sich bei der Wahl seines Weges, seiner persönlich zurückzulegenden Lebensstrecke so wenig wie immer nur möglich von anderen beeinflussen lassen. So findet man am besten seine eigene Balance und seine persönliche Freude. Und so schliesst man eine Paddeltour erfolgreich ab. Be yourself and take your own unique path! Sei du selbst und wähle deine einmalige und eigene Route!

Wir steigen aus dem gemeinsamen Kanu aus und geben es zurück. Wir werden in andere, vielleicht auch grössere Kanus steigen. Keine langen Verabschiedungen. Viele Indianer verabschieden sich nicht, bevor sie fortgehen. Sie sind der Meinung, Menschen verlassen sich nie mehr, wenn sie sich einmal begegnet sind. Ich bleibe bei Ihnen und Sie bei mir. Mein Wunsch: Sie klappen das Buch zu und treffen für sich und Ihre vielen Teams nur noch Siegerentscheidungen. Sie paddeln härter als je zuvor, um in jedem Moment das zu sein, was Sie sein können, und am Ende das zu werden, was Sie werden können. Mit der Hilfe von Teamlife.

Meine TEAMLIFE Notizen …

Meine **TEAMLIFE** Notizen …